文字烛照未来

TopBook

大唐長安行

董海鹏 王志成 著

王双怀 审定

TopBook 酱书客

陕西新华出版传媒集团
陕西人民出版社

图书在版编目（CIP）数据

大唐长安行 / 董海鹏, 王志成著. -- 西安:
陕西人民出版社, 2022. 9
ISBN 978- 7- 224- 14607- 3

Ⅰ. ①大… Ⅱ. ①董… ②王… Ⅲ. ①中国历史 -
唐代 - 通俗读物 Ⅳ. ①K242. 09

中国版本图书馆CIP数据核字(2022)第118569号

出 品 人：赵小峰
总 策 划：刘景巍
出版统筹：关　宁　韩　琳
策划编辑：张启阳　武晓雨
责任编辑：叶　峰　王　倩
封面设计：哲　峰
书籍设计：忒色西安 · 朱天瑞
插　　画：忒色西安 · 阿　星

大唐长安行

作　　者　董海鹏　王志成
审　　定　王双怀
出版发行　陕西新华出版传媒集团 陕西人民出版社
　　　　　（西安市北大街147号 邮编：710003）
印　　刷　陕西金和印务有限公司
开　　本　787毫米 × 1092毫米　1/32
印　　张　13.5
字　　数　290千字
版　　次　2022年9月第1版
印　　次　2022年9月第1次印刷
书　　号　ISBN 978-7-224-14607-3
定　　价　68.00元

序言

中国是世界四大文明古国之一，具有悠久的历史和灿烂的文化。在日常生活中，我们常常会遇到一些有关历史文化的问题。有些问题饶有趣味，令人深思。前不久，有朋友问我："假如能够穿越历史，你想回到哪个朝代？"我毫不犹豫地回答："我想回到唐代。"为什么想回到唐代呢？因为唐代是我国历史上的黄金时代。

众所周知，唐朝社会具有开放性和包容性。特别是唐都长安，其总面积达到八十四平方公里，是"天可汗之都"，也是一个充满诗情画意的国际化大都市。假如回到唐朝，来到长安，您一定会遇到许多出类拔萃的人物，看到许多惊心动魄的事件，听到许多荡气回肠的故事，经历前所未有的生活体验。

在唐朝，您会清楚地看到，要想当官从政，光宗耀祖，有三条路可走：一是靠门荫，即父辈的荫庇做官；二是流外入流，即靠实干从“吏”晋升为“官”；三是通过科举进入仕途。唐朝非常注重对官员进行管理，所以在入仕之前，您最好读读女皇武则天写的《臣轨》，为官之道全在其中，如果能心领神会，活学活用，就可以在大唐的官场上大显身手了。

唐都长安是拥有百万人口的大都市。在这里生活的人有汉族，也有少数民族；有中国人，也有外国人。才子佳人，不计其数。郎才女貌是唐人择偶的基本取向。结婚时要按父母之命、媒妁之言行事，只有完成纳采、问名、纳征等“六礼”，婚姻才算合法。唐朝彩礼也比较重。不过，政府规定：如果男方家里太穷，结婚确有困难，亲戚朋友要适当赞助；如果赞助不够，当地政府也会帮忙。对于这些举措，您会不会感到惊讶呢？

在大唐长安，宫城、皇城、外郭城相对独立。宫城是皇帝、皇后、皇太子生活和办公的地方；皇城是国家机关的所在地，文武百官即在此治国理政。外郭城“千百家似围棋局，十二街如种菜畦”，是贵族、官员和百姓的生活空间。穿越回唐朝，来到长安，您会知道租房不如买房。但买房也不容易，尤其是大城市，房价高得惊人，买房需要办理一定的手续，装修也要具备一定的知识，可得提前做好准备。

行走在大唐长安，您肯定会看到不少“时髦”的东西。唐朝人的时尚表现在社会生活的方方面面，且不说那些温文尔雅的文苑风尚，时装、美容、游艺……林林总总，无处不有。就会让您眼花缭乱，心动不已。不过，您可得掂量掂量自己的钱袋子呀。

人们的物质生活相当丰富。到了大唐长安，您能吃到什么？喝到什么？能通过什么方式满足自己的味蕾呢？唐代节日很多，除年节之外，还有一些宗教节日。人们不仅在节日远足、踏青，与大自然亲密接触，而且在平日里也会从事各种娱乐活动。在唐都长安，您会参与其中吗？又会玩些什么呢？

如果您对这些问题有兴趣，就请细品董海鹏和王志成两位青年才俊的这本力作吧。

王双怀

识于觅道斋

2021 年 7 月 6 日

前言

大唐对当下的我们而言有一种无法抗拒的魔力，让我们总想要靠近它，了解它。可每次读一板一眼的历史书籍时总觉得缺少了点温度；去博物馆看文物“高多少，重几斤”的介绍文字时也总有一种隔膜。

因为这些信息对于想要沉浸其中的人来说，只提供了一些具体的资料，缺乏应有的“情景”。

事实上，想要真正了解大唐，就应当关注唐人的生活细节。那些特定的细节，可让我们真正进入唐人的世界，“看见”那个时代的社会风貌。

这便是这本书的宗旨——以“小故事”来重现中国历史上那个伟大的时代；从“小人物”的身上感知那个时代的温度。读者在本书中可以看到“因婚致贫”的普通百姓和贵族公主的“天价嫁妆”，斗鸡小儿成为皇帝座上宾与众士子苦读难登科的故事；还有与现代生活密切相关的“长安一日游”“敦煌房产波动”等故事。

可以说，我们试图带大家进入一个大唐“元宇宙”，让大家有仿佛正生活在一千四百多年前的真实感受，甚至能闻到气味和芳香，观察到人们的脸部表情，能走进胡姬酒肆、东西两市、一百零八坊或曲江胜景之中。

书中选取的故事既与当时的时代背景相契合，让各位体验全面、真实的唐朝各阶层的生活，或许亦可引发大家对社会理性、人文感性的思考。都说百年可知春夏秋冬，千年可叹王朝兴衰。千年古都——长安，作为唐朝的缩影，既是繁华盛景的代表，也是凋谢颓败的象征。年岁对于长安来说不过是弹指一挥间，它所承载的岁月不能以年月日来计算，而是以它所见证到的帝国崛起、繁荣和覆灭来衡量，它的存在本身就是一种不朽。

从开始构思本书到搜集资料、罗列大纲，我们一直在思考，对于这样一座不朽的城市、这样一段值得反复品读的历史，需要以怎样的形式去表达？最终，在王双怀老师的建议下，我们确定了每件事都有出处的宗旨，凡所讲述到的种种事件，包括一些细节，均有文献根据，绝不凭空编造。

但同时我们认为，历史不是尘封在时空长河中的记忆，而是一条流淌在我们身边，触之可感受到温度的暖流。故而，我们也对一些事件、故事、情节进行了合理的想象和推演，以使此书具有生动性与可读性。

在这里，要特别感谢蒙曼教授、王双怀教授以及陕西人民出版社的编辑老师。他们或给予指导，或给予建议，或馈赠资料，感激之情，非三言两语可表。衷心愿各位读者翻开此书，会获得别具一格的阅读体验。

董海鹏 王东成

2021 年 6 月 16 日

心领神会，活学活用，就可以在大唐的官场上大显身手了。

娶妻生子是人生的大事。在唐朝，郎才女貌是择偶的基本趋向。结婚时要按父母之

唐人喜欢追逐时尚。唐朝人的时尚表现在社会生活的方方面面，时装、美容、游艺……无处不有。不过，您得掂量掂量自己的钱袋子呀！

目录

读书应考

㊀壹

在唐朝，要想当官从政，光宗耀祖，有三条路可走：一是靠门荫，即靠父辈的荫庇做官。假如某人的父亲大人是大唐帝国的元从功臣，或是三品以上高官，即有可能受门荫进入仕途。但这样的人很少，对于绝大多数人来说，连想都别想。二是流外入流。即靠实干从『吏』晋升为『官』。假如某人聪明勤奋，长期在衙门当差，表现突出，得到上司的赏识，可通过举荐和考核进入仕途。这样的情况也很罕见。三是通过科举进入仕途。无论是上流社会的官宦子弟，还是平民后代，只要学习成绩好，最好是读书学习，参加科举考试。

五色箱中絳服春笏花成
就白魚新看宣賜處驚回
眼著謝恩時便稱身瑞草
唯承天上露紅鸞不受世
間塵翰林同賀文章出驚
動茫茫下界人

唐王建和蔣學士新授章服

辛丑孟冬楊國慶書於長安

先看招生简章

长安城朱雀大街东侧的务本坊，坐落着唐朝教育主管部门——国子监。作为国家办学的最高机构，国子监直辖国子、太学、四门、律、书、算六所高等学府，是唐朝读书人的理想热土。

如果按照现代标准，国子监六学就是国立名牌大学。不过，国子、太学、四门是综合大学，律学、书学和算学是专科学校。

国子学招收三百名学生，其招生对象是三品以上文武官以及国公的子孙、从二品以上官员的曾孙。

太学招收五百名学生，招生对象是五品以上文武官以及郡县公的子孙、从二品官员的曾孙。

四门招收一千三百名学生，招生对象是七品以上文武官以及侯、伯、子、男的儿子和普通老百姓的子弟。

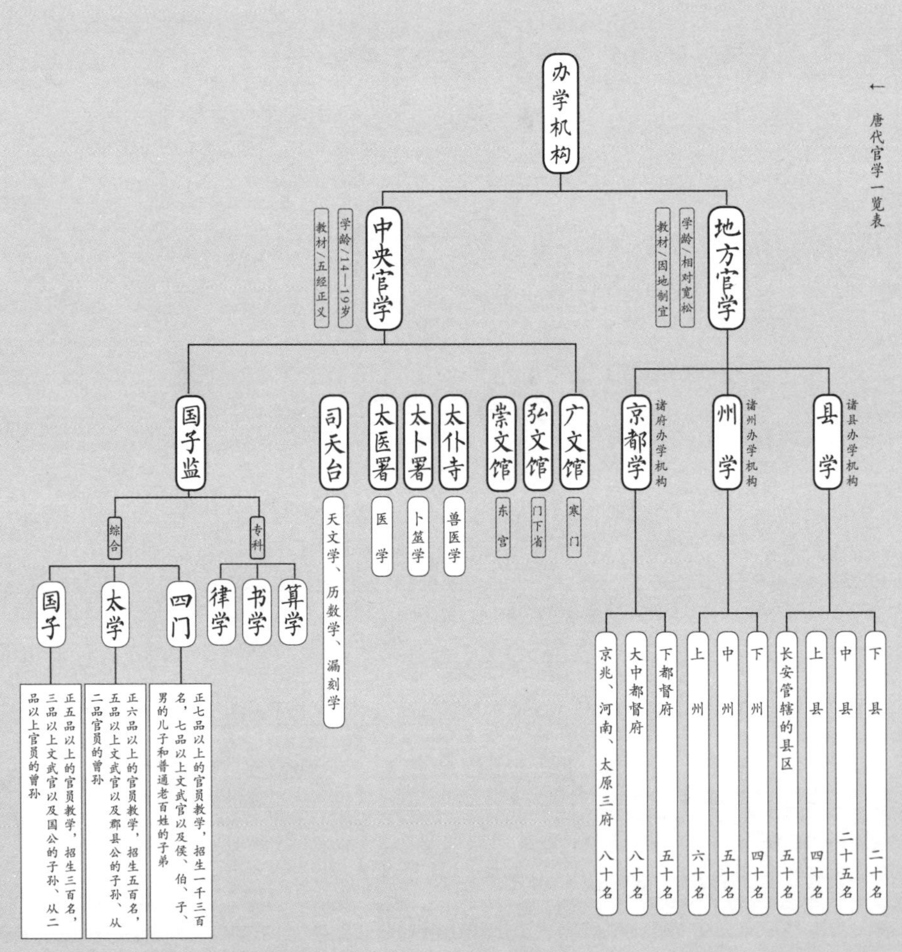

入学年龄也有要求。十四岁以上、十九岁以下的学生方可入校学习。

这些学校的优劣还体现在“指导老师”等级的高低上。国子学的指导老师是正五品以上的官员，太学科是正六品以上的官员，四门科则是正七品以上的官员。

除了国子监，太子东宫下属的崇文馆和门下省的弘文馆也招收学生。但因为这两个地方只招收贵族直系子弟，所以一般官员的子孙无法进去读书。[1]

唐代学校教育的主要目的是为科举考试提供生源。请大家注意：虽然唐代的科举考试是最重要的考试，但它并不是考大学，而是考取当官的资格，类似于现在的公务员考试。

德宗在位时，有一天，长安城内礼部员外郎许孟容*的家里来了一位贵客——大唐皇族公主。

许孟容得知消息，赶紧出门迎接，把这位贵客迎到大厅主座落座。一阵寒暄过后，许孟容问道：“不知公主驾临寒舍，所为何事？”

公主叹了口气说：“实不相瞒，我那儿子已经到了入学的年纪，只是这崇文、弘文两馆实在是难进，特来拜托许大人看能否通融。”

*许孟容（743—818），字公范，京兆长安（今陕西省西安市）人。唐朝大臣，抚州刺史赠礼部尚书许鸣谦之子。

1 〔北宋〕欧阳修、宋祁：《新唐书》卷三四《选举志上》，中华书局1975年版，第1159—1160页。

许孟容一听这话，心里犯了难。因为按照规章制度，公主的孩子，虽然也有皇家血脉，但是到底不是直系皇族，而且按照门第排序，皇族之后还有宰相等要臣的后代要入学，怎么也安排不到公主的孩子。但要是直接拒绝的话，实在会让公主面子挂不住，这可如何是好?

犹豫再三，许孟容还是婉拒了公主的请求。

转过天，许孟容正在礼部办公，只见皇上身边的亲信太监来到礼部，向他询问公主之子上学的事。原来，公主在许孟容那儿碰了一鼻子灰后，直接进宫找皇上诉苦，所以皇上特意命太监来找许孟容问问情况。

许孟容坚决地说："请公公代臣向圣上禀告，公主之子虽是圣上外孙，但并不是皇族，按照规定不能进入崇文、弘文两馆。"[1]

太监一瞧他这油盐不进的架势，就回去向皇上复命了。到最后，公主的儿子也没能进入两馆中任何一馆去上学。可见在唐朝想要进"国立大学"，其难度之大。

公主之所以"屈尊"去求一位大人，挤破头也要让自己的儿子进崇文、弘文两馆，实在是因为进了这两馆基本就等于是进了仕途"保险箱"。因为这里的学生最终的出路都是应对科考，而且是单独出题，题目简单、可操作空间大。

如果觉得这些学校的门槛颇高，各位可以试试去广文馆读书。与崇文、弘文不同，广文馆素来以面向"寒门"著称，许多寒门士子在这里读书准备考试。

---

1 〔五代〕刘昫：《旧唐书》卷一五四《许孟容传》，中华书局 1975 年版，第 4100 页。

假如挤进了大唐的“国立大学”，您就会收到国家统一编发的教材——《五经正义》。太宗时期的重臣孔颖达是这本书的主编，全书多达一百八十卷，将近百万字，囊括了《诗经》《尚书》《礼记》《周易》《春秋》五本儒家经典书籍。《五经正义》对每本经典进行了清楚解释，便于考生阅读记忆。

为了加强管理，提高升学率，这些“国立大学”都有着严格的考核制度。如果某位学生在学校里一连读了九年书还是不能在科考中高中，不好意思，哪里来的请回哪里去；在日常生活中，一旦被发现沾染了吃喝嫖赌这样的恶习，会立刻被开除。

即便规则如此严厉，也还有不守规矩的学生。德宗当政时期，国子监的副长官阳城因学识渊博、整肃国子监而颇受士子们的尊敬。他的学生薛约因言获罪被贬谪外地，作为老师的阳城自然是出门相送。当这个消息传到皇帝的耳朵里时，德宗皇帝勃然大怒，把阳城也贬谪出京。

士子们难得碰见一位公正严明的国子监老师，便自发向德宗请愿，请求宽恕阳城的罪过。怎奈大小官吏阻拦，士子们并没有机会当面向德宗申诉。

大文学家、思想家柳宗元得知消息后，立刻给士子们写了一封信，谈了自己对国子监的看法。他说：

我年少的时候，非常向往能在最高学府里读书。可是我问了身边的人，他们说，国子监这些地方的学生不学无术，三五成群地在一起玩乐，对社会上有名望的贤达人士压根就不尊重。不仅如此，这些学生仗着自己的家世背景肆意诋毁大小官员，而且这种情况十分普遍，几乎没有哪位国子监的学生不是这样的！我听了以后十分震惊，国家的最高学府怎么会是这个样子？所以我就一直在乡下的私塾里面读书。[1]

柳宗元对高等学府的士子有如此之认识，可见当时的风气！在这种风气下，学生们怎么能养成良好的习惯呢？

除了长安城里的学校，朝廷在地方的州县也设置了学校，一方面为了普及教育，另一方面也是为了给国家笼络人才。

跟“国立大学”的“招生简章”相比，地方学校的“招生条件”相对宽松，无论是官员子弟还是百姓后辈都可以到州县学校去读书，而且入学年龄也适当放宽了。

按照国家的统一安排，京兆、洛阳、太原三府招收学生八十名，大、中都督府招生六十名，下都督府招生五十名；上州招生六十名，中州招生五十名，下州招生四十名；长安管辖的县区招生五十名，上县招生四十名，中县招生二十五名，下县招生二十名。

从中央到地方，可以说，唐朝不同层面的教育机构满足了不同阶层的求学需求，构成了一幅丰富多彩的“大唐求学图”。

1 〔唐〕柳宗元：《柳河东集》卷三四《与太学诸生喜诣阙留阳城司业书》，上海古籍出版社 2008 年版，第 539 页。

读书改变命运

读书台　杜光庭

山中犹有读书台，风扫晴岚画障开。华月冰壶依旧在，青莲居士几时来。

《全唐诗》卷八五四

“三更灯火五更鸡，正是男儿读书时。”

在唐朝，想要往更高一级的社会阶层迈进，苦读是改变命运门槛最低的方式。

唐之前选拔人才的主要方式是“察举制”，比如魏晋南北朝时期通行的“九品中正制”。这种制度通过考查一个人的家庭出身、道德水平、知晓儒家经典的程度、文学修养等方面来评判其是否为一名合格的人才。

问题是这种制度虽然促进了社会阶层的流动，但是对道德品质这种没有硬性标准的概念人们很难有一个统一且准确的判断，而且难免会有“伪装者”沽名钓誉，正所谓“周公恐惧流言日，王莽谦恭未篡时。向使当初身便死，一生真伪复谁知？”[1]。另外，朝廷下放了选拔的权力，让各个州县来推举人才。时间长了人为操作空间很大，当地的豪门望族往往会把推举的名额“内部消化”，将推举变成世袭，形成“上品无寒门，下品无世弦”的情况。这种做法必然会被历史抛弃。

唐朝继承了隋朝的科举制并加以完善，使读书成为唐朝人改变命运的重要途径。但人们想要考取好的功名，那可得做好长期吃苦的准备。

德宗时期，二十七岁的白居易*高中进士第四名，望着金榜上自己的名字，真是百感交集。

*白居易（772—846），字乐天，号香山居士，又号醉吟先生，祖籍山西太原，生于河南新郑。唐代伟大的现实主义诗人。他与元稹共同倡导新乐府运动，世称“元白”，与刘禹锡并称“刘白”。

为了让自己“逆袭”，白居易十五岁就开始发奋读书。在一次与好友元稹*聊天的时候，二人聊着聊着就说起了年少时苦读的情形。

*元稹（779—831），字微之，别字威明，河南洛阳人。唐代文学家，曾在唐穆宗的支持下登上相位。

白居易叹了口气，说道：“我与你不同啊，你天资聪慧，十五岁第一次考明经就一战告捷，

1 〔唐〕白居易：《白居易集》卷十五《放言五首》，中华书局1979年版，第319页。

而我十五岁才开始下决心好好读书改变命运。谁承想书还没有读几年，家中又突生变故，当时我真是一穷二白，要想彻底改变命运，也就只能靠读书了。所以我夜以继日地看书写作，不敢有一丝一毫的放松。”

元稹忙接话道：“乐天，之前可没听你说过这段往事。”

白居易说：“往事实在是不堪回首，当年我整日都趴在桌前，胳膊磨出了老茧，舌头也长出了疮，身体落下了病根。你看我现在虽然正值壮年，发际线延后不说，牙齿也松动无力，都是苦读闹的啊！”[1]

请各位不要惊讶于白居易的苦读经历。他只是唐朝苦读大军中的一员，因为唐朝的社会风气就是如此。白居易还算幸运，二十七岁就考中进士，许多寒门学子苦读几十年也考不上功名，有不少都落了个饥寒交迫客死他乡的结局。

宪宗皇帝的亲外甥刘得仁，一门心思想进官场，夜以继日地努力读书。谁承想命运跟这位皇亲国戚开了个玩笑，从文宗皇帝考到宣宗皇帝，一连三十多年始终都没考中进士。[2]公主的儿子、皇帝的外甥都是“努力还没有回报”的角色，可见唐朝读书人心理负担之大。

当然，您想要在唐朝尽早考取功名，首先得知道唐朝科举到底考什么。

---

1 〔唐〕白居易：《白居易集》卷四五《与元九书》，中华书局 1979 年版，第 962 页。

2 〔唐〕王定保：《唐摭言》卷十《海叙不遇》，中华书局 1959 年版，第 108—109 页。

与现在高考文理分科，只考固定科目不同，唐朝科考有常举和制举之分。考试的门类杂七杂八算下来有一百多种。最被人们熟知的进士科只是其中的一种，还有秀才、明经、明算、童子、二史、三史等其他门类，可谓是五花八门。

在这些科目中，考哪个才是前途最广阔的呢？在整个唐朝，及第后荣誉最高、未来仕途最有发展的莫过于进士科。最有前途意味着难度最大，进士科每年只录取三十名。即使这样，在诱惑面前，还是有大批的士子对进士科趋之若鹜。

比进士科稍微简单点的明经科，每年录取一百人。推荐各位在唐朝考明经，比考进士简单而且前途也不错。

其他的科目，取士少，还会因为皇帝的个人喜好而随时被取消，即使考上了也是作为专门人才在清水衙门里供职，享受不到权力自然吸引不了士子。

既然进士和明经两科影响力最大，那么，这两个科目好考吗？都考些什么呢？

先来看看进士科，要考三场。

第一场考杂文。杂文考的是基础写作水平，写一篇表、诗、赋之类的文章。写诗不

进士科始于隋大业中，盛于贞观、永徽之际。『缙绅虽位极人臣，不由进士者终不为美。』『其推重谓之白衣公卿，又曰一品白衫。』——《唐摭言》卷一

允许自由发挥，以名家的某一句诗作为题目，对格律有着极其严格的要求，且特别重视辞藻。这种诗主要考查对格律的掌握情况。

第二场考贴经或墨义。唐初考贴经。出题人在五经中抽出一页，写出一句，让考生根据这一句写出上下文，或者隐藏某段词句，让考生填空。天宝年间，唐玄宗觉得进士考贴经靠死记硬背，太容易，遂将贴经改为“墨义”，即让考生对经典中的一些重要词句进行解释。

第三场考时务策。要求考生针对当时的国家大事发表意见，提出切实可行的对策。因为国家的政治经济形势在不断发生变

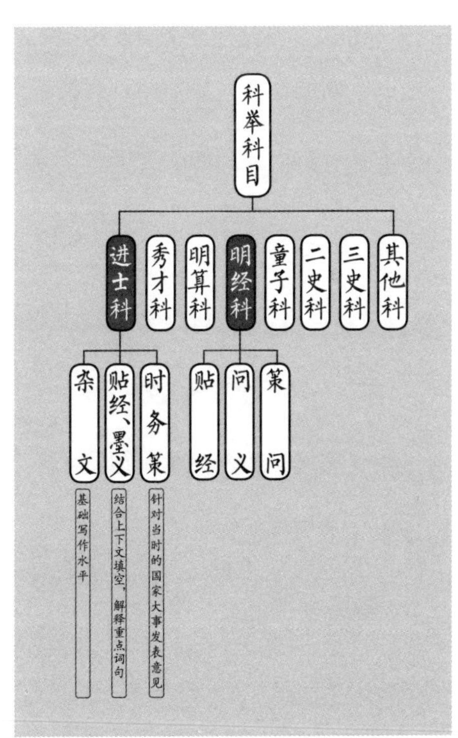

化，每年遇到的重要问题不同。所以考生平时要关注时政，还要学会发现问题，分析问题，解决问题。

有这样一个故事。玄宗当政时期，因一些王公大臣在郑白渠设碾硙牟取暴利，农田灌溉受到严重影响。某大臣猜摸时务策可能要考这个问题，就让人写了一篇关于富平碾硙的文章，让儿子背熟。考试结束后，他儿子很沮丧，埋怨说："你让我背富平碾硙，人家考的是蓝田碾硙。你让我怎么回答？"这件事后来被传为笑柄。

洛阳人祖咏*来到长安参加进士科考试，按照卷面要求，不想做填空题的他需要撰写一首六韵十二句的五言排律。

*祖咏（699—746），字、号均不详，唐代诗人，河南洛阳人。诗多状景咏物。

祖咏沉思良久，在试卷上写下一首《终南望余雪》：

终南阴岭秀，积雪浮云端。
林表明霁色，城中增暮寒。[1]

这首诗与题目要求的格律相差甚远，跑题十分严重。祖咏就拿着这首跑题诗交卷了。

考官看了又看，好心说道："你这首诗完全不符合题目要求，不如再回去想想？"

---

1 〔清〕彭定求：《全唐诗》卷一三一，祖咏《终南望余雪》，中华书局1960年版，第1337页。

祖咏执拗地说自己这首诗已经将自我内心完全表述，不必重新写。没等考官再说话，祖咏已经离开了考场。

考官把卷子拿在手里，端详了半天，越看越觉得妙。看到祖咏把雪后初晴的景象表述得如此细致，不禁在内心连连称赞，有心做一回伯乐。

在阅卷的时候，这位考官力排众议，给这首跑题诗以高分。最终，祖咏考中了进士。

策问就显得开放得多，可发挥空间颇大。但问题是很多士子压根就到不了这个环节。因为三场考试，考完一场考官会立刻公布这一场的成绩，不合格的人，剩下两场就不用考了。

相较于注重考验临场发挥的进士科，明经科则比较考验记忆力。与进士科一样，明经科也要考三场——贴经、问义、策问。

贴经没有诀窍，只能靠死记硬背，而且唐代的教科书就是《五经定本》。记性好的人，把这几本书倒背如流也不成问题。所以出题人是挖空

登科后　孟郊

昔日龌龊不足夸，今朝放荡思无涯。
春风得意马蹄疾，一日看尽长安花。

《全唐诗》卷三七四

心思去找书中的生僻章节或者达意不明的诗句。套路用得多了，士子们便摸出了规律，他们也千方百计地从书中去找生僻章节把它们编排成顺口溜来帮助记忆。

“爱卿，科考刚完，朕看这明经的贴经考试似乎考不出士子的真实水平，不知道朕的看法是否正确？”文宗皇帝问宰相郑覃*。

*郑覃（?—842），德宗朝宰相郑珣瑜之子，唐朝大臣，封荥阳公。唐文宗年间任宰相，被视为牛李党争中李党的领袖之一。

郑覃不知道文宗皇帝问这话的意思，沉吟一下答道：“明经科贴经考试靠背诵，应该也是能考出一点真实水平的。”

“仅仅是背诵吗？这文章背后的深刻寓意，士子们到底能不能领悟？”文宗皇帝问。

郑覃说：“陛下，臣以为这就很难说了。现在针对明经的教辅材料不少，那些可能被考到的章节都被编成了小册子，很多士子即使会背生僻的章节，但很可能并没有读过原著。”

文宗皇帝听罢颇为生气，说道：“连文章寓意都不懂，光会背诵又有什么意义呢？”[1]

文宗皇帝虽然生气，但是并没有去改变明经考试的规则。看来，在唐朝考明经也少不了要用“题海战术”去应试。

简答题以口试和笔试两种方法进行，两种方

1 〔五代〕刘昫：《旧唐书》卷一七三《郑覃传》，中华书局 1975 年版，第 4491 页。

法来回切换使用，跟死记硬背的填空相比，简答考验思辨能力，只是难度不高。

在唐朝写试卷，一不留神就会被考官判零分。现在考试只需要肚子里有真才实学就行，不用操心谁来监考、谁来阅卷。可在唐朝考试时，无论进士科明经科，都得提前问清楚考官名字，因为需要“避讳”，不单单避皇帝名讳，还要避当朝宰相名讳、主考官名讳，如果在考试时需要写这些字，一律要用其他字来代替。可别嫌麻烦，如果触碰了名讳这条红线，再优质的答卷也是零分。

关于考试作弊

各位，大家想必对现在考生的作弊方法有所耳闻：如写大腿上、塞袜子里、抄橡皮上，还有那些“三长一短选最长、参差不齐就选C”的考试“密语”。凡此种种，不一而足。

从小到大，考试如影随形。大家还记得上学的时候为了应付考试耍过的那些小聪明吗？

唐朝是严禁考试作弊的。但也有例外，考试时碰见“开明”考官，完全不用挖空心思作弊，考官会把参考书摆在你面前。

肃宗时期，国子祭酒李揆*任主考官。这位李大人显

*李揆（711—784），字端卿，陇西成纪（今甘肃省秦安县）人，唐朝宰相。给事中李玄道玄孙。

然是位“不走寻常路”的考官，命令手下在每一个考场后面都摆满五经、诸史等参考书。

这种破天荒的做法弄得底下官员甚是惊异，忙问道：“李大人，之前从未有过提供参考书的做法，您贸然这样做，怕是要引起事端。到考试的时候，考生们一股脑地在那儿抄袭，考不出真实水平不说，考场纪律也无法保证。”

李揆微笑着说：“你我都是科考出身，这士子们的想法我还能不知道吗？考试时间宝贵，考的时候大家都是聚精会神，万一忘记了一字半句，看看书又有何不可？”

在开考之前作为主考的李揆照例要与考生们座谈一下。刚一落座，李揆就宣布了这次考试将提供参考书。“我大唐乃天朝大国，要的是有真才实干的靠谱人才，我也跟大家一样，从苦读到考试再到为官，大家现在的心情我是再清楚不过的。所以我命人在考场后面摆放了参考书，碰见不懂之处，大家尽可以去翻阅。”李揆说道。

这消息一出，大家纷纷议论。有人说这可真是撞了大运，捡了大便宜；还有人说是不是这次的题确实太难，书本中是找不到答案的；还有人说这可能是考官大人跟我们开了个玩笑，缓解一下考场气氛。一时间说什么的都有。

等考试一开始，考生们发现主考大人所言不虚，一排排参考书就在后面摆着。

在评判试卷时，其他阅卷考官佩服起了李揆的这个主意。“李大人用这个办法把那些死啃书的人给刷掉了啊，这下才能看出来每一个考生的思辨能力。”[1]

---

1 〔五代〕刘昫《旧唐书》卷一二六《李揆传》，中华书局1975年版，第3559页。

这正应了一句俗语："大禹治水，在疏不在堵。"

需要说明的是，像李摸这样的"明白"考官毕竟凤毛麟角。事实上，在唐朝参加科考，该背的、该读的书籍一本也不能少。

历朝历代考试都少不了有人"作弊"，而且"赌注越大，赢面越大"。每逢科考，各种"真题试卷""专业枪手""考官解题"等消息层出不穷，只是买这种小道试题的士子大部分都抱着一种"宁可信其有，不可信其无"的心态，权当买个心安。

如果不信，各位不妨去拜会拜会"大唐著名枪手"温庭筠，问问他科考时的心态。

温庭筠出身名门望族，是唐初名相温彦博的孙子。出身贵族不说，小伙子还极其聪明，出口成章。三国有曹植"七步成诗"，唐代有温庭筠"叉手八次成诗"。唐朝科考时的"命题诗"对格律要求严格，短时间内写出来着实不易，但温庭筠擅长写格律诗。按理说这样一位出身不凡又擅长考试的小伙理应早就中第才对。可才子难过美人关，温庭筠在生活上有些不检点，而且仗着自己的出身和学识，不善经营人情世故。素日里他喜欢与公卿子弟出入各种风月场所，所以口碑不佳，因此，温庭筠奋斗了十几年屡考不中。长此以往，大才子对科考的心态发生了变化，从刚开始的迫切到后来的失望再到最后的戏谑，以"游戏人间"的态度对待科考——当了一名"资深"枪手。

大家也许觉得奇怪:现在中考、高考级别的考试别说找枪手了，就是夹带个纸条都不可能，温庭筠到底经历了多少次替考才能"喜提"这个"资深"枪手的身份?

唐朝包容开放的社会风气在这些细枝末节上也有体现。所以即使替考被抓，考官最多也就把温庭筠轰出考场，并不会因此封杀他。

宣宗时期，温庭筠又搞到了一个考试名额，问题是名字能换，脸换不了。主考官沈洵一看这位“老熟人”又来了，心说：任你再才华横溢也不能不守考场的规矩，这影响的可是我大唐人才储备大计，万万不能让你一人把科考制度给破坏了。

沈大人心里虽这么想，但还是爱才。于是转念又想：如果温庭筠的文章能把所有阅卷老师都打动，说不定今年就能中第。

沈洵把温庭筠叫出来，苦口婆心说了一通大道理。这个时候温大才子已经不是二三十岁的小伙子了，而是一位年近半百的成熟男性，对沈大人的苦心哪里还能听得进去。

沈大人一看这位确实是油盐不进，就单独给温庭筠加开了一间考场，命专人“面对面”监考。温庭筠一看这情景，心说：这让我怎么帮助别人？内心颇为不满。

考试快结束时，温庭筠提前交卷离场，跑到其他考场打手势让与他早就约好的考生找借口出来，告诉他们诗该怎么写，题该怎么答。等监考老师反应过来怎么回事的时候，温庭筠已经辅导了将近十位考生了。[1]

如此明目张胆地舞弊，必然引起其他士子的不满，大家吵着闹着要求重考。事情越闹越大，最终宣宗皇帝知道了此事，便下令重新考试。就这样，“破罐破摔”的温庭筠的一次“报复”行为导致所有学生重考。

除了替考，温庭筠还“跨学科”替写。

---

1 〔唐〕王定保：《唐摭言》卷十三《敏捷》，中华书局 1959 年版，第 146 页。

当时，朝廷新开设了一门“博文鸿词科”，其目的是选拔写作领域的突出人才。就在温庭筠提前交卷、“报复”式舞弊的同一年，博文鸿词科又出现了他替写的事情。

考进士科一直不中的苗台符、杨严、柳翰等人为了避开千军万马，就选择报考博文鸿词科，想着赶紧“上岸”，免受苦读煎熬。

等到金榜一贴出来，学识渊博的苗台符等人落榜，而学识相对较差的柳翰等三人却榜上有名。大家在同一屋檐下备考了这么多年，谁几斤几两还不清楚？苗台符等人便怀疑这里面有猫腻。

他们仔细一调查，发现柳翰等人委托温庭筠代写了文章。温庭筠这“资深考场老油条”，不仅熟悉各种考试套路，还号得准考官的脉，写出来的文章自然对考官“胃口”，加上柳翰的父亲是京兆尹，金榜题名自是小事一桩。

苗台符等人知道了真相，岂能罢休？直接就去告了御状。宣宗皇帝命人一调查，情况实属，不仅宣布考试结果作废，还将主考官贬职。[1]

温庭筠凭一己之力一年中导致两场重大考试“作废”，凭的是什么？是实力。

为了参加科考，为了能够中第，唐朝的莘莘学子真是把“十八般武艺”都用上了。

玄宗时期，一天在夜色下静悄悄的长安城里，御史中丞张倚命家丁察看门外是否有外人。见门外无人，这才命人起轿去往主考官宋大人的家中。

宋考官颇为惊讶，不知这大晚上的御史大人登门所为何事。

---

1 〔清〕徐松：《登科记考》卷二二，唐宣宗大中九年。北京燕山出版社 2003 年版，第 919—920 页。

“宋大人，小人深夜来访实在是因为有一事相求。”张倚边说边向宋考官行礼。

宋大人忙回礼，说道：“张大人但说无妨。”

“得知宋大人是今年的主考官，我那不成器的儿子张奭准备应考，想请大人看在我的薄面上，让犬子中第。”张倚带着请求的语气说。

宋大人一听这话，心里明白了，思忖道，按照往年的惯例，有几个“关系户”颇为正常，张倚是御史，以后能用到他的地方很多，何不卖个人情？

琢磨得差不多了，宋大人说：“张大人言重了，这个事情不难。您老放心！”

听完这话张倚一点儿高兴模样都没有，仍旧满脸愁容，吞吞吐吐地说：“感谢宋大人如此爽快！只是还请大人能再答应一个请求。”

宋大人一愣，心说这都答应让你儿子中第了您老还要怎么样呢？莫不是想得个状元？只好说道：“张大人，让令郎金榜题名已经是我权限的极致了。您是朝中老人，您也知道，状元的归属我一个人可说了不算啊！”

“宋大人这话差矣！是我教子无方，导致犬子颇为顽劣，在文章上面毫无建树不说，连大豆小麦都分不清，所以我就请了个人替犬子应考。请大人在考场上多多关照啊！”

宋考官从未见过有人提这种要求，心里特别不情愿。

张倚见他面露难色，便接着说：“如果大人肯帮此忙，日后定当重谢！还望大人能答应我这个请求。”

仔细考量后，宋考官最终还是答应了张倚的请求。

考试结束，金榜一张贴出来，张奭果然高中。

消息一出，长安城里一片哗然。有名的不学无术的公子哥竟然能技压群雄？其中肯定有猫腻，这还有没有王法了？

不久，此事传到了安禄山的耳朵里。安禄山派人专门去做了调查，并将调查结果据实禀告给了玄宗皇帝。

安禄山说话向来是“一句顶一万句”。玄宗皇帝一听大怒，吩咐左右把新科进士都叫进宫，要亲自考查，看看他们的水平到底如何。

转过天，张奭一等进宫面圣，玄宗皇帝命他们现场写文章，这下可把宋考官吓得魂不附体。考场上，张奭一个字都写不出来，交了张大白卷。

玄宗当场把张宋二人革职查办，取消了张奭的进士资格。[1]

唐朝考场上的作弊动机有很多种，前面讲的人是没有实力，为了拿高分拼命想办法；还有的人实力满满却“一不小心”交错了卷，所以得想着法儿地把正确的卷子换回去。

宪宗时期，汾阳王郭子仪的后人郭承嘏*准备参加科考。承嘏小伙子确实聪慧，对读书写字颇有自己的想法，尤其喜爱钻研书法，随身携带名家字帖，有事

*郭承嘏（?—837），字复卿，华州郑县（今陕西华州）人。晚唐名臣，检校工部尚书郭晞的孙子，兵部员外郎郭钧的儿子，学者郭巢颍的父亲。

1 〔五代〕刘昫：《旧唐书》卷一一三《苗晋卿传》，中华书局1975年版，第3350页；〔唐〕王定保：《唐摭言》卷一五《没用处》，中华书局1959年版，第166—167页。

没事就拿出来欣赏把玩。

习惯成自然。考试开始的时候，承嘏稀里糊涂地把字帖带到了考场，考官竟也没有发现。第一场是杂文考试，他能力出众，很快就把文章写好了。承嘏看了看天色，离交卷的时间还早，就把随身携带的字帖拿出来观赏，把试卷放进了随身带的箱子中。

考试结束，承嘏不假思索地把手里的字帖交给了考官，背着箱子走出考场。

回到住处，承嘏拿出“字帖”，摊开笔墨纸砚准备再临摹临摹，这一看可不得了，他心里“咯噔”一下，顿觉天旋地转。

稍微定了定神儿，承嘏赶紧跑回考场，希望能找到人帮帮自己。正当他在门外张望之时，考场内走出来一名看起来岁数不小的官员，从穿着打扮看不是高级官员。

这位老官儿见门口有人张望，便上前询问。情急之下，承嘏将自己交错卷的事情如实相告。

老官儿琢磨了一会儿，说道：“少年莫慌，我有办法把试卷换回来，只是风险不小，我需要点辛苦费。”

承嘏马上答应了他的要求，把试卷交到他手上，老官儿转身走进考场，没多久从里面出来，把字帖还给了承嘏。

承嘏没有食言，第二天就把钱送到老官儿在兴道里的家中。[1]

虽然唐朝的考场上作弊手段花样百出，但毕竟是歪门邪道，于法于理都是说不通的。在唐朝参加考试，还是本着“重在参与”的心态去做吧！

1〔北宋〕李昉：《太平广记》卷三四五《郭承嘏》，中华书局1961年版，第2730页。

要正确炒作自己

如今，要说某个新闻事件或某位明星的知名度如何，首先要看与其相关的话题能不能上热搜。为了登上热搜榜，明星们变着法儿地炒作自己以增加关注量。

不过，这“上热搜”可不是现代人的专属概念。在唐朝，科考士子们也要想尽办法推销自己、炒作自己，来提高社会知名度。

因为每一次科考前，主考官都会命人编一本类似于“热搜榜”的册子，里面清清楚楚地写明士子们的声望、才能，以备录取的时候使用。

除了自我炒作，找一个社会名流为自己说话，也是士子们需要重点下功夫的地方。

考试前，士子们为了“蹭热度”，会纷纷找社会知名人士来提点自己。

一阵敲门声过后，尚书左丞韦济*的家门微微打开，一个家仆探出头来。

“这是我的名片，烦请您递给韦大人。小生杜甫*前来拜见！”一个衣着朴素的年轻人站在门外说道。

杜甫为什么要向韦大人递名片呢？在现代社会中“名片如脸面”，一张小小的卡片成为人际关系网的纽带，让陌生的双方产生了交集。特别是在销售行业，为了短时间内积累起客户，销售员们会挨家挨户地去递名片介绍自己、推销产品。

假如你初到大唐，人生地不熟，还是多交几个朋友为好。“朋友多了路好走”，所以在日常交往中免不了需要准备上一沓名片，以推销员的心态来推销自己，打造自己的“朋友圈”。

拜访、敲门、递名片，主人看过名片之后才决定是亲自接见还是找个借口把对方打发走。

唐朝科考录取名额偏少，考生不仅要拼真才实学，在很大程度上也得拼名气。在试卷从不密封的科考制度下，到底怎样打分并无统一标准，完全凭借考官个人的原则来评定。所以唐朝的士子们考前会拼了命向考官或者名人们推销自己，

*韦济（687—754），唐代大臣、诗人。唐郑州阳武（今河南省原阳县）人。早年以文辞扬名，为政有绩，史评其“从容雅度，以简易为证”。

*杜甫（712—770），字子美，自号少陵野老，唐代伟大的现实主义诗人，与李白合称“李杜”。出生于河南巩县，原籍湖北襄阳。杜甫在中国古典诗歌史上的影响非常深远，被后人称为“诗圣”，他的诗被称为“诗史”。后世称其杜拾遗、杜工部，也称他杜少陵、杜草堂。

并在社会上制造话题炒作自己，希望他们能帮自己说句话，以此来提高考试的成绩。

久而久之，一些考生在临考时并不会悬梁刺股地苦读，而是纷纷前往考官、名人的家中，以“请教”的名义把自己装订成册的作品递给他们，希望能在文官阶层中收获好的口碑。如果前期推销做得到位，那考试不过就是“认认真真走形式，踏踏实实搞过场”罢了。

一心求仕的杜甫当然不能免俗，也来到长安城中为自己的考试做准备。可惜他家道中衰毫无背景，很少有名人接见他。这次来拜会尚书左丞韦大人虽不抱希望但也充满了期待。

不一会儿，韦家的家仆从门里出来了，抱拳向杜甫行礼，说道：“我家大人请您屋内一叙。”

第一次见韦大人，杜甫内心颇为激动，但又忐忑不安。他跟着家仆走到了韦府正厅，韦济端坐在中间的椅子上，杜甫赶紧上前行礼，说道：“小生杜甫见过韦大人。”

韦济笑着摆了摆手，吩咐家仆请杜甫落座。

刚一坐下，杜甫就赶忙拿出早已准备好的诗和装订成册的个人作品集，说道：“韦大人，今日求见，是想让大人对小生的作品指点一二，请大人过目。”

韦济接过诗册，先读的是杜甫在多次推销自己失败后，为了拜访韦济专门作的一首诗《奉赠韦左丞丈二十二韵》[1]。量体赋诗，可见杜甫为这次见面准备得有多充分。

1　〔唐〕杜甫撰，萧涤非主编：《杜甫全集校注》卷二《奉赠韦左丞丈二十二韵》，人民文学出版社 2014 年版，第 276—286 页。

……

读书破万卷，下笔如有神。

赋料扬雄敌，诗看子建亲。

李邕求识面，王翰愿卜邻。

……

韦济把这首诗默读了几遍，嘴上没说什么，心里却有点不是滋味，觉得眼前这个年轻人不谦虚，甚至有点狂妄。心想，他在诗里说自己已经博览群书，下笔有如神助了，还来求我干什么？大才子李邕、王翰都眼巴巴地想跟你见面，我韦济是不是还得谢谢他给了我一次帮他的机会？

过了一会儿，韦济连杜甫的个人作品集都还没看完，就说道："年轻人，单就写诗来说，这些确实是佳作。只是我官小言微，怕是不能给你提供什么实质性的帮助，但我会在适当场合把你的诗拿给其他大人品鉴的。天色不早，请回吧！"

杜甫听到韦济这话，内心极度困惑，不知道自己哪里说错了还是哪句诗写错了。眼见家仆走来准备送客，只好赶忙向韦济施礼，出了韦府。

敬宗时期，士子朱庆馀*为了增加中第的概率，向水部员外郎张籍*推销起了自己。同样是凭实力，朱庆馀写的"奉承"诗就比杜甫要"高明"得多。

临近考试，朱庆馀心里实在没底，于是想找

*朱庆馀，生卒年不详，名可久，字庆馀，越州（今浙江绍兴）人，唐代诗人。诗意清新，描写细致，内容多描写日常生活。

*张籍（约766—约830），字文昌，唐代诗人，和州乌江（今安徽和县乌江镇）人。世称"张水部""张司业"。张籍为韩愈大弟子，其乐府诗与王建齐名，并称"张王乐府"。代表作有《秋思》《节妇吟》《野老歌》等。

人问问自己的事情到底如何。但比起杜甫，朱庆馀可有心眼儿多了，诗写得既婉转又谦虚。

洞房昨夜停红烛，待晓堂前拜舅姑。

妆罢低声问夫婿，画眉深浅入时无？

乍一看，好似写的是夫妻调情之事，但张籍看后哈哈大笑。原来朱庆馀把自己比成了新娘，把张籍比成了新郎，借问画眉深浅来试探自己的诗篇到底合不合张籍的胃口。

本来是一件不怎么光彩的事情，却被朱庆馀写得趣味横生，正所谓“话有三说，巧说为妙”。在插科打诨中朱庆馀就把事情解决了，最后自然是顺利上岸。[1]

各位若想在参考前成功地推销自己，一定要做到心中有数。“三大要素”必不可少：情商在线；自身实力在线；推销对象的实力在线。

宪宗时期，要论写诗的名气和文学修养，怕是谁也比不了白居易。因此不少士子都向白居易来“讨教”。白居易是苦读出身，对这些士子们的处境感同身受，本着“能帮则帮”的原则，向不少同僚好友推荐士子们的诗作文章。

一日，家仆来报，说有位名叫尹公亮的士子求见，还递来了自己的作品集，请他过目。

白居易接过文集随手翻看，看了几篇后便忍不住心中叫好，有心想帮这位考生一把，于是吩咐家仆叫尹公亮进屋落座。

---

1 〔北宋〕李昉：《太平广记》卷一九九《朱庆馀》，中华书局 1961 年版，第 1495 页。

二人见面后，相谈甚欢。对于白居易提出的问题，尹公亮对答如流，且能提出不少自己的观点。白居易见过太多的士子，但多资质平庸，像尹公亮这么一个天资聪颖且后天努力的人顿时让他眼前一亮。

第二天一大早，白居易就出门为尹公亮找门路攀关系，不过帮忙的人也得有能帮上忙的实力，白居易虽然属于社会名流，却是一名不掌握实权的闲官。他每次拿着尹公亮的作品集去会见同僚，那些大人们当面都满口答应，可再一深问，又支支吾吾顾左右而言他，根本没人认真对待白居易的请求。

最后实在没有办法，白居易只好给尹公亮回了一首诗：

> 袖里新诗十首余，吟看句句是琼琚。
> 如何持此将干谒，不及公卿一字书。

意思是说，你把这么好的诗拿给我，不如请当朝权贵们写一张小便条啊！

尹公亮接到此诗，自知今年进士中第已是无望，心里明白是怎么回事，为了感谢白居易为自己奔走，特地登门致谢。[1]

要说考前推销自己的成功案例，王维*的做法

*王维（701—761），字摩诘，号摩诘居士。河东蒲州（今山西永济）人，祖籍山西祁县。唐朝诗人、画家。王维参禅悟理，精通诗、书、画、音乐等，以诗名盛于开元、天宝间，尤长五言，多咏山水田园，与孟浩然合称“王孟”，有“诗佛”之称。

---

1 〔唐〕白居易：《白居易集》卷一三《见尹公亮新诗，偶赠绝句》，中华书局1979年版，第261页。

堪称“教科书”级别，可供大家参考。

与李白、杜甫等诗人追求个性不同，智商、情商在线的王维一直游走在上流社会，结交的也不是一般朝臣，他整日出入玄宗皇帝的哥哥、弟弟等皇亲国戚的府邸。这些王爷们素日无事，便寄情于诗词歌赋乐舞。王维“诗中有画，画中有诗”的写作风格很符合王爷们的审美取向，因此他们对王维是喜爱有加。

这一年王维准备应考，他对自己的软硬实力都是很清楚的，觉得凭借自己的条件不仅要中第，而且要拿状元。

有次在岐王李范府上吃饭的时候，王维又把自己新作的诗篇拿给众人品读。“凭借你的才智，何不参加科考？走上仕途，为我大唐效力！我一定会在圣上面前推荐你的！”岐王说道。

王维抱拳致谢，说道：“多谢王爷！小人今年就准备参加科考，只是还有一事相求。”

李范心里纳闷，忙说：“但讲无妨！”

“有王爷举荐，小人自然不必担心中不了举，只是我希望自己能获头彩，成为今年的状元郎！”王维说道。

李范内心吃惊，没想到王维提出这么一个请求，顿时面露难色，说道：“你有所不知，据说今年的状元已有人选。一个姓张的士子拜见了玉真公主，公主已经答应把头彩给他，我实在不好开口啊！”

听完此话，王维并不罢休，还是请岐王帮自己夺得状元的名头。

岐王想了想，说道：“我倒是有个办法，只是最终结果如何就全靠你自己了。公主爱好音律，你带上琵琶跟我去公主府上赴宴，届时我会把你引荐给她。”

没过几天，岐王带着王维去往公主府上，临去之前，岐王命人拿出一套华贵的服饰给王维穿上。“人靠衣裳马靠鞍”，这套华贵的衣服穿在王维身上，既不显俗套，又光彩夺目。

一进公主府的主厅，众人就被岐王身后的王维所吸引。公主问岐王：“这位少年是谁？怎么之前从来没见过？”

岐王说道：“他是我的一个朋友，通晓音律，今日专程请来为公主演奏。”

王维抱着琵琶开始弹奏，那旋律真真切切，如大珠小珠落入玉盘，乐符中带着情感，夹杂着诉说，众人无不为之动容，就连端茶送水的丫鬟、仆人都停下手上的工作，静立倾听。

一曲结束，大家意犹未尽。公主问道：“我从未听过如此优美的乐曲，它叫什么名字？”

“《郁轮袍》。”王维答道。

“是你自己创作的吗？”公主问。

一旁的岐王接过话说：“不仅这首曲子是他创作的，长安市面上流行的不少名曲都出自他之手。而且他还是做诗的好手。”

公主心想如此才华横溢的人我怎么能不知道呢，忙叫王维把创作的诗歌拿给自己看。

于是，王维便把早准备好的数卷诗集献给公主。公主边翻边说道：“如此绝妙的诗篇，原来都是你创作的，我还以为是前人所写！”岐王一看这个情景，心想时机已经成熟，开口说道：“像王维这样的有为青年，应该成为我大唐未来的护国柱石啊！如果他能成为今年的状元，实乃国家之幸！”

公主说："那就让他参加今年的科考。"

岐王叹着气说道："虽然王维已准备参考，只是他心气极高，非要夺得状元不可！只是我听说公主已经把状元许给了张姓士子，王维怕是没有什么希望了。"

玉真公主一听此话哈哈大笑，说道："兄长消息如此灵通！确有此事，只是我也是受人所托。既然是有如此才华的王维想要这个头彩，理应是要给他。"

等金榜一贴出来，王维果然是状元郎。[1]

尽管采用了"教科书"般的方式，但王维最终靠的其实还是实力。

要是"推销三要素"都不具备，又想争取到成功的机会，也可以试试另辟蹊径。

唐高宗时期，举目无亲的陈子昂*来到长安城第三次参加科考。要论写作的功底，他自认不差，可惜京城内没有"有权有势"的朋友，所以一连两年不中。

临近考试，陈子昂正孤身一人在长安城中闲逛，忽而听见路对面有人高喊"卖琴"。他扭头一看，只见一群人围着一个卖琴者，于是走上前去想凑热闹。卖琴者见围拢的人越来越多，便更

*陈子昂（659—709），字伯玉，梓州射洪（今属四川）人。唐代文学家、诗人，初唐诗文革新人物之一。因曾任右拾遗，后世称陈拾遗。与司马承祯、卢藏用、宋之问、王适、毕构、李白、孟浩然、王维、贺知章合称为仙宗十友。

1 〔北宋〕李昉：《太平广记》卷一七九《王维》，中华书局 1961 年版，第 1331—1332 页。

卖力地喊道："卖琴卖琴，上古名琴，售价一百万！"对一把琴而言，这可是天价啊！围观百姓立刻议论纷纷。

陈子昂想，这真是老天爷帮忙，我扬名立万的机会来了。

想到这儿，他马上奋力挤上前去，朗声说道："你这把琴，我买了！"此话一出，周围人顿时一片哗然。陈子昂见时机成熟，就对周围讶异的人群说道："这把琴可不一般！谁想知道这把琴的价值，还有我为何要花重金买它，明天来新阳里的客栈找我吧！"

消息很快传遍了整个长安城，大家都等着第二天去客栈瞧个究竟。

转过天，客栈里里外外挤满了人，其中不乏一些社会名流。大家都抱着看热闹的心态聚在这里，对昨天的事发表看法。

不一会儿陈子昂从屋里走出，怀里抱着那把古琴。等走到人群中间，他二话不说抡起胳膊使劲把古琴摔在地上，砸了个稀烂。"啊！"看客们惊呼起来！

砸完了琴，陈子昂高声说道："我陈子昂写得一手好文章，自认学识在同辈中也是佼佼者，怎奈长安城中举目无亲，无人肯为

登幽州台歌　陈子昂

前不见古人，后不见来者。念天地之悠悠，独怆然而涕下。

《全唐诗》卷八三

我奔走，故至今未能中第。谁料这把破琴竟引得这么多人来围观，难道我的文章还比不上这把破琴？哪有这样的道理？”

说完这些话，陈子昂从怀中掏出自己写的诗词文章发给围观群众，扬长而去。

很快，陈子昂的名号就传遍了长安城的大街小巷。[1]

所以说办法总比困难多。陈子昂这次自我炒作非常成功，不仅借此一举成名，而且保持了相当长时间的热度。

陈子昂走红靠智慧，杜牧*则靠了一点运气。

文宗时期，学者型官员吴武陵*在国子监做国子博士。在跟同僚探讨文学的时候，他知道了《阿房宫赋》这篇文章，赞叹不已。回去翻了半天书籍，才知道这篇文章是名不见经传的小士子杜牧所写。吴武陵惜才，心说要是杜牧参加科考，一定要助他一臂之力。

那年的主考官是崔郾*，一直以清流自诩的吴武陵从不掺和党争，自然跟崔郾没有什么交集。但为了杜牧，吴武陵在崔郾去洛阳主考前专门登门拜访。

*杜牧（803—852），字牧之，号樊川居士，京兆万年（今陕西西安）人，唐代杰出的诗人、散文家，著有《樊川文集》，歌以七言绝句著称，擅长咏史抒怀。晚年居长安南樊川别业，故称『杜樊川』。

*吴武陵（约784—835），初名侃。唐元和二年（807）举进士，拜翰林学士。

*崔郾（768—836），字广略，清河东武城（今河北省故城县）人。唐朝大臣。

1 〔北宋〕李昉：《太平广记》卷一七九《陈子昂》，中华书局1961年版，第1331页。

得知吴武陵拜访，崔郾心中满是疑虑，不知素来独来独往的吴武陵此时找自己做什么。但吴武陵是政坛前辈，社会地位高，崔郾赶紧出门迎接。

“崔大人，我知道你今日将启程去洛阳主考，特地来向你推荐一名考生。”吴武陵说道。

崔郾更疑惑了，问道：“能请得动老前辈亲自登门的，到底是哪位考生？”

“写《阿房宫赋》的杜牧。”吴武陵答道。

还没等崔郾接话，吴武陵自顾自地背起了《阿房宫赋》。崔郾听罢大为震撼！

“崔大人，写这篇文章的人有当状元的资格吗？”吴武陵说。

听罢此话，崔郾犹疑了一下，说道：“当然够资格，只是这状元已经有人选了。”

“既然如此，我不为难大人，前三如何？”吴武陵问道。

“实不相瞒，前三名都已经被安排好了。吴老前辈您是知道的，有些人不是你我能得罪的。现在最好的名次是第五名，看在您的面子上，将杜牧安排成第五名，如何？”崔郾说。

“哎！好吧！”吴武陵长叹一口气。

杜牧就这样“顺其自然”，成了第五名，大喜过望的他在高中后还赋诗一首——《及第后寄长安故人》[1]。

只是他自己都不知道背后还有这么一段波折。不过能有这样的运气也是实力使然。

正所谓“文无第一，武无第二”。士子们之所以找关系、攀

1　〔北宋〕李昉：《太平广记》卷一八一《杜牧》，中华书局1961年版，第1349页。

高枝、自我营销炒作，完全是因为文章好坏并无一定的标准，每个人都有自己的见解偏好。

看完了士子们的经历，您觉得在唐朝要如何营销自己呢？

名落孙山怎么办

“什么？我竟然没有中第？”

从长安城内的一间客栈里，传出来歇斯底里的叫喊声。不一会儿，一位满脸怒气的士子冲了出来，后面还跟着几位手拿锄头的人。

这群气得跟“河豚”一样的士子来到张贴金榜的贡院，由于时间尚早，这里并没有围拢太多的人。

“咱们先把这堵墙给砸了！”

大家闻声回头，只见士子郭东里带着这群人直奔金榜而去。大家赶忙人分左右，伸长了脖子看郭东里到底要干什么。

只见他二话不说上去就撕榜单，还抡开胳膊开始砸墙。边砸边骂：“庸才榜上有，贤才榜上无！这到底还有没有天理了？！今天我们就替全天下苦读的落榜学子们出出这口气！”

旁边站着的两名守卫一看这个架势，赶紧进去禀报，可是等考官一干人等出来，哪里还有士子们的影子？只剩残垣断壁和散落一地的金榜碎片。

最终，此事被定性为因落榜心态失衡而造成的打砸“恶性事件”，朝廷处罚了相关人员。[1]

一样的米却养了百种的人。假如在唐朝生活，您会感慨，这里发生的故事怎么比电视剧还精彩，在唐朝当个小报记者估计得天天发愁究竟该把哪件事放在头版。

标题党——号外号外！知名官三代头顶某物招摇过市，原因是……

昨日下午，有热心群众向我们反映，一位衣着华贵的公子头顶一本书在大街

愁

杜牧

聚散竟无形，回肠自结成。古今留不得，离别又潜生。

降虏将军思，穷秋远客情。何人更憔悴，落第泣秦京。

《全唐诗》卷五二四

1 〔唐〕王定保：《唐摭言》卷一五《杂论》，中华书局 1959 年版，第 159—160 页。

小巷的人群中肆无忌惮地奔跑，口中念念有词，无人敢靠近他。

接到线索后，记者赶往事发现场，发现群众所说的“顶书公子”竟然是名相张柬之*的嫡孙——张倬。只见张公子将一本《登科记》顶在头上，口中大喊：“阿弥陀佛！这是一本佛经啊！”

*张柬之（625—706），字孟将，襄州襄阳县（今湖北省襄阳市）人。唐朝名相、诗人。神龙元年（705），联合桓彦范等人发动“神龙政变”，拥立唐中宗李显复位。

有知情人士在现场向记者透露，前两天刚刚放榜，久经考场的张公子再次落榜。自那以后张公子似乎就有些不大对劲，今天发生这样的事情，实在是令人痛心！

据了解，我朝上层人士历来推崇佛教，佛经是受人敬仰的宝物。张公子将一本科考类的书籍与佛经相比较，足见其想中第之心情有多急切。[1]

在这里记者也提醒各位士子，科考有风险，报名需谨慎。

情绪类标题——放弃一个很爱的“人”，究竟是什么感觉？

科考刚过，近日在长安城里有一首诗因其独特的内涵被传火了。

---

1 〔唐〕王定保：《唐摭言》卷十《海叙不遇》，中华书局 1959 年版，第 106 页。

年年春色独怀羞，强向东风懒举头。

莫道还家便容易，人间多少事堪愁。[1]

连头都不愿抬起来而且年年怀羞，诗的作者到底经历了什么，才能发出如此“人间愁”的感慨？带着不少疑问，记者来到群众中进行了深入采访，记者发现，这首诗所抒发的是作者再次落第之后的感情，不少落榜士子都对该诗产生了强烈的共鸣，故其“转发率”颇高。

为了深入了解这首诗背后的故事，记者专门采访了该诗作者罗邺*。“这究竟是第几次落榜，我自己都记不清了。不少同窗已经榜上有名，周围庆贺的空气压得我喘不过气来。如同我不得不放弃心爱之人一样，无助压抑填满了我灵魂的每一个角落。”罗邺表示。

在结束对罗邺的采访后，记者又随机采访了几位落榜士子，发现大家的心情与罗邺相差无几，整体情绪低落。在这里记者也呼吁全社会共同关注落榜士子的心理健康，让落榜士子感受到更多的关爱。

1 〔清〕彭定求：《全唐诗》卷六五四，罗邺《落第东归》，中华书局 1960 年版，第 7525 页。

*罗邺（825—？），字不详，余杭人，有“诗虎”之称。著《唐书艺文志》。

送丘为落第归江东　王维

怜君不得意，况复柳条春。为客黄金尽，还家白发新。

五湖三亩宅，万里一归人。知尔不能荐，羞称献纳臣。

《全唐诗》卷一二六

软文类标题——士子速点！荒郊野岭竟有一尊能开口说话的考神？

何为考神？

能准确预测每一位士子中举的情况并能保佑考生高中的神仙。

为了给广大士子登科提供更多的途径，本报记者近日来连续探访了不少奇人逸事。一位考生给记者讲述了这样一则故事。

连年科考不中的乐某心灰意冷，决心回乡娶妻生子安心务农。出了长安城一路向西，乐某这一天来到五岳之一——华山脚下。天色已晚，乐某打算在华山脚下住宿一晚再赶路。

为了省钱，乐某找了家看起来普通廉价的旅店，一挑帘子进门，老板赶紧迎了上去，上下打量了一下乐某，说道："这位公子看起来闷闷不乐，可是碰见了什么烦心事？"

"哎！老板有所不知，小生乃落榜士子，有什么值得高兴的呢？"乐某答道。

老板赶紧接话说："朝廷科考每年应举上万人，可只录取几十名。公子切莫把这件事挂在心上。顺其自然吧！"

乐某看了老板一眼低头说："多谢老板好意！容我一个人再想想吧！"

老板一听这话，说道："华山脚下有一间西岳庙，颇为灵验，公子不如去庙中问问神仙看看能否得到一些启示？"

"小生已打算放弃科考回乡务农，问神仙这种事情就算了吧！"乐某说着就准备往房间里走。

老板赶忙拦住了他："公子，南来北往的落第士子我见得很多，不是每个人我都会告诉他西岳庙的事情，来都来了，不妨去试试！"

见老板如此盛情，乐某只好答应。

就在当天晚上，乐某只身一人前往西岳庙去求仙拜佛。他跪在神佛面前说道："求神仙显灵！我孤身一人多次来长安科考，怎奈时运不济，学业不精，屡试不中，如果我有中第的命，请神仙明示！"

说完"哐哐"开始磕头。

就在这时，面前的神像竟然发出了声音："你好好努力定会高中，只是时间问题罢了！快回去准备考试，来年再考吧！"

乐某惊呆了，西岳庙的神仙竟然灵验到开口说话？心想，那说明我是有进士命的，还回乡种什么地？

回到旅店后，第二天乐某就启程回乡继续准备考试，最后终于考取了进士。[1]

记者在得知上述消息后，马上赶往了华山西岳庙，庙中香客纷纷表示庙中神仙确实灵验，不光能开口说话，还能消灾祛病。

据现场工作人员介绍，庙中还专门推出了不同档次的"灵笔"套餐，助力每一位考生金榜题名！

不过，这样的事毕竟只是奇谈，千万不可太当真啊！

---

1 〔唐〕范摅撰，唐雯校笺：《云溪友议校笺》卷下《讥岳灵》，中华书局2017年版，第149—150页。

好奇心类标题——一场科考引发的王朝覆灭记！

近日由黄巢*等人组成的叛军对我朝不少地区进行了大肆掠夺，朝野上下大为震动。

*黄巢（820—884），字号不详，曹州冤句县（今山东省菏泽市牡丹区）人。唐朝末年农民起义领袖。出身盐商家庭，善于骑射，粗通笔墨，少有诗才。

记者注意到，黄巢等人并不是乡野粗鄙之人，他曾多次赶赴长安科考，只可惜屡试不中。在又一次的科考失败后，黄巢曾写下一首名为《咏菊》的诗：

待到秋来九月八，我花开后百花杀。
冲天香阵透长安，满城尽带黄金甲。[1]

让人感到颇有一股杀气隐藏在字里行间，可见黄巢之反心是早就显露端倪的。本报也呼吁相关部门注意士子的情绪倾向，避免更多类似事件的出现。

据来自权威部门的消息，黄巢虽反，但多次派密使前往长安，请求封官赏地，不过都没有得到让他满意的答复，导致反叛愈演愈烈。可见黄巢等人并不是真正想造反，还是出于一己私利想加官晋爵罢了。

值得反思的是，科举制度已经施行了这么

1 〔清〕彭定求：《全唐诗》卷七三三，黄巢《不第后赋菊》，中华书局1960年版，第8384页。

久，是否适应当下的环境，是否能给每一位士子提供公正、公平的考试环境，是全社会需要共同思考的问题。

落第士子的生活不好过，总有人要“搞”大新闻，有人选择了造反，有人选择了求神，还有人选择了撕榜。各位要把哪一则新闻放在头版呢？

为官从政

贰

儒家主张学而优则仕。在唐代，这种观念深入人心。人们读书学习，不仅是为了获取知识，也是为了取得功名，光宗耀祖。在唐朝，诸位也要努力学习，积极从政，做一个有担当的大唐人。在唐人心目中，孔子是『先圣』『先师』『文宣王』，儒家的『五经』是修身、齐家、治国、平天下的指南，所以大家都尊孔读经。唐朝实行科举制，如果学习成绩优异，就可通过参加科举考试走上仕途。当然，唐朝非常注重对官员进行管理，所以在入仕之前，最好读读女皇武则天写的《臣轨》。为官之道全在其中，如果能心领神会，活学活用，就可以在大唐的官场上大显身手了。

天街小雨潤如酥草
色遥看近却無冣是
一年春好處絕勝煙
柳滿皇都莫道官忙
身老大即無年少逐
春心憑君先到江頭
看柳色如今深未深

唐韓愈早春呈水部張十八員外二首
歲次辛丑孟冬 淮安楊國慶書於長安

从服饰看官员级别

常言道：佛靠金装，人靠衣装。

周人用“礼”对社会进行了等级划分。衣服、食物、住处这些外在事物因此多了一个额外的作用——象征等级。等级制社会最大的特点是什么？是存在特权。

大唐虽开放包容，但等级依然存在，并且对于等级划分标准有着明确要求。

从服饰上看，大唐皇帝和各级大臣典礼上所着的“正装”，颜色种类较多。赭黄色是皇帝便装的专属颜色，不可以随便用。安禄山叛乱后为了过把皇帝瘾，称帝的时候就穿过赭黄色的袍子。

·贞观四年（630）	三品以上服紫，四品五品以上服绯，六品七品以绿，八品九品以青。妇人从夫之色。仍通服黄。
·贞观四年（630）	七品以上，服龟甲双巨十花绫，其色绿。九品以上，服丝布及杂小绫，其色青。
·龙朔二年（662）	六品七品着绿，八品九品着碧。朝参之处，听兼服黄。
·上元元年（674）	一品以下文官，并带手巾、算袋、刀子、砺石。其武官欲带者，亦听之。文武三品以上服紫，金玉带十三銙。四品服深绯，金带十一銙。五品服浅绯，金带十銙。六品服深绿，七品服浅绿，并银带，九銙。八品服深青，九品服浅青，并讯石带，九銙。庶人服黄铜铁带，七銙。前令九品以上，朝参行列，一切不得着黄。
·文明元年（684）	八品以下旧服青者，并改为碧。
·神龙二年（706）	停京官六品已下着绯葱褶令，各依本品为定。
·景云二年（711）	内外官依上元元年敕。文武官咸带七事（佩刀、刀子、砺石、契苾真、哕厥针筒、火石袋、谦鞢等）。其腰带一品至五品，并用金。六品至七品，并用银。八品九品，并用鍮石。
·开元二年（714）	百官所带跨巾算袋等，每朔望朝参日着，外官衙日着，余日停。三品以上饰以玉，四品以上饰以金，五品以上饰以银者，宜于腰带及马镫酒杯杓依式，自外悉断。
·开元十九年（731）	应诸服葱褶者，五品以上，通用细绫及罗。六品以下小绫，除幞头外，不得服罗縠，及着独窠绣绫。妇人服饰，各依夫子。五等以上诸亲妇女及五品以上母妻，通服紫。九品以上母妻，通服朱。五品以上母妻，衣腰襻褾，缘用锦绣。流外及庶人，不得着细绫罗縠、五色线靴、履。凡裥色衣不过十二破，浑色衣不过六破，帽子皆大露面，不得有掩蔽。正朝会及大礼陈设事，缘供奉官摄官者，并依摄官服之。
·元和十二年（817）	其职事官是五品者，虽带六品以下散官，即有剑佩绶。其六品以下职事官，纵有五品以下散官，并不得服剑佩绶。

高级官员们的着装，大致上是三品以上穿紫色袍子，四、五品官员穿深红色袍子，六、七品官员穿绿色袍子，八、九品的一般干部穿青色袍子。

规矩是人定的，可定规矩的人不遵守规矩怎么办？将军们立下战功，皇帝有时便大手一挥“赏紫袍穿”，就好像清朝皇帝喜欢赏人“黄马褂”一样，低级官员“高配”高级官员服饰成了皇帝赏赐的一种形式。“借服”也应运而生，就是低级官员可以在一定条件下穿高级官员的衣服。

唐朝“外交”往来频繁，常常派遣使者入藩交流。有的使者能力虽强但是级别较低，立刻拔擢又怕引起争议。于是，皇帝大手再一挥，许诺“借一件深红色袍子去”，既彰显了帝国颜面，又照顾了群臣情绪，可谓两全其美。

不过，借服，借服，毕竟有个借字在前，借了就该还。正所谓，“有借有还，再借不难”。然而有的将军和使者不光不还，还公然在公共场合穿“借”的衣服。皇帝三令五申要大臣们遵守规矩，讲究法度，但是收效甚微。借出去的衣服如同泼出去的水，想收回来可太难了。所以唐朝时穿紫色袍子的人，不一定是高级官员，但一定是曾经或者现在的宠臣。

唐德宗时期，朝廷为了增加官府的权威性，开始给官服上加各种图案，比如给地方节度使、观察使的服装上绣上大雁等鸟类图案，后来这种图案也出现在了中央三品以上官员的官服上。[1]

老百姓的衣服颜色就相对单调。白色、黑色是标配，经济条

1 〔五代〕刘昫：《旧唐书》卷一三《德宗纪下》，中华书局1975年版，第371页。

件比较好的人可以穿绿色的绫袄或者紫色的绮袄，这样并不违法。

按照规定，商人应该穿白色、黄色的衣服。不过在唐朝后期，法度废弛，商人们假借自己是军人户籍，穿起了紫色。对此，皇帝曾多次点名批评。

作为特殊群体的军人，有一套严苛的着装标准：红色护额、一身黑，再戴一顶压耳帽，这是唐朝普通士兵的穿着。保卫首都的神策军这类“非普通士兵”自然不会这身打扮，很多神策军的军官们都穿着紫色的衣服，以此来凸显地位。

职业不同、阶层不同，衣着颜色当然不同。朝廷对其他“特殊群体”的衣着也有细致的规定。一般僧人穿黑色袈裟，唯有皇帝赏赐“紫衣”的高僧才能着紫色袈裟。那些唱小曲的、演参军戏等的伶人们，因为服务对象大多是皇亲国戚或者高官贵族，服饰相对特别，根据表演门类区别穿衣，比如乐工穿淡黄衫、演参军戏的穿绿衫、演傩戏的穿红衣，等等。

可见，走在唐朝大街上，通过路人衣服的颜色您就能将他的身份猜个八九

和蒋学士新授章服　王建

五色箱中绛服春，笏花成就白鱼新。看宣赐处惊回眼，著谢恩时便称身。

瑞草唯承天上露，红鸾不受世间尘。翰林同贺文章出，惊动茫茫下界人。

《全唐诗》卷三〇〇

分。穿白衣素袍的是平头百姓；着青袍的是政府中的基层官员；身穿紫色袍衫，腰系犀牛角腰带的，肯定是贵族无疑；戴着红色发箍的，是部队中的士兵；披挂各式盔甲袖袍的，不用说，就是高阶武将。

金榜题名不等于已经入仕

唐朝士子们最大的悲哀是什么？

莫过于早早金榜题名，可迟迟当不了官。

在唐朝，想成为政府部门的官员，金榜题名只是第一步，最终能不能正式进入官僚体制中还得看吏部的评测结果。

想要通过评测，需要“身、言、书、判”样样俱佳，即“长相端正、表达通畅、书写规范、通晓法律法规”。

“长相端正”是四项要求里的第一项。要是考官认为你形象不佳，气质差，剩下三门不必考就会被淘汰。如果身有残缺，那么连参加科考的机会都没有，更别说吏部的选官考试了。可见朝廷在选官时对颜值要求颇高。

如果表意不畅，也不能通过吏部选官考核。考官会考查面试者是不是出口成章、有没有不当的口头禅等，毕竟这些人未来的一言一行都代表着大唐政府。

对于现代人来说，要达到“书写规范”这一要求，可能有一定的困难。朝廷规定，官员书写的必须是横平竖直的正楷字，龙飞凤舞的行书草书不能出现在文书中，写字工整有型在唐朝选官考试中绝对是加分项。

最后一个“通晓大唐律法，能写判词”直接考验的是从政的业务水平。作为大唐官员，遇见问题要依据律法处理，而且要有理有据有节。

可以感受一下白居易做过的吏部选官考试“真题”。

问:一位妇女的老公被强盗杀死了，妇女放出话，谁能把强盗杀了我就嫁给她。周围邻居纷纷指责这位妇女，说她不守妇道。可妇女却不以为然，对邻居们的说辞十分不满。究竟谁对谁错?

白居易这样答：作为妻子，给自己的丈夫报仇，这不是过错。不过很显然，她的这种做法有损妇道，应该为自己的行为感到羞耻。圣贤书里面早已经讲过，“一女不嫁二夫”。因此，这位妇女的做法是错误的。[1]

诸如此类从实际出发的题目考查的是金榜题名的士子们到底有没有做官的资质。有的题目更加犀利，要求考生评判中央政府与地方州府的对错。

---

1 〔唐〕白居易:《白居易集》卷六六“得辛氏夫遇盗而死，遂求杀盗者而为三妻，或责其失贞行三节，不伏”，中华书局 1979 年版，第 1378 页。

问：在各地州府送报到中央的乡贡名单中，有不少商人家庭出身的士子，尚书省按照惯例要求取消这些人的考试资格。可州府却不同意，说乡贡士子都是各地最为优秀的人才，既然选贤举能，就不应该设置过多的限制。你认为是尚书省正确还是各地州府正确？

有考生答：既然要选贤举能，为什么分三六九等？举例来说，在沙中淘金，会因为金子和沙子混在一起而不要金子吗？选取栋梁之材，能因为松树生长在谷底就弃之不用吗？可见，各地州府的主张是正确的，尚书省的责问是不恰当的。[1]

像这样旁征博引、层层递进的论述，堪称优秀判词。

即便弄清楚了吏部选官要求，想顺利通过任用考查还得做打持久战的准备。本来金榜题名已是千军万马挤独木桥，其难度可想而知，可过了独木桥也未到坦途，而是要面临更严苛的筛选，简直难上加难。

韩愈*是唐宋散文八大家之一，可金榜题名后迟迟未通过吏部的考试，被迫闯荡十年之久。

韩家是官宦世家，书香门第，韩愈父亲年轻

*韩愈（768—824），字退之，河南河阳（今河南省孟州市）人，自称“郡望昌黎”，世称“韩昌黎”“昌黎先生”。唐代中期官员，文学家、思想家、哲学家。古文运动倡导者，“唐宋八大家”之首。

1 〔唐〕白居易：《白居易集》卷六七“得州府贡士，或市井之子孙，为省司所诘。申称：群萃之秀出者乎，不合限以常科”，中华书局 1979 年版，第 1416 页。

时常跟李太白一起泛舟饮酒，可惜父亲、兄长早逝，韩愈全靠寡嫂照顾。十九岁时他准备前往长安，考取进士，光耀门楣。

小韩愈本想先去投奔自己的族兄，找个落脚处以便备考，不料其族兄因公殉职。举目无亲的他，为了生存竟引发了一起“街头事件”——拦北平王马燧的坐驾。

北平王马燧是韩愈族兄的顶头上司，对自己因公殉职的部下颇念旧情。事情发生后，把韩愈请回家给自己的儿子当了老师，韩愈总算在长安城有了安身之地。

可命运捉弄人，一连考了三次，韩愈都名落孙山，直到第四次才金榜题名，这时候离他初到长安城已经过去了六年。

这之后，韩愈先后三次参加吏部的考试，结果都是一样——没中。情急之下韩愈给当朝重臣写了三封毛遂自荐的信，希望能谋个一官半职，可也是石沉大海没有回音。

在给朋友的信中，韩愈把自己的处境狠狠吐槽了一番：在长安城内生活了这么多年，连个几平方米的安居房都混不上，现在已经到了饥不择食的地步！每天发愁得只剩下哭，枕头都被打湿了好几回。

走投无路的韩愈只好“曲线救国”，去给地方节度使做幕僚，平时出出主意、写写文书，再陪节度使踢踢球、打打猎，这样才得到了一个九品的官位，正式成为大唐官僚队伍中的一员。此时离他金榜题名又过去了四年。[1]

1　〔五代〕刘昫：《旧唐书》卷一六〇《韩愈传》，中华书局1975年版，第4195—4196页。参〔南宋〕洪兴祖：《韩子年谱》，吕大防等撰：《韩愈年谱》，中华书局1991年版，第23—33页。

跟韩愈比起来，白居易算得上是“锦鲤附身”了。进士及第后，白居易头次参加吏部选官测评就顺利通过，通过后朝廷刚好有缺位，立即被授予校书郎之职。等他校书郎任职期满后，又恰逢皇帝亲自主持的“制科”考试。制科和一般科考不同，制科是皇帝“看心情”举行的不定期考试，以选拔优秀的特殊人才。谁料白居易又是“一次过”，马上升官，没过多久就坐上了翰林学士的位置。

韩愈的经历，只是众多金榜题名却无法通过做官考试的士子们的缩影。有的及第士子长达二十年都通不过吏部的考试，那种心情恐怕比考不上进士还要难过。看来想在大唐朝廷觅得个一官半职，得做好长期艰苦奋斗的准备才行。

唐代官场的『职业手册』

繁华锦绣的唐长安城，处处是生机，也处处是危机。

穿上官服的那一刻，就进入官场这个大染缸，想要在盘根错节的势力中站稳脚跟，仅靠智慧是远远不够的。为了提高在大唐官场中的“存活率”，各位不妨先来看看这份官场“职业手册”。

职业手册第一条：话出口前要三思

俗话说“言多必失”，在荆棘密布的朝堂上，任何一句实话，都可能被解读为欺君罔上。

贞观年间，群贤齐聚，天下大治。太宗皇帝身边文有杜如晦、房玄龄、褚遂良，武有李勣、秦琼、尉迟敬德这样的“超豪华”顶配大臣班底。

贞观十七年，太宗皇帝决定亲征高句丽，临行之前召见宰相刘洎*，对他说：“朕将亲自带兵远征，你留下来辅佐太子，大唐的安危都寄托在你身上了。”

*刘洎（？—646），字思道，荆州江陵（今湖北江陵）人，唐朝宰相，南梁都官尚书刘之遴曾孙。以直谏著称。

这话分量颇重，有几分“托孤”的意思在里面，可见太宗皇帝十分信任他。刘洎的名气虽比不上魏徵等人，但他出身士族大家，敢于直言进谏，再加上个人才能卓越，深得太宗皇帝器重。

有一次太宗皇帝让群臣对自己近期的言行发表意见，长孙无忌、李勣等人纷纷上书说陛下近来甚好，自己没什么意见可提。可直性子的刘洎却对太宗皇帝说：“陛下，最近一段时间，凡是说陛下过失的大臣，您都当面驳斥了他们，让这些进谏的大臣很羞愧，我认为陛下的这种做法实在不利于广开言路，您应该改正。”太宗皇帝听后采纳了他的意见。

就是这样一位“真性情”的大人，被即将远征的太宗皇帝委以重任，跟高士廉、马周、褚遂良等人一起辅佐太子李治。刘洎当时还兼任多个要职，是“实权派”。

太宗征战顺利，可在班师回朝的路上却病倒了，刘洎和马周赶紧前去探望。等二人回来，群

*杨炎（727—781），字公南，凤翔府天兴县（今陕西省宝鸡市凤翔区）人。唐代宰相、财政学家，『两税法』的创议者和推行者。

臣询问太宗病情，刘洎哭丧着脸说：“圣上的龙体实在欠安，真让我等做臣子的担忧。”

说者无心，听者有意。褚遂良听闻此话后，立刻奏报，说刘洎准备谋反，还把刘洎对群臣说的话添油加醋说给太宗听，“刘洎在朝堂对群臣说，我们只要学伊尹、霍光的样子，尽心尽力辅佐幼主，诛杀那些不听话的大臣，我大唐的江山依旧稳固。”

太宗皇帝一回到长安城，就把刘洎叫到面前问道：“听说你要谋反，到底有没有这回事？”

耿直的刘洎说：“根本没有的事情，马周他们都可以做证。”

太宗皇帝又询问了马周等人，这些大臣纷纷给刘洎做证，证明刘洎确实没有说过这样的话。太宗皇帝又把褚遂良找来，追问究竟，褚遂良说：“这些大臣都害怕受到牵连，不肯对陛下说实话。”

太宗听信此话，第二天就派人赐死刘洎。[1]

一句朝堂之上的大实话，竟招来了杀身之祸，刘洎到死也没明白到底是怎么回事。

职业手册第二条：人情往来要慎重

唐朝社会讲究人情往来，师生情谊、同乡情谊、亲戚情谊，这些亲疏远近的情谊织成了一张复杂的关系网。大唐官场更是如此，只是这人情往来中的“坑”多，一不小心就会让自己陷入两难。

德宗时期，宰相杨炎*在落魄时，曾向权臣杜鸿渐求助，等杨

1 〔五代〕刘昫：《旧唐书》卷二四《刘洎传》，中华书局1975年版，第2611—2612页。

炎自己成为宰相后，一直想找机会帮帮这位恩公。有一年，杜鸿渐的儿子参加科考，杨炎一看，觉得报恩的机会来了，就派家丁找到负责阅卷的主考官令狐峘，想请令狐峘录取杜鸿渐的儿子。

这位令狐大人心眼多，觉得家丁的转述并不可信，就对杨炎家丁说道："既然是杨大人的意思，我等一定照办。但是，我没有见到杨大人本尊，这样吧，为了保险起见，你回去请杨大人在名录中考生名字后面签上名，如此我就放心了。"

家丁回府后如实禀报，杨炎觉得有道理，就在杜鸿渐儿子名字后写上了自己的名字，让家丁即刻送给令狐峘。

可第二天一上朝，令狐峘就向德宗皇帝启奏，说道："陛下，杨炎杨大人逼迫小人录取他恩公之子，可陛下教导我们，开科取士关乎我大唐根本，严禁一切人情请求，因此臣实在不知道如何办是好，特启奏陛下。"

说着，呈上了写有杨炎名字的考生名录。

杨炎一看这情况，顿时傻了眼，白纸黑字的证据，自己百口莫辩。

德宗拿过名录一看，大为光火，质问杨炎究竟是怎么回事。

杨炎没办法，只好将事情一五一十禀告给皇上。德宗这才明白原委，不过也没有责罚杨炎。[1]

职业手册第三条：交友需谨慎

常言道，"朋友多了路好走"。可在唐代官场上，"有的朋

1 〔五代〕刘昫：《旧唐书》卷一四九《令狐峘传》，中华书局 1975 年版，第 4013 页。

友会让你走投无路”。

武则天取代李唐建立周朝后，想要凸显自己的皇位不是篡权得来，便利用大唐佛教徒众多这一情势，派人到处散播说自己是佛教神仙下凡，是来拯救受苦受难的黎民百姓的。

为了昭示尊佛之心，武则天令全天下的人和自己一起吃素，违令者以杀头罪论处。此令一出，天下哗然。逢年过节全家人围在一起吃一桌子菜叶，这像什么话？碰见红白喜事，嘉宾围坐桌边吃青菜，也太难看了些。

其时，右拾遗张德喜得贵子，以往，以张大人的地位，碰见这样的喜事必定要大排筵宴，荤素大餐一应俱全，可皇帝颁布了吃素的命令，作为朝廷官员不得不遵守。不过，张德心里实在高兴，忍不住招呼了几位至爱亲朋到家里开了“荤”，专门宰了一头羊来庆祝。

事后上朝的时候，武则天走到张德身边，说道：“张大人，听说你喜得贵子，恭喜啊！”

张德忙下跪谢恩，但心里暗暗吃惊，自己根本就没有知会旁人，皇帝在朝堂之上，怎么对这种小事都了如指掌？

“朕还听说你和朝中几位要好的大人一起庆祝了一下，都有哪些人？”武则天问道。

张德听罢，惊出一身冷汗，只得一五一十地禀告详情。

这时，武则天从袖中拿出一块羊骨头，问道：“那你们宴会上的肉是从哪儿来的啊？”

张德自知纸里包不住火，赶紧自行请罪，恳求责罚。

“张大人，昨天参加你宴会的杜肃杜大人吃了你的肉，却参了你一本。不仅如此，还从宴会现场给朕带回来一块骨头，作为证据。”武则天边说边把杜肃的奏章拿出来交给张德。

武则天又说：“张大人，朕虽然禁止屠宰，但红白二事不受限制。所以朕不是要怪罪你吃肉，而是要告诫你在结交朋友时应慎重，不要被人出卖了还不知道。”

原本指望靠告密来为自己仕途增添筹码的杜肃早已吓得跪在一旁。[1]

可见在唐朝，这样的“狼性朋友”深交不得，因为不知道哪天就会从背后咬你一口。

职业手册第四条：用微笑带过一切

“有人在的地方就有恩怨，有恩怨的地方就有江湖。”如果把大唐官场比作波谲云诡的江湖，在官场“江湖”行走，免不了会碰见各种触及自己利益的事情，那该如何是好？宰相娄师德[*]对此做出了正确解答。

武则天时期，小心谨慎、踏实办事的娄师德被委任为宰相。要是与娄师德同朝为官，你一定会为这位老先生的“好脾气”所折服。有次上朝的路上，一位官员说他是乡巴佬，娄大人微笑着

* 娄师德（630—699），字宗仁，郑州原武（今河南省原阳县）人，唐朝宰相、名将。

1 〔北宋〕李昉：《太平广记》卷二六三“张德”条，中华书局1961年版，第2060页。

对对方说："我不是乡巴佬，谁还会是乡巴佬呢？"

武则天称帝期间虽然天下太平，但因酷吏横行、告密之风兴盛，朝中大臣人人自危。

这一年，娄师德的亲弟弟被朝廷任命为代刺史，作为兄长，娄师德前去送行。在兄弟二人交谈中，娄师德说道："我们娄家在朝廷中并无根基，可如今我在宰相高位，而你也被委任为地方实权官员，这下有多少双眼睛都在盯着我们，你可知道？"

"小弟自然清楚如今的情势，请大哥放心。"

娄师德问道："那如果你跟别人起了冲突，你将如何处理？"

弟弟想了想，说道："在地方上，即便有人朝我脸上吐唾沫，我也不会与他争执，只会用衣袖把唾沫擦干，不加理会。这样处理，肯定万无一失，不会给人留下话柄。"

听闻此话，娄师德满脸失望，说道："你的这种做法，只会招来更大的祸端，还说什么万无一失？"

弟弟颇为惊奇，忙请娄师德明示。

娄师德说道："你把唾沫擦干，肯定会惹恼对你吐唾沫的人，因为擦干这一行为说明你已被他激怒，在表达你内心的不满，那个人怎么会放过你？你们二人定会继续纠缠，到时候事情便一发不可收拾。如果有人朝你脸上吐唾沫，你不要去擦，只管让他吐就好了，况且唾沫没一会儿就会干掉，又不会对你造成什么实质伤害，你只需满脸笑容就行。"

弟弟听后沉默不语。

娄师德见他沉默，更严厉地说道："你只有这样做，才能保我们娄家不会遭人暗算，切记切记！"

娄师德再三嘱咐后，才让弟弟赶赴地方任职。[1]

连贵为皇帝身边“职业经理人”的宰相都要如此谨慎行事，足见大唐官场之艰险。

职业手册第五条：认清自己的能力

古训里的一句话——人要有自知之明，千百年来被许多人作为自己的座右铭。

唐朝的官员结构是正金字塔形的，越往上人越少，况且大多数人都经过了科考、吏部选官考试，论才学智慧，谁也不比谁差，可岗位就这么多，有人上去必然有人上不去。

官员都希望自己能一直站在权力之巅，感受位高权重带给自己和家族的荣耀。但很多德不配位的人即使站上了高处，最终还是会落得“在位时很美，跌落时很惨”的下场。想在唐朝做官，得认清自己的能力，看看自己到底能不能胜任。

宪宗时期，宰相裴度接待了一群打小一起读书的朋友。大家许久未见，相谈甚欢，可话说着说着，味道就有点酸。

“裴大人，当初我们在一起读书的时候说过，日后哪位发迹，得提携其他朋友啊！这些年我们蒙裴大人关照，都有了一官半职，只是这官职都不大。您如今是当朝宰相，可得替我们多说几句话啊！”其中一位朋友说道。

裴度一听，明白了大家的来意，原来是觉得他违背了当初的誓言，于是笑着说：“各位都见过灵芝和珊瑚吗？”

---

1 〔北宋〕李昉：《太平广记》卷一七六《娄师德》，中华书局 1961 年版，第 1309 页。

“这两种珍宝有缘见过几面，但也只是远观。”大家说。这个问题问得朋友们有些不解，不知裴度何意。

“像灵芝这样的珍宝，我们把它供在那里观赏是再合适不过的。但如果我要盖一间大房子，我能用珊瑚灵芝做建筑材料吗？当然不行，我得找不值钱但是实用的树木来盖房子。”裴度笑着说。

大家听后都默不作声。

“其实我大唐选官的原则也是如此。各位都是饱读诗书的忠厚之人，才高八斗，学富五车，在现任岗位上兢兢业业。可如果在朝堂之上被委以重任，恐怕以各位的性格还真是难以应对。朝堂上靠的是权谋机警，少不了要与他人斗智斗勇，稍有不慎就有可能不是掉一颗脑袋的事情了。”裴度说道。

见大家都不吭气，裴度继续说：“如今我大唐疆域辽阔，所设官职之多、处理问题之烦琐远不是靠熟读五经就可以解决的，必须要选拔那些有王佐之才的人方可让我大唐国运昌祚。”

一席话说得大家连连称是，之后再也没有人提过类似的要求。[1]

谨遵这份官场“职业手册”之告诫，各位就可以在复杂的环境中找到自己的立足之地，说不定还能成为一代名臣，在唐代历史上留下浓墨重彩的一笔。

1 〔北宋〕王谠撰，周勋初校证：《唐语林校证》卷三《识鉴》，中华书局1987年版，第260—261页。

唐朝官员的『朋友圈』

微信作为现代人的社交工具，串联起人们的各种动态。随着社交活动的不断深入，微信不再只是一个聊天工具，而是公开的社交网络。很多人十分精心地经营自己的“朋友圈”，文字图注字斟句酌，每张图片修了又修，好不容易下决心点了“发送”，还得惦记能收获多少赞。

如果唐朝也有手机的话，官员们的朋友圈一定更加精彩。

李晟的居家朋友圈

长安城的太阳总是给人温暖和煦的感觉。好久没有活动筋骨了，闲来无事，就把永崇坊大安园家中的竹子整理了一下，一不小心居然全砍完了。

朋友评论

李愬（李晟儿子）：老爹宝刀未老！

张延赏（曾跟李晟有过节的宰相）：李将军为何把竹子全砍完?

马燧（同期名将）：老哥威武！

手下将士：将军好臂力！

李晟：统一回复，需要竹笋的自己来拿。

除了评论以外，德宗皇帝一定会给李晟点个赞。李晟砍家中竹子的行为可真是“砍”到德宗皇帝心坎里了。

李晟出身军人世家，十八岁就投身军营上阵杀敌。唐朝中期以后，藩镇割据，各地的将领都拥兵自重。在一次“偶然”的兵变中，德宗皇帝被赶出长安城，藩镇将领朱泚居然在长安城当起了皇帝。后来，是李晟带兵克复京师。不仅如此，吐蕃人也极为忌惮李晟的威名。

别看李晟是武将出身，但是脑子灵光，他知道德宗皇帝被拥兵自重的将领折腾得已成惊弓之鸟，所以李晟很少结交权臣，平时生活也处处小心，避免给人留下口实。然而，“树欲静而风不止”，总有一些别有用心的人造谣生事。李晟家里种了许多竹子，按理说宅院里种竹子是再正常不过的事情，谁知这竹子种在李晟家就种出了问题，竟然冒出来竹子多就是要造反之类的流言蜚语。“好事不出门，坏事传千里”，一来二去，这样的谣言传遍了整个朝野。

李晟见状内心思忖：“这竹子砍也不是，不砍也不是，砍了会有人说我此地无银三百两，心里没鬼干吗要砍竹子；不砍，流言四起肯定对我不利。”思虑再三，最后还是“不经意”把宅院中的竹子砍了个精光，并且将消息散播出去，以此明志。[1]

郭子仪的居家朋友圈

清晨起来阳光美美的，推开门一看，不知道是谁家的小朋友把玩具又忘在我家门口了。这已经不是第一次了。

朋友评论

元载（宰相）：老郭你好有童心！

京兆尹：下次绝不会出现这样的事情！

李光弼（同期名将）：呦，谁能想到威名赫赫的将军竟然每天跟小朋友的玩具打交道！

升平公主：公爹，那是咱家对面坊李大人家小孙子的。

---

1 〔北宋〕司马光：《资治通鉴》卷二三二，“德宗贞元三年五月”条，中华书局 1956 年版，第 7487—7488 页。

郭晞（郭子仪儿子）：爹，咱家围墙还没盖起来？

郭子仪回复：没围墙怎么了？治安这么好，咱家现在连大门都不关。

这次不仅代宗皇帝点了赞，文武群臣也纷纷点赞。

郭子仪一生起起落落，出将入相三十余年，受到四朝皇帝的尊崇，儿子、女婿都身居高位。唐朝的转折点“安史之乱”就是在他的主导下平息的，而且郭将军从不贪恋兵权，朝廷随叫随到，毫无怨言，多次孤身犯险，兵败了从来不推诿扯皮，自罚俸禄，相当会“做人”。

御史中丞卢杞长相奇丑无比，只是长期受人嘲笑，不过老天公平，他虽然长得丑但是很有才华。此人内心比较阴暗，动不动就给人下套。郭子仪平常会客，从来不让女眷回避，唯独卢杞来访，他总是先让女眷退下，独自会面。家人问他原因，他说：卢杞这个人面丑心险，家中的妇人们见了他这副面孔肯定会讥笑。一旦卢杞他日得志，家里就有灭族之灾！

老江湖就是老江湖，方方面面考虑得极为周全。

即使这样，郭子仪仍觉不够，从来不关自己家的大门，而且不盖围墙，无论是谁到了他们家，郭子仪都命家中的仆人不要多问，也不要把人家赶走。

郭老将军这样做，就是不给进谗言的人留一点机会。[1]

1　〔北宋〕李昉：《太平广记》卷一七六《郭子仪》，中华书局1961年版，第1311—1312页；〔五代〕刘昫：《旧唐书》卷一三五《卢杞传》，中华书局1975年版，第3713—3714页。

李晦的居家朋友圈

下午把家中新盖的一座小楼给拆了，一不小心，还找到了半年前丢的一串绿宝石，真是可喜！

朋友评论

王大人（同僚）：刚盖就拆？有钱人的世界我们不懂！

小妾：支持老爷的一切决定！只是那串绿宝石能送我吗？

王夫人回复：绿宝石是我的。

酒肆老板娘：没想到李大人速度这么快！多谢李大人！

王夫人回复：什么情况？

李晦是雍州长史，素日里对政务上的事情不太上心，不想搅和在政治大染缸里。无事可做再加上手里有点闲钱，便在家中临街的地方盖了一座小楼，准备没事时喝喝酒、看看景。

可这楼临街，刚好能看清楚楼下酒肆里人们的一举一动。没几天，酒肆老板就登门造访了。一见面，酒肆老板赶紧拱手作揖向李晦行礼，说道："李大人，今有一事特前来告知。我们小门小户，做的也是养家糊口的小本买卖。可您家的那座小楼实在是居高临下，将小店中的家人老小都看得是一清二楚，我斗胆来告诉李大人，小人家实在不想被人这样看个干净，还望李大人体谅小人的难处。"

李晦听到此消息，当天就把家中的这座楼给拆了。[1]

---

1 〔北宋〕李昉：《太平广记》卷四九三《李晦》，中华书局 1961 年版，第 4501 页。

在唐朝，要留心这些看似琐碎的居住生活常识，不能偷窥他人住宅内的隐私是最基本的社交规矩。

小小的唐朝官员朋友圈勾画出了唐朝官场上的众生相。其实唐朝官场社交学问还有很多：如果去同僚家做客，吃饭时发现中间多了一道屏帷，饭就别吃了，赶紧告辞。这说明在主人心目中你已经归到了“瞧不起序列”。

不仅如此，去别人家中做客，落座后不要伸手去拿隔座的物品；主人没有邀请不要到上厅中坐，可别自己把自己不当外人。

了解了这些“套路”，行走在唐朝官场上会更加游刃有余！

唐朝官员的一天

“当、当、当、当、当”。

早上不到五点，随着报晓的钟声，长安城里大小官员的宅院里开始忙活起来。新的一天开始，官员们正忙着洗漱穿戴，而后就该赶往宫中上早朝啦。

这些官员睡眠时间的长短与他们住宅的地理位置直接相关。一般位高权重的官员住得离大明宫、兴庆宫较近，住在像永兴坊、安兴坊之类的地方，可以多睡一会儿，从容不迫地进宫。可官阶较低的官员买不起地段好的住宅，住得离皇宫较远，只好牺牲睡眠时间，匆匆赶去上朝。

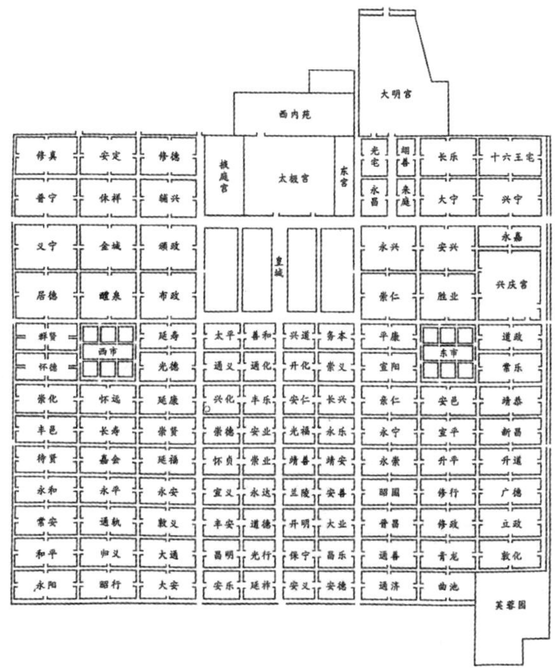

— 唐长安城示意图

跟现代人一样，唐朝官员早起第一件事也是刷牙，只是使用的牙刷与现在不同，他们用杨柳枝或手指蘸着药水刷牙来保持口腔清洁。

洗漱完毕，官员们便骑马或骑驴，带着家中掌灯的仆役前往大明宫。这个时候天刚蒙蒙亮，大多数人来不及吃早餐，饥肠辘辘。好在此时长安城坊中的小摊贩们早就起来准备好了早点，官员们有时会在上班途中买点早餐充饥。

在大明宫外，建福门和望仙门前零零散散站着等待上朝的官员们。为了彰显皇帝的“人文关怀”，朝廷专门拨款修建了一所“待漏院”，碰见雨雪天气，官员们可以借以躲避。[1]

---

1 〔南宋〕程大昌：《雍录》卷八《待漏院》，中华书局2002年版，第171页；〔五代〕刘昫：《旧唐书》卷一四《宪宗纪上》，中华书局1971年版，第421页。

作为大唐帝国的权力中枢，大明宫建在长安城的制高点——龙首原上，中间五条门道的正门丹凤门只有帝后才能使用，大臣们进宫走两边的建福门、望仙门。丹凤门是大明宫的“地标”建筑，门外的丹凤门大街宽达一百七十六米，按照现代高速单车道三点七五米的宽度来计算，这条大街可是双向四十六车道的超级大街。每逢特赦囚犯，百姓们都会会聚在这条超级大街上，围观皇帝等人登上丹凤门，主事大臣宣读诏书，朝廷当场释放囚犯。

凌晨五点半，随着悦耳的钟声，宫门打开，官员们鱼贯而入，前往大明宫内的正殿——含元殿。含元殿与丹凤门之间有一条长长的御道，御道两旁是两条并行的龙尾道，专供上朝的大臣使用。道路旁立有青石栏杆，栏杆上雕刻着精致的璃龙。

顺着龙尾道向含元殿走去，只见殿门外香烟萦绕，皇家仪仗队整齐地排列在宫殿外围，几队整齐划一的士兵正行走巡逻，处处都彰显着大唐的皇家威严。进入殿内，官员们按照官职大小排队站好。待皇帝上朝，早朝就正式开始了。

和贾舍人早朝大明宫之作　王维

绛帻鸡人报晓筹，尚衣方进翠云裘。九天阊阖开宫殿，万国衣冠拜冕旒。
日色才临仙掌动，香烟欲傍衮龙浮。朝罢须裁五色诏，佩声归到凤池头。

《全唐诗》卷一二八

如果碰见冬至、元日等重大节日，含元殿会成为一座国际级宫殿。波斯等国的使臣、吐蕃等少数民族首领，身着风格迥异的服饰，操着不同的语言列队站在殿内，跟唐朝文武百官一起向大唐皇帝祝贺。

唐朝，这种国际性的文化交流盛会，只有官员才有机会体验。等到朝会结束，各部官员会回到自己的办公场所开始一天的工作。

唐代官僚机构中最重要的部门中书省、门下省、尚书省分别承担着草拟政策、审议、执行的任务。

中书省最主要的官员是六名中书舍人，这些“秘书”文笔过硬，熟悉各种法典，需要替皇帝草拟各项政策诏书，直接参与并影响皇帝、宰相们的决策。

门下省的骨干是给事中，这些官员负责驳回群臣的奏章、审查皇帝的诏书，同时，碰见选拔用人不当、刑事案件审理不当等问题时，需要跟相关部门进行有效的沟通与协调。

尚书省为执行机构，下辖吏部、礼部、刑部等六部，地方州县都要遵守尚

秋兴八首其五　杜甫

蓬莱宫阙对南山，承露金茎霄汉间。西望瑶池降王母，东来紫气满函关。
云移雉尾开宫扇，日绕龙鳞识圣颜。一卧沧江惊岁晚，几回青琐点朝班。

《全唐诗》卷二三〇

书省颁布的诏令。

官员们各司其职，一旦越权，就有被弹劾贬黜的风险。

白居易任谏官时，在朝堂之上，曾当着百官的面与皇帝争辩，即使皇帝万分生气，但是宰相们都认为白居易是在尽自己的职责，对他多加维护。

当白居易离开谏官的岗位，到东宫太子处为官后，恰好发生了宰相武元衡被杀案，他又一次上书朝廷。可这次宰相们对他的越职行为大为不满，说他已经没有了谏官的权力却还一意孤行，“拿着东宫官员的钱，操着谏官的心”，很快白居易便被贬黜出京。[1]

在三省之上，还有一个唐朝版的“决策委员会”，成员都是宰相。皇帝专门开辟了一处“政事堂”让宰相们办公。

因为唐代宰相不是一位，三省的最高长官都称宰相。“政事堂”会聚的宰相班子组成了大唐王朝的“最强大脑”。大家集体办公、集体研究、集体决策，为了便于管理，还会有一位执政秉笔的“首席宰相”，这种形式颇有几分现代民主议事制度的影子。

中午，众位官员会一起吃个工作餐。宰相们因为地位崇高，所吃食物由朝廷的尚食局专门负责，一人一份，定额配备，大家围在一起，边吃饭边讨论政事。

就在这宰相的饭局上还发生过一起“灵异事件”呢。

昭宗朝宰相郑延昌一日正在政事堂吃午饭，他弟弟郑延济因急事匆匆进宫找他。因为饭是定量供应的，兄弟二人只好同吃，没承想，郑延昌的弟弟端起饭碗没吃几口竟倒地中风而亡。事发

---

1 〔五代〕刘昫：《旧唐书》卷一六六《白居易传》，中华书局1975年版，第4344—4345页。

突然，找医官都来不及，几位宰相一时间手足无措。一传十十传百，这件事情后来在群臣中传开了，有迷信的人说："宰相的饭可不是随便谁都可以吃的，小心吃了会遭殃！"[1]

跟宰相们严肃的用餐氛围相比，其他官员的餐会略显轻松。为了让官员们吃得饱吃得好，每天午餐供应菜式一百盘，标配三只羊，冬天有热面条，夏天有凉面，还会安排桃子等餐后水果。[2]在公众场合，官员们得特别注意自己的"吃相"，因为御史官在暗中盯着大家，稍有不当之处，就会被参，搞不好还会因吃饭而被弹劾罚俸。

吃个工作餐，不光在个人举止方面忌讳颇多，时不时还得面对新情况。代宗时期，有高僧建议官员在食堂供奉文殊菩萨，于是皇帝便颁下诏书，让大家先拜菩萨再用午餐。

吃完午饭，大家继续回到官衙干活。这个时候，皇帝会冷不丁地到三省六部等各个中央机构"串门"，了解一下工作进度，看看大家的任务到底饱和不饱和。

玄宗时期，"顺风顺水"的王维，因才华横溢加上情商颇高，轻松进入朝廷核心部门，做了一名言官。

王维和孟浩然是多年知已，见孟浩然时运不顺、命运曲折，有心想帮帮他。一天，王维私下里把孟浩然带进了办公室和自己一起办公，顺便切磋诗词歌赋。

可谁知二人正在屋中聊得高兴，门外突然有人高喊："皇上驾到！"

1　〔北宋〕李昉：《太平广记》卷一五七《郑延济》，中华书局1961年版，第1131页。

2　〔唐〕李林甫：《唐六典》卷一五《光禄寺》，中华书局1992年版，第446页。

这一下可把王维吓坏了，工作时间聊非工作内容已是大罪，再加上自己把老百姓带到了办公场所更是严重违规，这可如何是好？

情急之下，王维只好让孟浩然钻到床底下。

玄宗皇帝一进门就问王维："刚才在屋外听见你和人谈论诗集，怎么屋里只有你一个人？"

见事情遮掩不住，王维只好一五一十地将经过告诉给玄宗皇帝。

"那孟浩然人呢？"玄宗问。

"陛下，臣在此。"说话间，孟浩然从床底下爬了出来。

玄宗皇帝也不生气，他早就听说过孟浩然的名声，问道："你最近可有什么得意的新作吗？"

见皇帝对自己的诗词感兴趣，孟浩然觉得未来定是一路坦途了。他定了定神，沉思了一会儿，吟道：

北阙休上书，南山归敝庐。

不才明主弃，多病故人疏。

玄宗皇帝听罢，紧皱眉头，说道："不才明主弃是什么意思？是在说我有眼无珠，抛弃了你这位大才子吗？"

站在一旁的王维一听此话，着实替自己的老朋友捏了一把冷汗。可"单纯"的孟浩然还没回过神儿来。

玄宗皇帝说完，就转身离开了。留下王孟二人呆立在屋中。

倒霉的孟浩然没有抓住跟皇帝"邂逅"这一机会，一生都活在波折中。[1]

---

1 〔唐〕王定保：《唐摭言》卷一一《无官受黜》，中华书局1959年版，第120—121页。

到了晚上，重要部门会留小部分的人员值班。大唐朝廷的人文关怀再一次体现，规定春季夏季，值晚班的人员可以领取一定量的瓜果茶点。

单独值班考验的是官员们“单兵作战”的能力，能试出官员的含金量。

玄宗时期，一位叫苏颋的官员无论在为人上还是学术上，都出类拔萃。皇帝十分欣赏他的才能，有心任命他为宰相，但是苏颋的资历尚浅，皇帝担心朝中会有很多人反对。为了达到目的，玄宗皇帝决定搞一次“突然袭击”，晚上颁布任命诏书。

主意打定，他马上吩咐太监去传唤中书省的值班人员来草拟诏书。

不一会儿，中书舍人萧嵩跟着太监走了进来。萧嵩小伙子一表人才，身材高大，玄宗皇帝对他很是满意。

“朕准备任命苏颋为宰相，你马上替朕草拟诏书。”玄宗说道。

太监们把笔墨纸砚端上几案，萧嵩坐在案前，提笔落字，不一会儿就把草稿呈了上去。

玄宗接过来还没怎么看，就发现了问题，说道：“你开头这‘国之瑰宝’四个字中的瑰字使用得不恰当，苏颋的父亲名叫苏瑰，直呼其父亲的名讳实乃大忌，你马上修改。”

听闻此话，萧嵩顿时吓得说不出话来，拿起笔却迟迟写不出字，急得满头大汗。

没一会儿，玄宗皇帝来到萧嵩面前，俯下身想看看诏书修改得如何，只见萧嵩只是将“国之瑰宝”改为了“国之珍宝”，其余部分只字未改。

“这是怎么回事？”玄宗问道。

萧嵩紧张，一个字也没说出来，玄宗皇帝不耐烦地摆摆手，让他赶紧退下。

等萧嵩一出去，玄宗“吐槽”道：“真是虚有其表！竟然连份如此简单的诏书都拟不好。”说完，还把萧嵩草拟的诏书扔到了地上。[1]

唐代官员不仅夜晚值班，逢年过节也不能例外。

有一年中元节，三省六部的官员们早早回家享受假期生活去了。这时候宫中突然传出消息，宣宗皇帝任命李景让为吏部尚书兼剑南西川节度使。

尴尬的是，此时只有宰相夏侯孜一人还在政事堂加班，这导致圣旨既没人接也没人宣读。无奈之下，他只好去三省找值班人员，凑巧的是当天值班的官员位阶太低，根本就没有接触圣旨的资格。

宣宗皇帝知道此事后，大为光火，下令重新制定节假日值班制度，以此保证国家机构能正常运转。[2]

早上五点或者更早，就得爬起来赶赴早朝，早朝结束后到办公室办公，运气不好了晚上还得值班，大唐官员的一天是不是没有想象中那么好过呢?

---

1 〔北宋〕李昉:《太平广记》卷四九五《萧嵩》，中华书局1961年版，第4061页。

2 〔唐〕裴庭裕:《东观奏记》卷下，中华书局1994年版，第134页。

力挽狂澜的地方官

唐玄宗统治前期，大唐王朝走向了辉煌的顶点——开元盛世。但在他统治后期，唐王朝由盛而衰，转折点就是安史之乱。

安史之乱是一场由玄宗宠臣安禄山和他的同伙史思明发动的叛乱。这场历时八年的叛乱，对唐王朝造成了极其重大的影响。在平叛的过程中，除了郭子仪、李光弼等高级将领之外，还有几个地方官的名字应该被铭记:张巡、许远和南霁云。

天宝十四载（755）冬，身兼平卢、范阳、河东三镇节度使的安禄山起兵反唐。叛军一路势如破竹，朝野震动，玄宗南遁，原本繁荣昌盛的大唐王朝变得岌岌可危。

雍丘（今河南杞县）县令令狐潮投降叛军，不过附近的真源县县令张巡誓死守卫大唐，招募壮士，打跑令狐潮，占领了雍丘。其后，败逃的令狐潮引四万叛军前来，准备攻陷雍丘。张巡频出奇兵，不断以少胜多，顽强地扼守着雍丘县城。

过了一年，睢阳（今河南商丘）太守许远派人向张巡送去消息，说叛将尹子奇准备带十三万叛军攻打睢阳，请求张巡率兵增援。张巡闻讯后马上行动，二人兵合一处，拉开了睢阳保卫战的大幕。

睢阳地处南北往来的必经之地，如果被叛军攻下，则江淮地区必定会遭殃。况且作为朝廷财政收入的重要来源地，江淮还是朝廷日后反击叛军的财力保障。

睢阳太守许远的官职比县令张巡要高，但许远自知能力比不上张巡，就主动把主帅的位置让给张巡，请张巡带着唐军守城杀敌。

十三万叛军将睢阳城围得跟铁桶一般，张巡多次用计伏杀，但叛军不断增援，睢阳城的情况十分危急。城外的兵越来越多，城里的兵越打越少，而且缺粮少

守睢阳作　张巡

接战春来苦，孤城日渐危。合围侔月晕，分守若鱼丽。屡厌黄尘起，时将白羽挥。裹疮犹出阵，饮血更登陴。忠信应难敌，坚贞谅不移。无人报天子，心计欲何施。

《全唐诗》卷一五八

衣，大家只能靠吃树皮、纸张充饥。

面对这种内外交困的境况，张巡只好派大将南霁云带三十精兵突围，去临淮（今江苏盱眙）搬救兵。谁料临淮主帅贺兰进明不但不肯发兵，见南霁云是员猛将，设宴款待，想把他召到自己麾下。

南霁云哪里吃得下饭，他对贺兰进明说："睢阳百姓已经到了吃树皮的地步，我怎么能吃得下饭？"说完，他把自己的手指用牙咬掉，说道："我不能完成主帅交给我的任务，留个手指做证，也好有个交代！"

见此状况，参加宴席的官员们无不大惊失色。

南霁云经过一番厮杀回到睢阳城，把借兵的情况汇报给许、张二人，城里的百姓军士得知消息都痛哭了起来。

但为了阻挡叛军南下，所有人都知道睢阳城必须得死守，吃完树皮杀战马，战马杀光吃老鼠，直到城里实在无物可食时，睢阳城才陷落。许远、张巡等人也以身殉国。[1]

悲壮的睢阳保卫战为朝廷赢得了宝贵的喘息之机。

---

1 〔北宋〕欧阳修、宋祁：《新唐书》卷一二九《张巡传》《许远传》，中华书局 1975 年版，第 5535—5543 页；〔北宋〕司马光：《资治通鉴》卷二一九，"肃宗至德二载八月"条，中华书局 1956 年版，第 7029—7030 页；卷二二〇"肃宗至德二载十月"条，中华书局 1975 年版，第 7038—7039 页。

不愿退休的老臣

“我虽然已经年过七十，但是身体素质比一般小伙子还要好，我还想为朝廷出力，我不想退休！”侯知一说道。

这天一大早，大家在朝堂之上因兵部侍郎侯知一不肯退休一事议论了起来。

朝廷明文规定，为了体恤老者，同时也为了让官员队伍“年轻化”，年满七十周岁的官员必须退休。可问题是退休就意味着权力的丧失，进而导致物质生活水平降低。像孟郊、贾岛等人，虽然挤进了大唐官员队伍，但是只做到县官就退休了，导致他们最后在贫苦交加中死去。所以许多已经年满七十但是身居要职的官员为了不退休，继续为大唐的建设添砖加瓦，确实“蛮拼”的。

侯知一一边向同僚们解释自己的身体状况，一边还煞有介事地做着准备活动，要展示自己的实力。

“侯大人，朝廷有法度，您该退休就得退休啊！”有官员说道。

侯知一不服气，绕着朝堂开始跑圈，健步如飞。跑完回到群臣中间，侯知一说道：“各位大人都看见了，侯某身体确实硬朗，再为朝廷出上几年力还是可以的！”

周围官员都哈哈大笑，有人说道：“在朝堂上跑圈似乎说明不了什么问题啊！”

听闻此话，侯知一马上接道：“不仅如此，我还能大跳，哪个七十岁的人能跳得跟我一样高？”说完，开始像个兔子一样蹦跳，惊得大家瞠目结舌。[1]

这是年龄大了不想退的情况。还有的人，虽然不到退休年龄，也有“被退休”的风险。因为朝廷另有规定，五品以上的官员即使不到七十，但如果平时不注意保养，外貌看起来跟七十岁的人一样，可以提前退休。所以，如果唐朝有整形医院的话，那么最大的消费群体恐怕要数众官员了。

不过，俗话说“伴君如伴虎”，也有许多位高权重的官员早已参透人生，懂得急流勇退的道理，主动退位让贤。

玄宗时期，曾在睿宗朝担任宰相的李日知向玄宗皇帝上书，请求退休。

---

1 〔北宋〕李昉：《太平广记》卷二五八《台中语》，中华书局 1961 年版，第 2014 页。

京城官员五品以上、地方官员四品以上，退休报告必须经过皇帝批准才能生效。其他基层官员退休时，只需要由吏部列入名录，皇帝统一批复。

虽然未到退休年龄，但玄宗皇帝接到李日知的报告后很快就批准了。李日知收拾好行囊回到家中，妻子颇为惊异，忙问道："你怎么把铺盖卷都带回家了，出了什么事情吗？"

李日知料到家人会反对，所以事先并未告知。他平静地说道："从今天开始，我正式退休了。"

听闻此话，妻子大哭起来，说道："你怎么如此自私！现在家中一点多余的钱财都没有，儿子们也还没有半点功名，你在朝中为官好歹也是一部之长，这些事情都没安排好，怎么说退休就退休了？"

李日知安慰妻子说："我是读书人出身，经历这么多事情依然在高位实属不易，人的欲望是永远也填不满的，有如此结局我已经很知足了。"

妻子问道："你退休后，我们拿什么来生活？"

"家中不是还有几亩薄田，我们耕种一下，肯定足够吃喝！"李日知笑着说，"至于儿孙，总要到社会上闯荡，士子们不都是这样的吗？"

没过多久，李日知就带着妻子回到乡下过起了日出而作日落而息的田园生活。[1]

与李日知已经失去皇帝信任主动退休不同，太宗时期名将李靖，刚六十出头就主动上书，要求退休。

1 〔五代〕刘昫：《旧唐书》卷一八八《孝友传·李日知传》，中华书局 1975 年版，第 4927 页。

接到李靖的奏本，太宗皇帝颇为惊讶，忙召见李靖询问缘由。

李靖说："陛下圣明，臣足疾近来频繁发作，实在无力担负朝廷的重任，请陛下同意臣的请求。"

太宗说道："你我君臣在外杀伐征战多年，如今天下太平，正是享受之时，你怎么能退休？"

"陛下已经给了臣太多的荣华富贵，臣很知足。"李靖说。

太宗皇帝大为感动，对李靖说道："很多人为了谋得高位，不惜耍手段斗心眼，而爱卿却急流勇退，实在难能可贵！"

于是为了照顾李靖的病情，太宗皇帝下令，让他隔三岔五来批阅批阅文件，签签字就可以了。[1]

虽然许多官员贪恋权力财富，但是更多的人十分享受退休生活，没事写写书法、做做诗，好不快活。毕竟在尔虞我诈的朝堂上，能不遭政敌弹劾、流放，安然退休，已是幸事。

白居易作为"闲不住"的退休官员代表，在东都洛阳安享晚年之余，还组织了一个"小团伙"——香山九老会，几位会员把酒言欢，徜徉在好山好水中怡然自得。

由于太过出名，后世有不少人模仿，成立了许多类似的组织，比如宋代的"洛阳耆英会"，等等。

这里要多说一句，九老之中，七十四岁的白居易年龄最小，李元爽，可能因为生活条件优渥加上心态放松，活到了一百三十六岁，一举创造了古代有史料记载以来的长寿纪录。在唐朝的话，各位还不得找元爽老人问问长寿秘诀？

---

1 〔五代〕刘昫：《旧唐书》卷六七《李靖传》，中华书局1975年版，第2480页。

这几位才华横溢的退休官员凑在一起，时不时就召开“诗词大会”，大家纷纷留下自己的诗作。白居易还专门编了一本《香山九老会诗》，并亲自作序。为了能让大家的形象流传百世，他又找来专业画师把九位老人饮酒做诗的场景绘制成大型画作。[1]

大多数唐代官员的退休生活都比较休闲放松，只是人终究逃不过“生老病死”的轮回。为了给那些去世的昔日国家栋梁之材以准确的评价，朝廷会专门开会讨论，定重臣去世后的谥号，算是一种“总结陈词”。

与现在不同的是，唐代官方的“盖棺定论”文字不长，只用一个字，诸如“明”“恭”等。

高宗时期，一代权臣许敬宗走到了生命的尽头。这位许大人曾是李世民秦王府的十八学士之一，因为文笔甚好，所以深得太宗皇帝赏识。

不过看人也得一分为二。许大人在学术和仕途上成就不小，可在私生活和个人操守上却表现极差。喜好奢华的他盖了不少“飞楼”，让妓女们在上面骑马奔跑，以此为乐。当然诸如收受贿赂这样蝇营狗苟的勾当也干了不少。

对于这样一位口碑两极分化的人物，大家在朝堂上给他定谥号时产生了极大的争议。

太常博士袁思古正色道：“许敬宗大人靠着自己的真才实学才一步步走到位极人臣的高位，这种凭本事吃饭的人确实值得鼓励。但是我们也应该看到，许大人作为进士出身的读书人，却因

1 〔南宋〕周密：《齐东野语》卷二〇《耆英诸会》，中华书局1983年版，第367页。

为钱财把自己的小女儿嫁给了蛮族首领的儿子。不仅如此，他教子无方，因为家庭内部矛盾把儿子放逐到了偏远地区。所以许大人的谥号应该定为‘缪’。”

缪这个字的含义可以跟恶贯满盈、口是心非、“两面派”等词汇画等号。

站在一旁的许敬宗的孙子许彦伯一听不干了，即刻跟袁思古在朝堂上争辩起来，说袁思古是公报私仇，请皇帝千万不能听他的！

同为太常博士的王福畤也附和袁思古的意见，说道：“谥号是对一位高级官员盖棺定论的评价，如果评价得不准确，那影响的可是他千千万万的子孙后代。因此，要按照法度来办，不能因为某人的三言两语，就把谥号来来回回地修改，福畤我身在主管岗位，必须按实事求是的原则办事，袁大人刚才说得有理有据，我认为用‘缪’再恰当不过！”

见无人接话，王福畤又说：“西晋司空何曾去世，太常博士秦秀请求朝廷追谥其为‘缪丑’，何曾对当时的朝廷忠诚，对父母双亲极为孝敬。可就是这样的一位人物，只是因为生活奢侈，一天的吃喝开销达到万钱，死后就被提议谥为‘缪丑’，许大人的各项操守跟何曾比起来，还远远不及，所以得到‘缪’这个谥号并没有什么不妥。”

高坐在龙椅上的高宗皇帝李治心想，“你们给许敬宗定这么一个谥号，不就说明我和我老爹用了个奸臣吗？让我们父子俩的脸面往哪儿搁？”

但碍于两位太常博士的义正词严，高宗皇帝不好直接驳斥，于是下令朝廷五品以上的官员一起来讨论许敬宗的谥号。这道诏令一颁，如同油锅里进了水，朝堂上下瞬间炸锅了。

最后，礼部尚书袁思敬替群臣做总结发言。他向高宗皇帝奏道："群臣的意见可以汇总如下：许大人身上确实是优点和缺点都很突出。但是对于自己犯过的错误，许大人在生前也能够改正，再考虑到一些历史遗留问题和客观因素，所以将许大人的谥号定为'恭'比较恰当。"

高宗皇帝一听，心里高兴，群臣也再没什么太大的意见，所以顺利批复，把许敬宗的谥号定为"恭"。[1]

在《红楼梦》里，跛脚道人的《好了歌》写道：世人都晓神仙好，唯有功名忘不了！ 古今将相在何方？荒冢一堆草没了！尽管有人不想退休，争名争利，但都随着他的入土，被尘封在了历史中。

---

1 〔五代〕刘昫：《旧唐书》卷八二《许敬宗传》，中华书局 1975 年版，第 2764—2765 页。

宰相职位也危险

什么是宰相？史书记载说宰相佐天子、总大政、无所不统。可见宰相是很有权势的人物，故民间谈及宰相的地位，有“一人之下，万人之上”的说法。但你知道吗，坐在宰相职位上也是很危险的。

唐宪宗元和十年（815）六月三日清晨，长安城靖安坊分外安静。靖安坊位于皇城以南，朱雀街东第二列，从北向南数第五坊。坊里住有不少名人，宰相武元衡便是其中之一。

武元衡*素有“铁血宰相”之称。作为女皇武则天

*武元衡（758—815），字伯苍，河南缑氏（今河南省偃师县）人。唐朝宰相、诗人。殿中侍御史武就之子。致力于削弱藩镇割据势力。

的曾侄孙，以擅长诗词荣登进士榜首，一步一步成为宪宗皇帝的左膀右臂。由于深得皇帝宠信，所以他对唐宪宗非常崇敬。唐宪宗痛恨藩镇割据，他也积极主张削藩。

此时，东方刚泛起鱼肚白，天色将亮未亮。报晓晨鼓过后，靖安坊东门大开，有几个家仆提着灯笼鱼贯而出，簇拥着一匹骏马，向大明宫方向前进。骑在马上的人正是武元衡。

武元衡像往常一样微闭双眼，盘算着应对藩镇的具体策略。正在这时，只听耳边“嗖嗖”几声，武家家仆手里的灯笼应声而灭，几个黑影从墙角边闪出，直奔武元衡的坐骑。

武元衡的仆从还没反应过来是怎么回事，就被打散了。一眨眼的工夫，几个黑影就扑到了马前，一剑将武元衡刺伤。那刺客拉着马向前跑了几步，又回身一剑，要了武元衡的性命，并将他的首级砍下来带走了。

正在执行巡夜任务的巡查“铺卒”闻声赶来，见此情景，不知所措，大喊“贼杀宰相！贼杀宰相了！”人们口口

长相思　武元衡

长相思，陇云愁，单于台上望伊州。雁书绝，蝉鬓秋。行人天一畔，暮雨海西头。殷勤大河水，东注不还流。

《全唐诗》卷三一六

相传，声音响彻长安城，一直传到了朝堂之上。[1]

这件事非同小可，在社会上引起了很大震动。

当然，像这样的极端事件在唐代并不多见。宰相们更多的危险还是来自朝廷内部的斗争。

“十五余年车马客，无人相送到崖州。”

历经敬宗、文宗、武宗等多位皇帝的一代权臣李德裕被贬黜到离长安甚远的海南岛。临行前，这位大唐昔日的“操盘手”加“皇帝的职业经理人”见原本车水马龙的府门前竟然空无一人，愤恨地写下上述那句话。

唐代官场始终处于一种“沸腾”的状态，恩恩怨怨、明枪暗箭、各种心机充斥着朝堂。大唐的“大数据库”显示，有唐一代三百多位宰相中，百分之九十九的宰相都遭受过贬黜，可见被贬是唐朝官员的生活常态。

李德裕是名副其实的“官二代”，

长安秋夜　李德裕

内宫传诏问戎机，载笔金銮夜始归。
万户千门皆寂寂，月中清露点朝衣。

《全唐诗》卷四七五

1　〔五代〕刘昫：《旧唐书》卷一五八《武元衡传》，中华书局1975年版，第4161页。

他父亲李吉甫曾官居宰相位。跟其他官二代不同，李德裕虽然靠着家世背景直接出来做官，但他颇有能力，基本跟管仲、商鞅一个级别。无论朝廷把他放在哪个岗位，他都能干得热火朝天、有模有样，所以很快擢升到宰相高位。但是因为各种恩怨，以李德裕为首的官家出身官员和以牛僧孺为首的寒门出身官员明争暗斗不断，而这次李德裕被断崖式降级就是李德裕一派斗争失败的结果。

年岁已高的李德裕带着家眷在“陪同”官员的看管下准备出城，这时候来了一位和尚。李德裕一瞧，原来是自己的好友允躬和尚，自己曾为允躬和尚破过案洗刷过冤屈，李德裕瞬间觉得“暖暖的”。可允躬和尚一开口，李德裕原本暖暖的心又一下子变得“拔凉拔凉”的了。

允躬和尚一施礼，对李德裕说道：“大人为官时的做法搅弄得天怒人怨，什么祸事都闯，有了今天的下场完全是咎由自取！”

你说，这位允躬和尚是来送行的呢，还是来添堵的？

穷途末路的李德裕无言以对，只得启程，来到了天涯海角——海南岛。

因为这里是太多贬黜官员的流放地，所以大家建了一座面朝京城的小亭子，没事来这里远眺一下。安顿好之后，李德裕没事也到望北的小亭子去转悠，去一次哭一次，还写了不少表达自己想回京城的诗作，留下了像“独上江亭望帝京，鸟飞犹是半年程”之类的名句，可见望眼欲穿的李大人心情确实悲愤。

有一次李德裕闲来无事来到当地的一所寺庙，恰好足疾又犯，便在寺中休息了片刻。他看见寺中的院墙上挂了不少葫芦，于是指着葫芦问主持，说道：“高僧，这些葫芦里面是药吗？弟子我患有足疾，希望您能用药救我。”

主持并不认得眼前这位“病号”是谁，摇头说道：“葫芦里装的根本不是什么药物，而是骨灰！”

李德裕听后颇为惊奇，还没来得及问，主持高僧继续说道：“这些都是遭朝廷贬黜的官员的骨灰。当朝宰相李德裕为一己私利，打击异己，将不少与他有恩怨的官员贬黜到这荒芜之地，不少人因为水土不服加之内心怨恨，等不到朝廷的再度起用就死在了这里。小僧见这些大人实在可怜，就把他们的骨灰收集起来，刻上名字，希望有朝一日他们的子孙后代能将骨灰带走，让他们入土为安。”

李德裕听完，头也不回地走出了寺庙。这位曾经长安城里最炙手可热的人物最后死在了海南岛，死前再也没有回过京城。[1]

与李德裕望眼欲穿、心如死灰的状况不同，韩愈在被贬黜后做了小地方的一任官员，他不因官职卑微而失落，上任后第一件事就是替当地百姓除害。

宪宗时期，身为监察御史的韩愈因关中地区大旱饿死饥民无数而弹劾隐瞒灾情的京兆尹李实，向皇帝上书一篇《论天旱人饥状》痛陈李实的罪状。这位李实不实，做人很虚，得知消息后联合几位大人一起诬陷韩愈，致使韩愈被贬黜到广东做了一名县令。

虽然后来韩愈又被起复，回到了长安城，但直言进谏的性子没改。这一年，迷信佛教的宪宗皇帝准备去法门寺将佛骨舍利迎请到长安城，为了阻止皇帝干这件劳民伤财的事情，韩愈又写了一

---

1 〔北宋〕王谠撰，周勋初校证：《唐语林校证》卷七《补遗》，中华书局1987年版，第618—619页。

篇《论佛骨表》。文章里说，信佛的皇帝在位时间都短，这种花费百姓钱财的事情不可取，佛祖要怪罪就降罪到我韩愈头上吧，等等。拿到这篇文章的宪宗皇帝气得当场就掀了桌子，觉得韩愈这不是在劝谏，简直就是在诅咒大唐、诅咒皇帝不得好死，立刻下令要把韩愈处以极刑。在宰相裴度以及多位皇亲国戚的斡旋下，宪宗皇帝这才改了主意，把韩愈流放到广东去做刺史。虽然保住一命，但皇帝心里觉得韩愈实在可恶，命令其不准回家告别，立刻离开长安城赶赴广东。

早上上书，下午被贬，连家人都来不及通知，韩愈再次离开了长安城。

经过两个月的颠簸，韩愈才到达潮州。与大多数被贬官员不同，韩愈有理想有抱负，所以虽然被贬黜，但并没有消极抵抗，他到任后第一件事就是了解“社情民意”，想看看什么事是老百姓反映最强烈的。

城中百姓一致反映，城内西南的水潭中有一条身长数丈的鳄鱼，专门吃家畜，咆哮声震天，老百姓束手无策，导

左迁至蓝关示侄孙湘　韩愈

一封朝奏九重天，夕贬潮州路八千。欲为圣明除弊事，肯将衰朽惜残年。
云横秦岭家何在，雪拥蓝关马不前。知汝远来应有意，好收吾骨瘴江边。

《全唐诗》卷三四四

致城西南的老百姓“因鳄贫困”。

作为文人的韩愈一听到这个消息，又准备了一篇《祭鳄鱼文》要跟鳄鱼“谈谈心”，把它劝离。

挑了良辰吉日，韩愈等人来到城西南的水潭边，把提前准备好的猪羊作为祭品推到水池中送给鳄鱼吃。然后韩愈拿起早已准备好的《祭鳄鱼文》，站在水潭边大声朗读了起来。文章先是称赞了大唐天威，又怒斥鳄鱼不安分守已，因为自己的私欲而吞噬百姓赖以生存的牲畜，所以百姓们不得不拿起武器保护自己。文章最后还下了一份通牒，命令鳄鱼限期搬离，三天不搬，那就宽限到五日，五日还搬不走，那就宽限到七天，要是七天以后依然冥顽不灵，他这个做刺史的已经安排好了一应工具，准备把水抽干将鳄鱼屠戮，并警告鳄鱼，如果不照办可不要后悔！

没过几天，城西南风雨大作，不一会天气转晴，人们再去看那汪水潭，已经干涸，鳄鱼果真搬走了。韩愈就这样靠一篇文章为潮州老百姓除了一害。这事儿科学不科学咱不讨论，反正被贬黜的官员各有各的活法。[1]

因贬黜受影响的不仅是心情，还有荷包。

唐朝官员被贬直接影响到其实际收入，因为手中权力消失了，给自己送钱让帮忙办事的人没了；官职小了，俸禄也少了。

为了创收，有的官员会凭本事开创副业赚钱。

1　关于韩愈诸事可参见〔五代〕刘昫：《旧唐书》卷一六〇《韩愈传》，中华书局 1975 年版，第 4198—4201 页。〔唐〕韩愈撰，马其昶校注：《韩昌黎文集校注》外集下卷《顺宗实录卷第一》卷八《轮讲骨表》《鳄鱼文》，上海古籍出版社 1986 年版，第 698—699、612—617、573—575 页。

玄宗时期，要说文坛的“大哥大”，既不是李白，也不是杜甫，而是李邕*。这位老哥以书法诗文冠绝于世，而且记忆力、洞察力超群。

玄宗皇帝对他颇为赏识。这种赏识不是一般地、单纯地觉得他诗词写得好，而是打心底里赏识他。在李邕赴任的时候，皇帝破天荒地为他写了一首《送李邕之任滑台》。能让天子为其赋诗一首，可见李邕在皇帝心中的地位，在诗中玄宗皇帝直言不讳地说李邕是自己的近臣。

李邕虽然文坛地位高，又深得皇帝信任，但性格耿直，锋芒毕露，路见不平就要一声吼，朋友们把他的性格比喻成锋利的宝剑“干将莫邪”。

一次因直言进谏触了逆鳞，李邕被连贬多级，到县上去做县尉。到了地方上李邕空闲时间颇多，不少崇拜者一路追随他到县里，其中就有李白、杜甫、高适、颜真卿等文坛常青树。李邕为人豪爽，见朋友来拜访自己，那自然得拿最好的酒菜来招待，只是光靠他的俸禄哪里够用？

李邕虽然身处江湖之远，但有不少居庙堂之高的人拿着重金来找他求字，或求他撰写碑文，百余篇碑文写毕，李邕便一举登上了“唐

*李邕（678—747），字泰和，鄂州江夏（今湖北省武汉市江夏区）人。唐朝大臣、书法家，文选学士李善之子。博学多才，少年成名，史称『李北海』。

朝文坛富豪榜”。一位被贬黜的官员，凭借其书法造诣而身价暴增，看来在唐朝要过上好日子得有一项拿得出手的本事。

李邕不是守财奴，他把赚来的千金都花费在了招待朋友上，而且时常接济文坛上的读书人，就这样散尽了万贯家财。再次两手空空的李邕将手伸进了国库，开始挪用公款来招待、接济朋友，他曾多次因贪墨罪被贬黜，最后也间接死于此罪。正印证了那句“性格决定命运”[1]。

无论做什么事，都不可能总是一帆风顺，在唐朝做官想有作为那更是要做好“几起几落”的准备，毕竟前途光明，道路曲折。说不定各位在唐朝做官，虽有可能被贬黜，但凭借某项手艺也能积累可观财富，做个富贵闲人，也是快哉！

1 〔五代〕刘昫：《旧唐书》卷一九〇中《文苑中·李邕传》，中华书局1975年版，第5043页。

唐朝官员的福利

现代上班族大都被“996”工作制度所困扰，不过唐朝的官员们却每年都能享受三分之一时长的梦幻假期。

唐朝官员不仅假期时间长，而且花样多。皇帝过生日，放假；今天有日食了，放假；明天家里该收麦子了，放假；冬至到了，皇帝一声令下，先放上七天“黄金周”假期吧！这种全国上下喜闻乐见的放假模式只有在唐朝才能享受到。

在玄宗朝做官的话，就能享受到我国第一个因皇帝生日而产生的节庆假期——农历八月初五的“千秋节”。

原本皇帝的生日并不是单独的节日，更别说休什么假了。

直到有一年玄宗皇帝过生日，文武百官进宫祝寿。酒过三巡，菜过五味，宰相张说向玄宗一施礼，说道："陛下，臣有一提议，将陛下的生辰定为全国性的节日——千秋节，寓意陛下千秋万代，我大唐国祚绵长。"

玄宗对"千秋万代"这个寓意颇为欣赏，但是心里又觉得，之前那么多位先辈皇帝都没有把自己的生日定为全国性的节日，如果自己这样做的话似乎不妥，忙说道："不行不行，这种事情没有先例，而且只有你一个人提议不能代表群臣的意见，实在欠妥！"

底下人一听，皇帝把这话都说了，那还等什么？第二年，群臣一起上书玄宗，希望皇帝陛下将自己的生日定为全国性节日。玄宗皇帝一看奏本这么多，也不好再"推辞"，便半推半就地下诏将每年农历八月初五定为"千秋节"，全国人民一起放一至三天的假。

"千秋节"假期，全国人民只做一件事——玩，尽情地玩。皇帝则和群臣一起在兴庆宫的花萼相辉楼上观赏大型演出。[1]

"陛下，容臣妾献上一舞。"只见演出的人群分开左右，杨玉环从中走出，亲自表演《霓裳羽衣舞》。两旁的磬、箫、筝等乐器开始奏响，击、弹、吹出的乐曲悠长旖旎，万种风情的舞袖迎风飘飞，用"美"来形容都显得有些俗套。玄宗皇帝看得是目不转睛。

皇帝爱看，底下的大臣们也爱看，逢年过节都请求娘娘来一段舞蹈。偶尔一两次还行，唐朝节庆这么多，总不能每次都让贵

1 〔五代〕刘昫：《旧唐书》卷八《玄宗纪上》，中华书局1975年版，第193页；〔北宋〕王溥：《唐会要》卷二九《节日》，中华书局1955年版，第542页。

妃娘娘亲自出演，于是玄宗专门从杨贵妃身边的侍女中选出一名佼佼者作为此舞主演。

除了大型歌舞，千秋节时各种杂耍技艺、飞禽走兽表演也花样百出。总之，在这一天“嗨”就对了。

不过，唐朝的假期不光是为了玩乐而设，还有不少假期非但不能玩乐，还得下地干活。

为了将“劳动最光荣”这一口号发扬光大，唐朝法律规定，每年的五月和九月各放十五天的“农忙假”。由于官员们的俸禄里不仅有现金，还有不少的田地，因此，一到五月、九月，大小官员们还得回家收麦子、种杂粮。

要论唐朝官员能享受到的最久假期，要属三年或五年一次的“探亲假”。大唐的探亲假采用人性化的“弹性制度”，工作地点和父母所在地距离三千里以上的，给假三十五天；五百里以上，一千里以下的，给假十五天。这还不算路途中耗费的时间。

唐朝的节假大多跟着二十四节气走，其中有不少七天“黄金周”假期。

舞马千秋万岁乐府词三首其二　张说

圣皇至德与天齐，天马来仪自海西。腕足徐行拜两膝，繁骄不进踏千蹄。
髤髵奋鬣时蹲踏，鼓怒骧身忽上跻。更有衔杯终宴曲，垂头掉尾醉如泥。

《全唐诗》卷八七

世俗节日	◀月份▶	宗教节日
春节 元宵节	正月	上元节
中和节	二月	佛涅槃
上巳节	三月	
寒食节 清明节	四月	浴佛节
端午节	五月	
	六月	
七夕节	七月	中元节
千秋节 中秋节	八月	
重阳节	九月	
	十月	下元节
冬至节	十一月	
除夕	十二月	佛成道

唐代节日一览

比如元日、冬至；像夏至等节气也会放上一至三天假。还有一种假期，似乎纯粹是因为数字吉利而放的，像什么三月三、五月五、七月七、九月九，都会放一天假，不知道是不是想让大小官员们也沾点吉利数字的福气。

在唐朝这个人情社会里，红白事也是免不了的。为了让官员们有充分的时间去打点各种礼数上的事情，法律明文规定，除去自己结婚可以休假外，远亲结婚还会给五天假期。

如果遇到亲戚有白事，按照关系的亲疏远近也会给予不同的假期。父母双亲去世要服丧三年，五服以内的亲属去世会给三十日至五日不等的假期。

太宗时期，将作少匠阎立德因自己的亲妹妹去世，打了一份告假多日的报告给主管部门。这位阎立德出身“建筑世家”，主持修建过李渊和李世民的陵墓，而且还担任过翠微宫和玉华宫等皇家宫殿的“建造总监”。

位高权重的阎立德把报告呈交给主管部门，没想到只获批了三日假期，理由一栏中写道:因为阎立德大人所管辖的工作极其重要且鲜有人能替代，故此给假三日。

太宗皇帝得知此事后，觉得主管部门做法不妥，于是给主管部门的负责人下了一道诏书，诏书中写道：“阎立德和自己的妹妹本是同根生，血脉相连，你们不要擅自把人家兄妹之间的情谊给剥夺了，况且我大唐初立，在丧葬等礼法问题上一直处于不规范的管理状态，应该借着这个机会，把标杆树立起来，让大家都按礼法制度办事。这样，给阎立德丧假二十天，他的工作由其他人先代劳。”[1]

接到皇帝诏书后，主管部门的领导马上给阎立德安排好丧假。

在大唐上班，有时候上着上着，一个假期就会“砸”来。

比如相关部门来报，某颗星星发生位移、今天晚上出现了月食、明天出现了日食，面对这些“不可抗因素”，皇帝都会选择给大家放假。皇族成员过世、重要大臣过世，朝廷也会下令给大家放假以示哀思。

除了这些不定期假日，唐朝官员每十个工作日还能享受一天固定假期，这样七七八八加起来，一年有三分之一的时间官员们都处于休假状态。

1 〔北宋〕王溥:《唐会要》卷八二《休假》，中华书局1955年版，第1518页。

不过唐朝的制度讲究“走流程”，官员们要休病、事、婚丧等假时，除了要向所在部门报备外，还要上报吏部，再由吏部知会中书省和门下省。但是因为考勤相对松懈，有不少官员会想着法儿地钻空子。

宪宗时期，御史台的王御史在例行检查官员请假名册时发现了一个奇怪的现象，卫率府的副官沉达和徐肇两人请了一个长达数十日的“婚假”。王御史大为疑惑，心说一般婚假最多休几日，怎么会有人请这么长时间的假？

他再往结婚地点那一栏一看，发现了猫腻，这两位在京城的大人，准备前往万里之外的演州和爱州去结婚，到底是碰见了什么真爱，让两位大人翻山越岭去结婚呢？

王御史一打听，才知道事情的原委。原来这两位大人为了能多休几天婚假，刻意在上报的时候将结婚地点写在万里之外，这样就争取到了一个“超长”的带薪婚假。

调查清楚后，王御史马上上书皇帝，奏本中写道：“沉、徐两位官员消极怠工，刻意将结婚地点写成万里之遥的地方，这样一来朝廷就会按照路程的远近来批婚假时长，对于他们这种消极怠工的行为，臣请求严惩！”

很快，皇帝批复了王御史的奏本，二位不是喜欢到千里之外吗？那就将沉、徐二人贬黜到离京城甚远的泉州、建州去任参军。[1]

其实在唐朝做官，无论是事假、病假、婚假、丧假，在流于

1 〔北宋〕王溥：《唐会要》卷八二《休假》，中华书局1955年版，第1520页。

形式的制度面前都比较容易获准。在这些假期里，朝廷还会按时把工资“打”到官员的账上，导致许多官员“吃着火锅唱着歌”，工资补贴还不少拿。

穆宗时期，镇守重庆夔州的刘禹锡*将转到安徽去任职，按照规定，在这种情况下会专门给官员放“路程假”，好让官员有充分的时间赶往任所。

＊刘禹锡（772—842），字梦得，籍贯河南洛阳，生于河南郑州荥阳。唐朝时期大臣、文学家、哲学家，有“诗豪”之称。诗文俱佳，涉猎题材广泛，与柳宗元并称“刘柳”，与韦应物、白居易合称“三杰”，并与白居易合称“刘白”，留下《陋室铭》《竹枝词》《杨柳枝词》《乌衣巷》等名篇。哲学著作《天论》三篇，论述天的物质性，分析“天命论”产生的根源，具有唯物主义思想。著有《刘梦得文集》《刘宾客集》。

刘大诗人显然没有因为急着上任而快马加鞭地前往安徽和州，而是选择坐一艘小船，一路游山玩水，在岷江上漂个流，在洞庭湖上钓个鱼，好不快活。

刘禹锡改任安徽和州的消息传到了好友崔群的耳朵里，崔群出身士族大家，曾官居宰相高位，因事被贬到安徽宣州做官。得知消息后崔群马上给刘禹锡写了一封信，信中写道：“你不如来趟宣州，我们坐在一起好好喝几杯谈谈心！”刘禹锡接到信后欣然前往，跟老友在宣州叙了好几天的旧。[1]

就这样，刘禹锡夏天离开重庆，秋

1　〔唐〕刘禹锡：《刘禹锡全集》外集卷八《历阳书事七十韵》，上海古籍出版社 1999 年版，第 312 页。

天才到安徽和州。一路游玩，就像一位专职旅游博主。

一年三分之一天的假期，上任路上还能游览名胜，唐朝官员的“隐形福利”简直不要太好！

没武功能否当武将

“有的人本来不是武将，可立下奇功便成了武将。”

作为冷兵器时期的重要朝代，唐帝国的周边形势并不乐观，少数民族薛延陀、回纥等时不时侵扰，交趾、高丽等附属国冷不丁会搞反叛，更别说横跨欧亚的阿拉伯帝国也要挑战大唐的国际权威。因此，唐朝对外用兵颇为频繁。

唐朝不仅在武将的选拔上不拘一格，而且男儿们普遍尚武，无论是不是武将出身，大家都有一腔上阵杀敌的热血。太宗时期，作为大唐的外交官，王玄策*准

*王玄策，生卒年不详，河南洛阳人，唐朝官员、外交家，数次出使印度。留下“一人灭一国”的传奇故事。

备带着使团前往天竺、尼泊尔两国进行访问。天竺国之前专门派人来大唐朝觐，王玄策此去一是护送使臣回国，二是代表大唐跟周围邻居们搞好关系。

路途遥远，一路虽然颠簸，但使团还是顺利到达了天竺。这个时期的天竺国处于分裂状态，分为四个小国家。四位国王见大唐专门派使臣前来，颇为高兴，大排筵宴，并表示要送几车当地出产的宝石玉器让王玄策带回大唐，作为献给大唐皇帝的礼物。

可天有不测风云，前两天还跟王玄策一起吃饭的中天竺国国王不知染上了什么疾病，突然身亡。群龙无首的中天竺国瞬间四分五裂，将领们纷纷起兵造反，其中一位大臣趁机篡夺了王位。

这位篡位上来的大臣盯上了众位国王献给大唐皇帝的那几车珠宝，调兵遣将去围追堵截王玄策的使团。

一个以外交为目的的使团自然没有什么兵力，中天竺国的军士不费吹灰之力就将王玄策等人擒获，并将几车珠宝带回国内。

天佑玄策，趁着守卫不严，王玄策和副使蒋师仁逃了出来。愤恨的王玄策怎肯罢休，便一个人前往吐蕃和尼泊尔去借兵。依靠着大唐强有力的国际地位，王玄策竟借来了将近一万兵马，又派蒋师仁去联络天竺其余三个国家，希望得到他们的支持。东天竺国国王当即拍板，“既然你已经借到兵了，那我们东天竺国会拿出真金白银支持你！”

“不会带兵的外交官不是好外交官。”王玄策带着借来的外籍军团直奔中天竺国而来，不到三天就拿下了其中最坚固的城市。

王玄策和蒋师仁二人带着军队一路厮杀，直到把那位篡位的大臣擒住方才罢休。王玄策派人数了数战利品，他此战不仅俘获了众多王室成员，还因其威名赫赫，中天竺国内的百余座城市都前来归顺。王玄策头脑清楚，他明白即使现在把这些城市都要过来，日后他们还得反叛。于是他在老国王的子嗣中挑选了一位作为中天竺国的国王，自己带着那位篡权的大臣和众多王室成员，还有巨额珠宝、牛羊返回了大唐长安。

“非职业”出身的王玄策带着外籍军队，建立“以一人灭一国”的奇功，不得不说大唐人才济济。[1]

在唐朝做文官看“颜值”，做武将如果长得有特点，也能在刀口舔血的战场上保住一命。

趁着大败名将薛仁贵，吐蕃派兵一路开进青海吐谷浑部，将这里长期占为己有。

仪凤三年，高宗派工部尚书刘审礼*为主帅、王孝杰*为副帅出兵青海。

这个安排有些不合常理。工部是主管建造的部门，平时负责修宫殿、盖陵寝，让这样一位负责盖楼的官员作为主帅去带兵打仗，似乎不妥。

果然两军一交战，唐军兵败如山倒。吃了败仗的刘王二人本以为后方会发兵驰援，哪里料到后方主官胆怯，畏缩不前，刘王二人身边的军队人数越打越少，到最后两位将领都成了吐蕃军队的俘虏。

主帅刘审礼在前线厮杀时已身负重伤，落到吐蕃人手里没多

1 〔五代〕刘昫：《旧唐书》卷一九八《西戎·天竺传》，中华书局 1975 年版，第 5037—5038 页。

久就驾鹤西去了。剩下王孝杰一人，只能坐等步刘帅的后尘。

俘获了副帅级别的将领，吐蕃人很兴奋，选了个好日子，让军队里的将士们都来看唐军将领的受刑仪式。作为首领的赞普赤都松赞自然也出席了仪式。

刽子手把五花大绑的王孝杰一推上来，赞普赤都松赞一愣，旋即泪流满面，马上命人给王孝杰松绑，周围的吐蕃将士全都看傻眼了。

首领发话了，刽子手只好按命令办事，给王孝杰松了绑。赞普赤都松赞把王孝杰请到帐篷内，好吃好喝地供着。王孝杰心里也纳闷，这都死到临头了怎么还会有这样的待遇？

赞普赤都松赞说道：“实不相瞒，你跟我死去的父亲简直就是一个模子里刻出来的，看见你就好像看见了我死去的父亲，我实在是下不去手！”

王孝杰就这样因为自己特殊的长相保住了性命。

一连几天赞普赤都松赞都对王孝杰施以厚礼，直到王孝杰开口说自己要回国，才依依不舍地派人把他护送回了大唐。

后来，女皇武则天继续让王孝杰带兵。其多次打败吐蕃，收复河西四镇，在龟兹设置安

*刘审礼（？—681），字审礼，徐州彭城（今江苏省徐州市铜山区）人。唐代将领，刑部尚书刘德威之子。曾率兵征讨吐蕃。

*王孝杰（？—697），京兆新丰（今陕西临潼东北）人，唐朝名将。少年时便从军入伍，四处征战。屡立战功。武则天执政后，累迁右鹰扬卫将军。

西都护府统领河西事务。[1]

当然了，“靠脸”活命的事情仅此一件。唐朝的武将，会带兵打胜仗是基本技能，但是作为杀伐四方的武人，如果还有胆识谋略那则是大大的加分项。

代宗时期，满门忠烈的少数民族将领仆固怀恩被宫内太监诬陷，被迫联合各路兵马起兵反唐。

这位少数民族将领在安史之乱时为保大唐江山立下了赫赫战功，家中为国捐躯者近五十位，不可谓不忠心。

但是，英雄在权力斗争面前总是显得弱小无助。

已经反叛的仆固怀恩前往吐蕃、回纥、党项等族去游说，说皇帝和老令公郭子仪*已经去世，现在中原群龙无首，宦官当道。这一忽悠招来了各族近三十万的兵马。

作为曾挽救大唐于水火的大将，郭子仪这次又受命于危难之际。年近七十的老将带着区区数万人马前去迎战。没有兵力优势的郭子仪坚守在城池中，被回纥大军团团围住。

郭子仪打仗不蛮干，派人去打听各族为何突然派重兵前来。一打听得知是有人从中挑唆。

郭子仪派人前往回纥军中，带去了一封亲笔书信，直陈利害并表示不仅自己还活着，天可汗——大唐皇帝也依然端坐在大明宫的龙椅上等着回纥、吐蕃的使臣去朝觐。

回纥首领拿着信件将信将疑地对来使说：“老令公如果还活着，能让我们见见吗？”

1　〔五代〕刘昫：《旧唐书》卷四三《王孝杰传》，中华书局1975年版，第2977页。

使者回去复命，郭子仪听后想了想，决定只身一人前往回纥军中劝降来犯之敌。

儿子郭晞劝道：“父亲，您是我大唐的主帅，您一人前去，万一有个三长两短可如何是好？”

郭子仪笑着说：“现在敌强我弱，如果和他们硬拼，我大唐的将士们不知道又要死伤多少，江山社稷就危险了。回纥部中有不少人曾经跟着我一起平息安史之乱，如果我能劝降回纥部，说服他们倒戈，跟我们一起攻打吐蕃，我大唐的江山社稷可保。况且我接到密报，叛将仆固怀恩暴病身亡，我此去不会有危险的。”

说完，郭子仪只身骑马前往回纥军中。

回纥首领听说郭子仪一人前来，害怕有诈，命令弓箭手暗中准备。

郭子仪骑马来到回纥军前，脱去战甲，放下武器，徒步走向军中大帐。回纥军中的不少将领曾在郭子仪麾下打仗，认得老领导，一看，果真是老令公郭子仪，虽然须发花白，但风采依旧，回纥首领忙带着众将领拜倒在地。

“老令公，我们真不知道您还活着，仆固怀恩说大唐皇帝和您已经仙逝，中原一片混乱，我们这才前来。真是上了仆固怀恩的当了！”回纥首领说道。

*郭子仪（697—781），字子仪，华州郑县（今陕西省渭南市华州区）人。唐代中兴名将、政治家、军事家，寿州刺史郭敬之的儿子。有平定安史之乱，收复长安、洛阳之功，曾击败吐蕃、党项的入侵。

郭子仪答道："回纥与大唐素来交好，在安史之乱中曾襄助我大唐收复京城，圣上对你们也是多有恩赐。仆固怀恩只不过是一介叛臣，你们听信谗言，跟着他来反叛大唐，实在是不明智的选择啊！"

回纥将领们心中愧疚，连连请罪。

郭子仪见劝降有效，又说道："吐蕃原本跟我大唐也是亲友之国，只是他们野心不死，背信弃义。如果你们现在肯跟我大唐一起对付吐蕃，那大唐对这次的事情可以既往不咎，我还会向朝廷请旨给你们加官晋爵！"

回纥首领马上同意了郭子仪的要求，双方共同制订作战计划，随后一举将吐蕃赶出大唐地界，并斩杀俘获无数人马。其他几个少数民族的军队也望风而逃。

郭子仪凭单骑之力不仅解决了少数民族的叛乱，还趁机加强了大唐与回纥等部的关系。这靠的可不单单是军事素养，而是过人的胆识和谋略。[1]

假如你在大唐做武将，一定是件快意的事情。周围都是能征善战的前辈，而且大唐在训练军士、武器配给方面也有严苛的标准，带着一支威武之师征战四方，建功立业，堪称平生一大幸事！

---

1 〔北宋〕司马光：《资治通鉴》卷二二三，戴宗永泰元年十月条，中华书局1956年版，第7180—7182页；〔五代〕刘昫：《旧唐书》卷一二〇《郭子仪传》，中华书局1975年版，第3461—3462页。

→三彩文官武官俑

↓三彩陶骑马俑

↓ 内侍图（局部） 懿德太子墓

↑ 帝王听法图 敦煌莫高窟

↙ 列戟图（局部） 李寿墓

↓客使图（局部）章怀太子墓

↑ 虢国夫人游春图　唐　张萱

→ 同入青庐　敦煌莫高窟

↘ 婚嫁图　敦煌莫高窟

← 江干雪霁图卷（局部）　唐　王维

← 都督夫人礼佛图　敦煌莫高窟

↓ 放妻书（局部）　敦煌莫高窟

娶妻生子

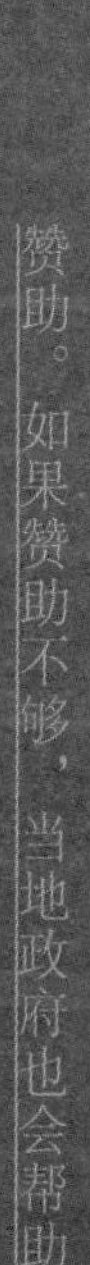

人生在世，大都需要成家。娶妻生子是成家立业、传宗接代的必经之路。这一点想必大家都心知肚明，但是，娶妻生子并不是一件容易的事。现在如此，古代亦是如此。在唐朝，你想娶妻生子，该怎么办呢？唐朝是一个开放的社会，你可以自由恋爱，但结婚要按法律程序办事。唐律规定：男子十八岁、女子十五岁就可以结婚。父母、亲友、地方官吏都要关注适龄青年的婚事。但同姓不婚，良贱不婚。违者要受到法律的制裁。所以到了该结婚的年龄，就要及时议婚。但找对象不要找近亲，双方最好门当户对。郎才女貌是唐人择偶的基本趋向。无论你的择偶标准是什么，结婚时都要按父母之命、媒妁之言行事，只有完成纳采、问名、纳征等『六礼』，婚姻才算合法。唐朝结婚是要彩礼的，而且彩礼比较多。不过，囊中羞涩的男士也别担心结不起婚，因为政府规定：如果男方家里太穷，结婚确有困难，亲戚朋友要适当赞助。如果赞助不够，当地政府也会帮助解决。

壽陽公主嫁時妝
八字宮眉捧額黃
見我佯羞頻照影
不知身屬冶遊郎

唐李義山蝶三首其一

楊國慶寫

那些像风一样的女子

与有些朝代提倡“女子无才便是德”不同，大唐女性始终在社会舞台上拥有一席之地。高祖的女儿平阳公主在其父亲起兵之时，劝当时还在长安的丈夫赶紧去帮岳父的忙，她自己则斥巨资在长安四周组织招募兵勇，响应父亲。等到李渊一路打到关中，平阳公主带着自己的“娘子军”与兄弟李世民的军队会合共同抗隋。

平阳公主在众多唐朝“杰出”女性里还不是最抢眼的。就在武则天还在高宗身边做“贤妻良母”的时候，浙江地界上出现了一位自称皇帝的女性领导人——陈硕真。

高宗在位时期大唐国力正盛，西到里海、北至贝加尔湖、南到越南，都在大唐的疆域之内。来来往往的商队，安居乐业的百姓，大唐看起来一切都那么美好。但问题是皇帝总不能亲自去治理每一个州县，官员的管理水平良莠不齐，有个别官员为非作歹，常会闹出事端。

陈硕真所在的浙江清溪县物产富饶，按理来说百姓不愁吃喝，怎奈当地的官吏把老百姓当成“无主肥肉”，使劲榨取，又赶上流年不利，清溪县发了大洪水，百姓真是“叫天天不应”。陈硕真一看大家伙的日子实在过不下去了，索性一不做二不休，扯了块大旗宣布造反。

为了让自己的身份更具合法性，陈硕真玩起了“心理战”，把自己包装成一位受过太上老君点化的得道仙姑，是“九天玄女下凡”。她的神通被大家一传十十传百，于是十里八村受官府压迫的老百姓渐渐地都聚拢在陈硕真的身旁，深信“跟着真姐有肉吃”。

眼见时机成熟，陈硕真便自立为“文佳皇帝”，还封自己的妹夫为宰相，带着未经专业训练的农民起义军相继攻占了桐庐、于潜等地，逼近婺州等城市。一时间朝野上下极为震动。

大唐的军事将领毕竟不是无能之辈，发动了大小几次战役，就把这支起义军剿灭了。

一位农村女性带着乡里的老少爷们起兵造反，这种事情也只可能发生在女性能顶“半边天”的唐朝。[1]

在唐朝生活，每天耳边来来回回听到的都是诗，相思吟诗、打仗吟诗、上朝吟诗，就连去看个斗鸡也吟诗。唐朝的“文艺

1 〔北宋〕欧阳修、宋祁：《新唐书》卷一〇九《崔义玄传》，中华书局 1975 年版，第 4095—4906 页。

界”，活跃着一大批做诗功力超群的女性。存续了将近三百年的大唐，涌现出了两百多位女性诗人。

薛涛就是代表之一。不要看薛涛是风尘女子出身，《全唐诗》可收录了她九十多首诗篇。她还和元稹、刘禹锡、白居易、李德裕、杜牧等社会知名人士都有交集，拥有横跨“政商文”等领域的豪华朋友圈。在书法绘画造诣上，她能模仿王羲之的笔墨，同时她还是大唐文艺界“四朵金花”之一。

薛涛八岁，也就相当于现在小学三年级学生那么大的时候就会写诗。有一次薛父站在自家庭院随口吟道：“庭除一古桐，耸干入云中。”站在一旁的小薛涛思忖了一会儿，对道：“枝迎南北鸟，叶送往来风。”

薛父一看自己女儿小小年纪竟出口成章，大喜过望，觉得将来必有所成。可没高兴两天，薛父越品这首诗越觉得不对劲，好端端的诗篇，为什么一定要表达“迎来送往”的意思呢？

没过几年，“耿直”的薛父因言获罪，被外放到了四川，薛涛一家只好也跟着来到蜀地。可在四川还没站稳脚跟，薛父又被派往云南出公差。从关中平原到四川盆地再到云贵高原，一路的奔波使薛父的身体严重受损，不久，他就在云南染上疾病，撒手人寰了。

人在成都的薛涛才十岁出头，家中却没了顶梁柱，为了谋生，薛涛被迫沦落为一名风尘女子。很快，凭借着自己出色的文学修养和即兴创作的能力，薛涛在成都上层人士周围站稳了脚。

为了迎接新来的节度使大人，成都大大小小的官员早早就忙活了起来。新来的节度使韦皋不是酒囊饭袋，他曾在多次重大战役中击败敌人，可谓智勇双全，而且这位韦将军没事就爱写写诗什么的。为了迎合新上司的喜好，大小官员一琢磨，决定把薛涛安排到宴席上。

韦皋一到成都，节度使府上就热闹得跟过年一样，蜀地各界名流欢聚一堂把酒言欢，只是酒过三巡菜过五味，韦皋突然说道：“这似乎不太像是饱含文化气息的川蜀之地啊！”

话音刚落，薛涛从门外走了进来，面对韦皋微笑行礼后说道：“小女子不才，特此赋诗一首，还望韦大人多多指正。”

乱猿啼处访高唐，路入烟霞草木香。
山色未能忘宋玉，水声犹是哭襄王。
朝朝暮暮阳台下，为雨为云楚国亡。
惆怅庙前多少柳，春来空斗画眉长。

旁征博引、引经据典，这首“忧国忧民”的诗可谓大气磅礴，根本不像是一位风尘女子所写。

薛涛一朗诵完，韦皋便连连称奇，一下就喜欢上了眼前这位奇女子，把薛涛带回府上。每次韦府有宴会，韦皋必定会让薛涛出席。薛涛是“热搜体质”，韦皋又是蜀地的最高官员，这两位只要合体出场，基本上就置顶热搜榜了。

薛涛不单单是陪韦皋饮酒做诗这么简单，有时韦皋公务实在繁忙，还会让她来接手一些公文。薛涛是有大智慧大学问的女子，管理起文书来井井有条，拟写的公文也头头是道，有理有据。

没过多久，鉴于薛涛的良好表现，韦皋吩咐底下人向朝廷提交报告，准备提拔薛涛为“校书”。底下人一听这怎么了得？薛涛是何等出身，怎么能成为我大唐的官员？怎奈他们说了都不算，薛涛“女校书”的名号就这样在蜀地走红了。大小官员为了巴结韦皋得先巴结薛涛，送给她的绫罗绸缎、金银珠宝不计其数，薛涛也是来者不拒，不分贵重与否，对这些“孝敬”照单全收。

如果薛涛一直按照这样的节奏过下去，自然是锦衣玉食，轻松自在。可偏偏“当爱情来敲门，挡也挡不住”，作为监察御史的元稹来四川办案了。

元稹的身份很多，不仅是朝廷命官，还是时政评论家、文学达人，皇帝对他的文章推崇备至。此次出使，三十岁的元稹血气方刚，办了不少大案要案，老百姓拍手称快，很多人以他的姓给自己的孩子起名。

薛涛素日里在韦府，对朝廷、社会上的事了解甚多，对元大才子打心眼里仰慕；而元稹也是早就听过这位“女校书”的大名，一心想拜会一下。于是给韦皋手书一封，表达了一下自己想跟薛涛见面的意思。

面对朝廷钦差的请求韦皋不能不答应，也希望借此机会跟钦差搞好关系，便派人把薛涛送到了当时在绵阳的元稹身边。

寄蜀中薛涛校书　王建

万里桥边女校书，枇杷花里闭门居。
扫眉才子于今少，管领春风总不如。

《全唐诗》卷三〇一

三十岁的元稹碰见四十二岁的薛涛，一段“姐弟恋”就这样开始了。二人擦出来的火花都转化为了诗篇，情到深处，薛涛写下《池上双鸟》：

双栖绿池上，朝暮共飞还。
更忆将雏日，同心莲叶间。

又是“共飞还”，又是“同心莲”，字里行间都流露出自己想跟元稹双宿双飞的愿望。可再丰满的理想也得面对骨感的现实。三个月后，朝廷一纸调令，将元稹调任东都洛阳。元稹只好背起行囊打道去洛阳城，留下薛涛一个人在蜀地望眼欲穿。

思念元稹，实在苦闷，薛涛又写下《春望词四首》：

花开不同赏，花落不同悲。
欲问相思处，花开花落时。

揽草结同心，将以遗知音。
春愁正断绝，春鸟复哀吟。

风花日将老，佳期犹渺渺。
不结同心人，空结同心草。

那堪花满枝，翻作两相思。
玉箸垂朝镜，春风知不知。

痴情的女诗人在抒发自己内心情感的同时，也为大唐贡献了不少绝美的诗篇。[1]

---

1 〔清〕彭定求：《全唐诗》卷八〇三薛涛小序，中华书局1960年版，第9035页；诗歌出于《全唐诗》卷八〇三薛涛《句》《谒巫山庙》《春望词四首》，中华书局1960年版，第9046、9037、9035页。

薛涛的“热搜体”和文化修养让她长期保持着较高的知名度。不过在唐朝，除了这些文采斐然的知名女性，不知名的“隔壁大嫂”在音律之事上也颇有造诣。

德宗时期，爱好音律的高官于頔喜欢在家里组织一群音乐人切磋技艺，大伙一起听听小曲、抚抚琴、品品茶，好不快活。

有一次，于家大嫂来于頔家做客，正巧赶上音乐会刚刚开始。这位大嫂通晓音律，看见一群人在一起抚琴听曲，就在走廊下驻足，隔着帘子倾听。

一曲演奏完毕，于家大嫂长叹一口气说道：“如果将这位仁兄的琴声分为三部分的话，其中一个部分像古筝的声音，剩下两部分勉勉强强算是琵琶的声音，就是听不到一丁点琴声的韵味，真是可惜啊！”

在文学上巾帼不让须眉，在“科学技术”领域，唐朝的女性们也掀起了一股革新的浪潮。

纺织业是大唐经济的支柱产业，产品除了供给本国使用之外，还出口到丝绸之路沿线的各个国家，增加了外贸收益。大唐女性心灵手巧，几乎撑起了纺织业的一整片天。

玄宗时期，杨贵妃名头虽响，但毕竟只是贵妃，在她入宫之前，玄宗曾册立过一位王皇后。王皇后实属女中豪杰，自从嫁给了当时还是临淄王的李隆基，就全心全意帮助丈夫铲除韦后，诛杀太平公主，直到丈夫坐上大唐头把交椅。

她虽然被封为了皇后，但是跟千百年来的皇后一样，在“婚姻保卫战”中从来都是输家。玄宗皇帝身边天天围着年轻貌美的小姑娘，其中有一位柳婕妤特别突出（婕妤是唐朝后宫妃嫔一种位分的名称）。

这天正赶上柳婕妤过生日，玄宗皇帝和王皇后坐在上位，跟后宫其他的妃嫔一起为她庆生。

这时，柳婕妤的妹妹捧着几匹染布走到厅堂中央，跪地说道："圣上、娘娘，今日婕妤娘娘生日，小女子献上自己印染的几匹布表示祝贺。其中有一份是专门献给皇后娘娘的。"

玄宗皇帝吩咐两旁太监把染布拿来，展开一看，发现跟自己之前见过的染布都不一样。问道："这几匹染布用的是什么工艺？"

"回陛下，与市面上的染布所用技艺不同，我专门改良了布匹印花中的夹缬技术。"柳婕妤妹妹答道。

夹缬是一种印花染色的方法。玄宗皇帝对柳婕妤妹妹的创新精神称赞不已，下令重赏她并且在皇宫范围内推广这项技术。

因为这项技艺改良后好处颇多，没过多久就从皇宫流传到了民间，上至皇亲国戚下至平民百姓都穿上了改良布制成的衣服。[1]

在唐朝像柳婕妤家妹这样的引起行业变革的聪慧女性着实不在少数。在这样的环境下，不少女性也开始学习男人们"义结金兰"，跟志趣相投的姐妹们成立大大小小的社会团体。

唐朝女性成立的社会团体可不只是一种松散的组织，还立有社团规章制度，一旦入社就不能轻易退团！

"姐妹们，这是大家伙共同为咱们女人社商讨的社约，我念给大家听听。"在敦煌的一处宅院内，为首的一位大姐站在台阶上，向阶下的女人们说道，大家齐刷刷地看着这位大姐。

---

1 〔北宋〕王谠撰，周勋初校证：《唐语林校证》卷四《贤媛》，中华书局1987年版，第405页。

“咱们女人社，以互帮互助为宗旨，遇到危险相互帮扶，遇到困难相互救济。我们聚在一起，讲究的是一个信字，大的称呼为姐姐，小的称呼为妹妹，姐妹们在一起以诚信为原则。皇天后土为证，山川河流为誓，彼此之间不会相互违背誓言。”领头大姐说道。

女人们频频点头称是。

顿了顿，领头的大姐接着说：“平日里我们也有福同享有难同当，如果社中成员或其家庭遭遇不幸，女人社的全体成员都要主动捐助油、米、面等物品，帮助她渡过难关。如果社内有成员突发意外去世，全社成员必须前去吊唁，并且帮助家属料理后事。

“每年的正月初一，大家伙凑点米面油以及灯具碗筷等，一起来祈福。而且在酒桌上不能大声喧哗，如有违例者要罚她承担酒席的费用。”

底下一位小姐妹问道：“那对退社之人该如何处理呢？”

“如果有哪位姐妹想要退出女人社，那社里的每个人要打她三棒子并且要她负担一次酒席的费用。大家如果没有什么疑问的话，就快点在社约上签字吧！”领头大姐答道。

宅院里的姐妹们围在一起，在纸上写下了自己的名字。

一个自发成立的女性社团都制定有如此详细的规约，可见大唐女性有着十分强烈的独立自主意识。[1]

这些敢爱敢恨、追求自我，魅力与智慧并存的“风一般”的唐朝女子们，你有没有觉得很有“女人味”？

---

1 事见敦煌S.527号文书《后周显德六年正月三日女人社再立条件》。载唐耕耦、陆宏基编：《敦煌社会经济文献真迹实录》（第一辑），书目文献书版社1986年版，第274—275页。

你想娶公主为妻吗

俗话说：皇帝的女儿不愁嫁。娶妇得公主可以借势青云直上，任职拜官，享尽富贵荣华。可唐代士族子弟却不太愿意娶公主为妻，唐代甚至还曾出现“公主难嫁”的情况。

唐代公主虽然地位尊贵，但无法选择自己的配偶。她们的婚姻常常要由皇帝做主。也就是说，公主与谁结婚，不是公主说了算，而是皇帝说了算。

要想给公主当驸马，先得符合皇帝选择驸马的标准。

第一，你要有一定的政治背景。

唐初为了表彰为大唐开国立下汗马功劳的勋贵们，立下了

"王妃、主婿皆取当世勋贵名臣家"的规则。因此，公主的夫婿大多出自关陇勋贵和功臣之家。如长乐公主驸马长孙冲，为长孙无忌之子；清河公主之夫程怀亮，为程知节之子；城阳公主前夫杜荷，为杜如晦之子；等等。

"和亲"是唐代帝王笼络少数民族首领和外国国王的一种手段。即唐代帝王把公主嫁给少数民族酋长或外国国王，形成甥舅关系，以加强彼此间的联系。安史之乱发生后，为了获得回纥的支持，唐朝加大了和亲的筹码，先后将宁国、咸安、太和三位公主嫁予回纥可汗。

可见，公主们的婚姻往往有着浓厚的政治色彩，并且与王朝的兴衰休戚相关。

第二，你要符合皇帝认定的血缘关系。

唐代，在皇后以及妃嫔亲族中挑选驸马是非常通用的做法。如太平公主在前夫死后，改嫁武后侄子武攸暨。中宗朝，八位公主的十三位驸马，来自武后本族的有四位，来自武后外家和韦后亲族的各有三位。

有唐一代，窦氏家族一品三人，三品以上三十余人，娶主者八人，女为王妃六人，唐世贵盛，莫与为比。张氏家族，娶公主者二人，娶郡主一人，一女为肃宗皇后。郭子仪郭氏一族，三代五尚公主，一女为宪宗皇后。

如果你的家族与后妃有一定关系，或者曾经有人当过驸马，那你成功的机会就比较大。

第三，你要有一定的才学。

唐代是一个非常重视才学的时代，在选拔人才时常常以才学的优劣作为标准，这种方法在一定程度上也被用于选择驸马。那些既有才学又有家世的青年才俊则备受皇室的青睐。

如果你三条标准都符合，那恭喜你，你的机会来了。不过，在当驸马之前，你得想清楚，你的婚姻是否会幸福。

唐代公主与驸马的关系多数并不和谐。公主墓志所称的“琴瑟之好”“宾敬齐眉”不过是后人的虚掩之词。如墓志称颂房陵公主与驸马窦奉节“琴瑟调乖，如宾敬阕”，可事实却是公主与杨豫之私通，实情与志文描述可谓大相径庭。这种不睦的夫妇关系普遍地存在于公主家庭之中。

当然，公主与驸马夫唱妇随、相亲相爱的例子亦有不少。永徽四年（653），房遗爱、柴绍等谋反事泄，执失思力（娶太宗女九江公主）牵涉其中，高宗“以其战多，赦不诛，流巂州”。九江公主便主动要求削去封邑，随驸马同行，后死于流放地。要不是夫妇情深，公主恐怕是不会坚持与驸马同甘苦、共患难的。[1]

有的公主与驸马经过磨合变得情深意笃。代宗之女升平公主和驸马郭暧就是如此，至今仍有“醉打金枝”的佳话留传于世。

宪宗岐阳公主下嫁杜悰，遵循礼法，相夫教子，成为不可多得的贤内助。驸马杜悰由先前的郁郁不得志，变得官运亨通，历任淮南节度使、尚书右仆射兼中书侍郎、同中书门下平章事、诸道盐铁转运使、绅检校尚书右仆射、同平章事、淮南节度使等要职。[2]

---

1 〔北宋〕欧阳修、宋祁：《新唐书》卷一一〇《执失思力传》，中华书局 1975 年版，第 4117 页。

2 〔北宋〕欧阳修、宋祁：《新唐书》卷一六六《杜悰传》，中华书局 1975 年版，第 5090—5091 页。

如果你娶了这样的公主，你就赚了。即便没有如此好运，也还有别的收获，毕竟公主出嫁都有丰厚的嫁妆。

贞观初年，长乐公主出嫁，太宗因其为长孙皇后所生而特加宠爱，对有关部门讲："资送嫁妆倍于永嘉长公主。"

永嘉长公主是太宗的妹妹，而长乐公主是太宗嫡女，父亲疼爱自己的女儿，想让她嫁得风光体面，本是无可厚非，但太宗不只是一位父亲，还是一国之君，这种做法有些不妥。

魏徵进谏说："天子姊妹为长公主，女儿为公主，既加'长'字，即是有所尊崇。虽然情义可有浅深，但无容礼相逾越。"贤明的太宗很快领悟，打消了原先的念头。[1]

太平公主是武则天唯一的女儿，因而深得高宗、武后的宠爱。太平公主下嫁薛绍时，借万年县衙为庆典场所，因门隘不能容翟车，有司毁垣而入。自兴安门设燎相属，连道边的大树都烤枯了，可见当时场面是多么气派。

中宗与韦后的爱女安乐公主再嫁时，"假后车辂，自宫送至第，帝与后为御安福门临观，诏雍州长史窦怀贞为礼会使，弘文馆学士为傧，相王障车，捐赐金帛不訾。"[2]虽然文中没有直接描述嫁妆究竟有多少，但是婚礼如此大张旗鼓，文武百官几乎倾巢而出，这样一场别开生面的婚礼庆典所费自然不是小数，公主嫁妆之丰也可想而知。

德宗即位后，"敕所司大小之物，必备其用。至于栉、缅、

1 〔五代〕刘昫：《旧唐书》卷七一《魏徵传》，中华书局1975年版，第2549页。

2 〔北宋〕欧阳修、宋祁：《新唐书》卷八三《安乐公主传》，中华书局1975年版，第3654—3655页。

笄、总，皆经于心，各给钱三百万，使中官主之，以买田业，不得侈用。其衣服之饰，使内司计造，不在此数。”[1]

懿宗之女同昌公主的嫁妆数量之丰富，物品之精美更是前所未有。史载：

咸通九年（868），同昌公主出降，宅于广化里，赐钱五百万贯，更罄内库珍宝，以实其宅。

而房栊户牖，无不以珍异饰之。

更以金银为井栏药臼，食柜水槽。釜铛盆瓮之属，镂金为笊篱箕筐。

制水精火齐琉璃玳瑁等床，悉榰以金龟银螯。

又琢五色玉器为什合，百宝为圆案。

又赐金麦银米共数斛，此皆太宗庙条支国所献也。

堂中设连珠之帐，却寒之帘，犀簟牙席，龙罽凤褥。连珠帐，续真珠为之也。却寒帘，类玳瑁班，有紫色，云却寒之鸟骨所为也，未知出自何国。

又有鹧鸪枕、翡翠匣、神丝绣被。其枕以七宝合成，为鹧鸪之状。翡翠匣，积毛羽饰之。神丝绣被，绣三千鸳鸯，仍间以奇花异叶，其精巧华丽绝比。其上缀以灵粟之珠，珠如粟粒，五色辉焕。

又带蠲忿犀、如意玉，其犀圆如弹丸，入土不朽烂，带之令人蠲忿怒。如意玉类桃实，上有七孔，云通明之象也。

又有瑟瑟幕、纹布巾、火蚕绵、九玉钗。其幕色如瑟瑟，阔三丈，长一百尺，轻明虚薄，无以为比。向空张之，则疏朗之纹如碧丝之贯真珠，虽大雨暴降不能湿溺，云以鲛

1 〔五代〕刘昫：《旧唐书》卷一五〇《珍王诚传》，中华书局 1975 年版，第 4046—4047 页。

人瑞香膏傅之故也。纹布巾即手巾也，洁白如雪，光软特异，拭水不濡，用之弥年不生垢腻。二物称得之鬼谷国。火蚕绵云出炎洲，絮衣一袭用一两，稍过度则熇蒸之气不可近也。九玉钗上刻九鸾，皆九色，上有字曰“玉儿”。工巧妙丽，殆非人工所制。[1]

这样的嫁妆一般人家是根本不可能见到的。

公主身份高贵，娇生惯养，到了婆家，很难与家人相处。

唐初公主下嫁，皆不以妇礼事舅姑。贞观十一年（637），太宗女南平公主下嫁王珪之子王敬直，应王珪之请，太宗下诏要求公主行舅姑之礼，王珪遂与其妻就席而坐，令公主亲执笄行盥馈之道，礼成而退。公主出嫁行舅姑礼自此始。

肃宗时重申拜舅姑之礼，并且对于行礼的细节做了明确的规定。但在执行过程中却遇到极大困难。

皇帝为此屡屡下诏要求公主行舅姑之礼，绝不是要求公主走过场似的完成仪式，是希望她们能够从嫁入夫家的那刻起，成为孝敬舅姑的好儿媳，而不再是居高临下的公主。然而，事与愿违，公主行舅姑之礼时废时举，公主侍奉舅姑、孝敬舅姑也就更加难以实现。

纵观唐代，能以孝奉舅姑闻名的公主寥寥无几，宪宗之女岐阳公主是其中一位。岐阳公主，事舅姑以礼闻。姑寝疾，公主不解衣，药糜不尝不进。能做到这一点实属不易。

公主与其他家人的关系同样存在诸多问题。高阳公主与驸马之

1 〔唐〕苏鹗：《杜阳杂编》卷下，中华书局 2015 年版，第 25—26 页。

兄房遗直积怨颇深。遗直是房玄龄的嫡长子，承袭父荫可拜银青光禄大夫。公主意欲为驸马求得此爵，结果太宗未许，公主由此对遗直怀恨在心。房玄龄死后，公主又鼓动驸马分夺家产，并指使他人诬告遗直。幸运的是太宗并没有听取公主的一面之词，而是委派长孙无忌调查此事。随着调查的深入，高阳、遗爱等人谋反的阴谋被揭露出来，最终驸马被杀，公主被赐死，可谓害人害己。[1]

万寿公主下嫁郑颢，宣宗唯恐公主行为有所不当，反复叮咛公主要守士人礼法，尽管如此，万寿公主却充耳不闻。驸马之弟郑凯得了危疾，宣宗遣使探望。使者归来，宣宗问公主在什么地方。使者回答说："在慈恩寺看戏。"宣宗很生气，说道："难怪士大夫不欲与我家为婚，这确实是有原因的。"夫弟病重卧床，公主却跑去看戏，无论是有心还是无意，都可以看出公主对夫家之人很不以为意。[2]

话说回来，表现好的公主也是有的。岐阳公主与和政公主就显示出了非凡的气度。

岐阳公主"卑委怡顺，奉上抚下，终日惕惕，屏息拜起，一同家人礼度，二十余年，人未尝以丝发间指为贵骄"[3]。

和政公主"率履由衷，每抗古人之节。故宗族胥睦，不独亲其亲；先后大同，莫敢私其子"。驸马的兄嫂，即便是杨贵妃之姐秦

1 〔五代〕刘昫：《旧唐书》卷六六《房玄龄传》，中华书局1975年版，第2467页。

2 〔北宋〕司马光：《资治通鉴》卷二四八，唐宣宗大中二年十一月条，中华书局1956年版，第8036页。

3 〔唐〕杜牧：《樊川文集》卷八《唐故岐阳公主墓志铭》，上海古籍出版社1978年版，第125页。

国夫人，当时势倾朝野，但公主并不因此依附结交，反倒是在秦国夫人死后，公主“扶其子如所生”，使其“男登服冕之位，女获乘龙之匹。出入存恤，过于己子，虽其密亲，罔或能辨”。[1] 对于驸马从母的四个子女，公主同样悉心照顾，终使其成才成家。

从以上例子不难看出，公主与驸马及其家人关系的好坏，很大程度上取决于公主的态度，取决于公主能否摆正自己在家中的位置，能否更多地融入儿媳、妻子、母亲的角色中。只要公主不骄不躁，不居高临下，真心实意地对待家中的每一个成员，和睦的家庭气氛便油然而生。但这对于养尊处优惯了的公主来说，又是何其困难。

各位，看到这里，你还想娶大唐公主为妻吗?

1 〔清〕董诰等：《全唐文》卷三四四，颜真卿《和政公主神道碑》，中华书局 1983 年版，第 3491 页。

几个有趣的婚姻故事

唐代社会开放，人们的婚姻观念相对自由。因为谈婚论嫁形式多样，不一而足，所以发生了许多有趣的故事。下面几个故事都是当时人们茶余饭后的谈资。

其一，“吃醋”的故事

隋末唐初，战争频发，男子伤亡惨重，男女比例失调。虽然政府规定一夫配一妻，但社会上一夫一妻、多妾多媵的情况仍比较普遍。

太宗贞观年间，天下由大乱走向大治，在这个过程中，涌现出一批杰出的文臣武将。房玄龄*、杜如晦、魏徵、马周、李靖等人就是其中的佼佼者。

有一天退朝之后，太宗君臣在一起聊天，问到家庭情况，大家都说有妻有妾，只有房玄龄说他有妻无妾。

太宗问道："爱卿身为宰相，才华出众，为什么别人有妾，独卿无妾？"

房玄龄回答说："陛下有所不知，我妻是个妒妇，她不让我纳妾，我没办法啊。"

太宗说："这个好办，你让她来，我劝劝她。"

过了几天，房玄龄的妻子奉诏进见唐太宗。太宗先将房玄龄夸奖了一番，然后对房妻说道："听说你不让房玄龄纳妾，不知是什么原因？"

房玄龄的妻子原以为皇帝找她是要给她封赏，没想到是为了这事，心里凉了半截。她慢条斯理地说道："陛下，玄龄与臣妾是结发夫妻，当初历尽千辛万苦，才有了今天的幸福生活，我怎么能让他纳妾呢？"

看着房妻激动的样子，太宗知道她不好说话，便严肃地讲："大臣们都有妾，玄龄是国家重臣，为国分忧，非常辛苦，让他纳个妾有什么不好呢？"

"不好！不好！就是不好！"房玄龄的妻子急了。

*房玄龄（579—648），秦王府『十八学士』『凌烟阁二十四功臣』之一，官至上书左仆射。与杜如晦被赞为『房谋杜断』。

这时，有人端来一个盘子，上面放着一个酒杯。太宗对房妻说："君命不可违，要么你同意玄龄纳妾，要么你就喝了这杯毒酒。你自己看着办吧。"

你猜怎么着？房玄龄的妻子连眼都不眨一下，端起杯子一饮而尽。

结果，她并没有死。

原来，杯子里盛的并不是毒药，而是醋。

据说，"吃醋"这个词就是从这来的。[1]

其二，"千里姻缘一线牵"的故事

在唐高宗和武则天当政时期，青年郭元振*脱颖而出。

*郭元振（656—713），进士出身，出将入相，颇受武则天、唐睿宗、唐玄宗信任。

郭元振美风姿，有才艺，宰相张嘉贞很看重他，欲纳为东床快婿，经常找他谈心，但郭元振并不知道宰相的心意。

一次，张嘉贞听说有人要向郭元振提亲，不免有些着急。他将郭元振叫到身边，语重心长地说："男大当婚，女大当嫁，我看你已经到了该结婚的年纪，不知你有没有对象？"

郭元振对张嘉贞很尊敬，便如实讲了自己的情况，并说曾经有人说媒，但他家里还没有

1 〔北宋〕李昉：《太平广记》卷二七二《任瓌妻》，中华书局1961年版，第2145页。

答应。

听了郭元振的话，张嘉贞松了口气。他不想失去这个机会，便当起月下老来，向郭元振推荐他的女儿：“若公子不嫌弃，我家的女儿也可考虑考虑。”

郭元振喜出望外，他对张家的情况早有耳闻，觉得如果能与张大人结亲，是再好不过的了。但他还是装出一副矜持的样子说：“我听说您有五个女儿，不知道哪个长得丑一些，我可以配得上？这件事不可仓促，还是让我再想想吧。”

张嘉贞说：“我的五个女儿各有姿色，我也不知道谁更适合公子。因为公子风骨奇秀，不是一般的人。所以我想让我的五个女儿都站在幔帐之后，每人手持一根丝线，公子到帐前随便牵之，牵到谁谁就是你的媳妇。这样好吗？”

郭元振欣然从命，牵到一条红色丝线，得到第三女，大有姿色，结婚后生活幸福美满。由于得了一位贤内助，郭元振后来得到武则天的重用，成为一代名臣。

各位，这样的婚姻够浪漫吧？[1]

其三，一见钟情的故事

唐德宗贞元年间，崔护*从河北博陵来到唐都长

*崔护（772—846），官至御史大夫、广南节度使，其《题都城南庄》一诗为他赢得了不朽的诗名。

1 〔唐〕王仁裕：《开元天宝遗事》卷上《牵丝娶妇》，中华书局2006年版，第16页。

安求学，准备参加科举考试。有一年清明节，他独自一个人去城南郊游，玩得累了，看到一户人家，房舍占地一亩左右，园内花木丛生，便想去讨口水喝。

崔护走上前去叩门，过了一会儿，有位女子从门缝里瞧了瞧他，问道："谁呀？"

崔护通报了自己的姓名，并说："我一人出城春游，口渴了，求点水喝。"

女子进去端了一杯水来，打开门，让他进去坐下喝水。自己则靠着小桃树静静地立在那里，对崔护表现出深厚的情意。她姿色艳丽，神态妩媚，极有风韵。

崔护用话引逗她，她却默默不语。两人相互注视了许久，崔护才起身告辞，女子将他送到门口，似有不舍之情，然后默默回到屋里。崔护也不住地顾盼，最后怅然而归。

此后，崔护决心不再去见她。但到了第二年清明节，忽然思念起她来，思念之情无法控制，于是又到城南去找。

崔护到了那里一看，门庭庄院一如既往，但是大门已上了锁，便在门扉上题了一首诗：

去年今日此门中，人面桃花相映红。
人面不知何处去，桃花依旧笑春风。

他非常失望，回到城中，若有所失。过了几天，他心乱如麻，总是想到城南的女子，感到有什么事情要发生。

于是，他再次来到城南，去寻找那位女子。

到了门口，听到门内有哭声，就急忙敲门。

有位老人走出来说："你是崔护吗？"

崔护答道："正是。"

老人哭着说："你杀了我的女儿。"

崔护又惊又怕，觉得莫名其妙，不知该怎样回答。

老人说："我女儿已经成年，知书达理，尚未嫁人。自从去年见过你以后，经常神情恍惚。那天老夫陪她出去散心，回家时，见门扇上有题字，她读完之后，进门便病了，然后绝食数日，不久便死了。我老了，只有这么一个女儿，迟迟不让出嫁的原因，就是想给她找个可靠的君子，以寄托终身。如今她竟去世，还说不是您害死她的吗？"说完扶着崔护大哭。

崔护也十分悲痛，请求进去一哭亡灵。

死者安然躺在床上，崔护抬起她的头让其枕着自己的腿，哭着祷告道："我在这里，我在这里……"

不一会儿，那女子睁开了眼睛。过了半天，便复活了。老父大为惊喜，便将女儿许给了崔护。[1]

这段爱情传说是不是很神奇呢？

其四，爱才嫌丑的故事

唐代女子喜欢有才华的男子，选择配偶，特别注重才情。

罗隐是唐末著名的诗人，文章也写得很好，受到唐宰相郑畋的赏识。

有一次，郑畋发现他的女儿在读罗隐的诗，后来，他又发现

1 〔北宋〕李昉：《太平广记》卷二七四《崔护》，中华书局1961年版，第2158页。

女儿的房间里放的全是罗隐的诗文，心想，女儿一定是喜欢罗隐吧。

郑畋便有意与女儿谈到罗隐，女儿脱口就能背出罗隐的诗。他想既然女儿如此爱慕罗隐，不如就成全了他们的婚事。于是，他便请罗隐到他家做客，为罗隐与其女相识创造条件。

罗隐到了郑府，郑家热情招待。罗隐温文尔雅，侃侃而谈。郑畋的女儿在帘后观察罗隐的一举一动。结果，“自是绝不咏其诗”，结婚的事儿就更谈不上了。

为什么郑畋的女儿在见到罗隐之后不再读他的诗呢？原来，罗隐长得有些丑，这种丑是郑畋家的大小姐难以接受的。[1]

各位，唐朝是个崇尚美的社会，在唐朝找对象，一定要注意自己的形象哟。

---

1 〔北宋〕薛居正：《旧五代史》卷二四《罗隐传》，中华书局 1976 年版，第 326 页。

唐朝的『天价彩礼』

假如你还是单身，逢年过节回家能否经受得住亲朋好友的夺命三连问?

多大了?

有对象没?

啥时候结婚?

三个问题一出，再愉快的家庭氛围也会“晴转阴”，变为集体“尬聊”。

在唐朝，有没有“逼婚”的情况呢?答案是肯定的。到了年龄不结婚，不仅父母逼，就连官府也会逼着你结婚。

大唐建国初期，要尽快恢复生产，于是加足马力搞建设，可建设需要大量劳力，于是太宗李世民下旨：男二十，女十五就可以结婚了；如果有丧偶的，在守孝期满之后，必须找媒婆说媒，开启自己的二婚之旅；如果家里实在穷得揭不开锅，街坊四邻里富裕的，必须资助穷邻居结婚。[1]

为了让各地的适婚男女都尽快找到另一半，朝廷还把婚配作为一项考核地方官员的标准。结婚率高的地方官员会受到嘉奖，反之则可能被贬黜。

为了进一步扩大人口基数，玄宗皇帝再次降低了结婚年龄，男性十五、女性十三就可以结婚[2]，十六七岁就做了爹妈，三十多岁可能已经成了爷爷奶奶，这个年纪的人放到现在，可能连对象还没有着落呢。

虽然唐代人结婚时的年龄比现在人小得多，但是谈婚论嫁要满足的各种条件可是一样都不少。特别是彩礼问题，太宗、高宗等皇帝曾因大唐社会上“天价彩礼”盛行，而不得不颁布圣旨来狠刹这种让人“因婚致贫”的风潮。

魏晋南北朝的时候，门阀士族们讲究社会地位。到了唐朝，这些旧的门阀大户已经衰落了，但是他们的社会名望还颇高。所谓“门当户对”，在唐朝想要娶崔、卢、郑、王等旧门阀贵族的女儿，是要给相当数额的彩礼——“陪门财”的，说白了，就是

---

1 〔北宋〕欧阳修、宋祁：《新唐书》卷二《太宗本纪》，中华书局 1975 年版，第 27 页。

2 〔北宋〕欧阳修、宋祁：《新唐书》卷五一《食货志》，中华书局 1975 年版，第 345 页。

男方拿钱来买女方家的名望。

“我没有车，没有房，只有一颗陪你白头到老的心”，这样的誓言在唐朝大户人家那里恐怕是行不通的。许多唐朝丈母娘们既要车也要房，还要一颗陪自己女儿白头到老的心。

太宗时期，朝堂之上，太宗皇帝与群臣商量国事，这次会议的主题就是“山东旧贵族天价嫁女现象，该如何解决”。大臣们七嘴八舌纷纷向太宗表达自己的观点。

太宗皇帝内心对这种现象十分不满，对群臣说道：“各位爱卿都知道山东崔、卢、李、郑四个大姓贵族群体，虽然家世早已衰败，可他们却仗着在当地的影响力，妄自尊大，自称为士大夫。尤其在嫁闺女的时候，如果碰见门户不对等的情况，这些家族的家长必然要向男方索取相当数量的金银聘礼，而且是越多越好。这简直就是典型的卖婚行为！爱卿们有没有好的办法，来遏制一下这种风气？”

太宗皇帝此话一出，群臣也都议论纷纷。朝会之后，太宗皇帝专门把高士廉、岑文本等股肱之臣留下来拟订具体应对的方案。

没几天，太宗皇帝明发谕旨，写道：现在社会上盛行天价彩礼之风，从圣旨颁布之日起，各地政府必须在街道醒目之处张贴告示，结婚的彩礼钱一定要合乎相关的社会道德规范，严禁卖婚！

上有规定，下有对策，虽然朝廷明令禁止“天价彩礼”行为，可这一个愿打一个愿挨，大小官员也无能为力。

到了结婚年龄的陇西人李益，迟迟找不到合适的对象，父母急得上火，嘴上都起了大泡，但就是说不上满意的媳妇。一来是李家确实实力不够，二来是媒婆说的媳妇李家二老都不满意。

“李太公！李太公！”一大早，媒婆就敲开了李家的大门。“好消息啊！卢家正好有位待嫁的闺女，人模样自然不用说，可贵的是人家可是名门望族出身！”

李家二老喜出望外，自家小门小户，如果能娶这么一位名门之后，那真是光宗耀祖了。

“只是按照行情规矩，你们家必须要给百万的彩礼，卢氏方可将闺女许配给令公子。”媒婆说道。

按照现在的货币价值计，一百万钱折合下来大概是三百万至四百万元人民币。别说是在生产力不高的唐朝，就是放在现在收这么多彩礼钱也是能上报纸的社会新闻头条。

李家二老为了儿孙确实是拼了，可自己家里砸锅卖铁也拿不出这么多的钱财，只好向民间借贷。最后拿着赌上性命的钱财，给儿子娶了一位所谓大户人家的闺女。

媳妇是娶进门了，这钱怎么还？打这以后，李家二老就开始走南闯北——借钱，把各地的亲朋好友借了个遍。

这种“因婚致贫”的现象并不是个

> 氏族者，古史官所记。故官有世胄，谱有世官。过江则有侨姓，王谢袁萧为大。东南则有吴姓，朱张顾陆为大。山东则有郡姓，王崔卢李郑为大。关中亦号郡姓，韦裴柳薛杨杜为大。代北则有虏姓，元长孙宇文于陆源窦为大。各于其他，自尚其姓为四姓。今流俗相传，独以崔卢李郑为四姓，加太原王氏为五姓。盖不经之甚也。——《唐会要》卷三六

例。看来在唐朝想娶个好媳妇，没点家底是不行的。

为了遏制“天价彩礼”现象，高宗皇帝也明发谕旨，写道：大家在结婚彩礼的问题上，不要搞得男方不堪重负，非得要所谓的“陪门财”。朝廷屡次下文禁止这种现象，可总是有人顶风作案，特别是名门望族，把天价彩礼当成了一种彰显自己身份地位的时尚。有的贵族看送来的彩礼达不到自己的心里价位，宁愿让自家闺女不出嫁，或者不与外姓人通婚。对于这种行为，再次明令禁止！

尽管先后两位皇帝多次颁发谕旨解决同一个社会问题，可朝堂之上就是有人带头违规。

高宗时期，礼部尚书许敬宗准备将自己的小女儿嫁给远方蛮族的首领冯盎的儿子。

这位许大人是一位爱钱的主，作为皇帝的宠臣，他负责修撰史书。一般来说，负责修撰历史的史官是整个朝廷最刚正不阿的人，可许大人恰恰相反。他把写史当成了“生意”，谁给的钱多，就把谁浓墨重彩地写上一笔；打了败仗也不要紧，只要钱给够，就能写成胜仗。

将领庞孝泰率兵攻打高丽，没承想在敌人的严密防守下，虎狼之师成了丧家之犬，被打得落花流水。为了在史书上留个好名声，庞将军重金贿赂许敬宗，于是，许敬宗在史书中写道：“庞大将军多次带兵战胜敌人，只有战神级别的将军才能与他相匹敌！”

这位把工作当成生意来做的许大人，自然是不会放过“收彩礼”这件大有油水可捞的事情的。

作为朝廷重臣，许家女儿嫁人要讲究门户，毕竟这代表的也是大唐王朝的脸面。为了能娶到许千金，“土豪”酋长冯盎花费巨资，撬动了许敬宗的金口，让他答应把女儿嫁给既无门户又无才华的冯公子。

消息一出，立刻像捅了马蜂窝，大家都在一口锅里吃饭，怎么能允许发生这种败坏自身阶层名声的事情！御史言官群起而攻之，看到群情激愤，皇帝便下令贬黜许大人为郑州刺史。

有人喜欢钱财，有人则偏偏看重“准”女婿的才气，不看门第家世，只看小伙子的个人人品和自身才学。

太宗时期，大将军薛万彻屡建奇功，太宗皇帝对他颇为赏识。薛万彻刚开始是隋朝的将领，因为能征善战被曾经的太子李建成收留。李建成被诛杀后，薛万彻作为太子党的重臣原本是要掉脑袋的，但因为太宗皇帝爱惜他的才华，才免予一死。后来万彻为大唐开疆拓土，贡献了不少力量。

李世民打心眼里喜欢这位能打的将军，就把自己的亲妹妹丹阳公主嫁给了他，自然是一分彩礼没要，还给了不少嫁妆。

“人红是非多”，不少人嫉妒薛万彻的人生际遇，时不时在李世民面前说薛万彻的坏话。什么薛驸马是个大老粗没有什么文化，薛驸马就是一介武夫没有一点才气。这些话李世民听了是左耳进右耳出，但传到丹阳公主耳朵里，公主就觉得有这样的老公让她在姐妹们面前抬不起头，于是越看自己的丈夫越不顺眼，一连好几个月，都不跟自己丈夫一起吃饭。

这事传到太宗皇帝那儿，太宗哈哈大笑，决定帮帮自己的妹夫。

一切准备妥当，太宗皇帝安排了一场家宴，请儿子儿媳、女儿

→三彩陶仕女俑

↓彩绘陶仕女俑

→ 挥扇仕女图（局部） 唐 周昉（传）

↑ 挥扇仕女图 唐 周昉（传）

← 挥扇仕女图（局部） 唐 周昉（传）

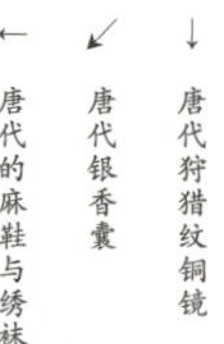

↓ 唐代狩猎纹铜镜

↙ 唐代银香囊

← 唐代的麻鞋与绣袜

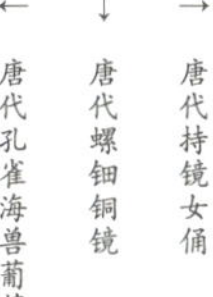

→ 唐代持镜女俑

↓ 唐代螺钿铜镜

← 唐代孔雀海兽葡萄镜

↓ 唐代螺钿梳背

← 唐代琥珀凤纹簪饰

↑ 唐代仕女图

女婿、妹妹妹夫这些家人都来参加宴席。

等到宴席一开始，太宗皇帝频频与妹夫薛万彻推杯换盏，逮住机会就夸薛万彻功劳大、品德好，是众人的榜样。皇帝带头，旁边的亲戚们也都纷纷向薛万彻夫妇敬酒。

“这样吧，光喝酒也没什么意思，大家一起来下棋！”酒过三巡，太宗皇帝说道，“下棋肯定有输赢，拿我的佩刀作为赌注。”说着就把自己的佩刀从腰间取了下来。

毫无悬念，太宗皇帝假装输给了薛万彻，把自己的佩刀当众送给了他。家宴氛围如此活跃，丹阳公主心里很高兴，自己的丈夫薛万彻在亲朋面前给自己赚足了面子。

酒宴散后，原本一个坐轿一个骑马的薛万彻夫妇骑着同一匹马打道回府。打这儿起，夫妻二人便恩爱有加。[1]

睿宗时期，润州刺史韦铣出身长安城名门望族——韦氏家族。该家族中出过不少皇后、宰相。按照一般情况来

唐太宗问许敬宗曰：『朕观群臣之中，惟卿最贤，人有议卿非者，何哉？』敬宗答曰：『春雨如膏，农夫喜其润泽，行人恶其泥泞；秋月如镜，佳人喜其玩赏，盗贼恨其光辉。天地之大尤憾，而况臣乎？臣无肥羊美酒以调和众口是非。且是非不可听，听之不可说。君听臣遭诛，父听子遭戮，夫妻听之离，朋友听之绝，亲戚听之疏，乡邻听之别。人生七尺躯，谨防三寸舌；舌上有龙泉，杀人不见血。』帝曰：『卿言甚善，朕当识之。』——《贞观政要》

1 〔唐〕刘餗撰，程毅中点校：《隋唐嘉话》卷中，中华书局 1979 年版，第 25 页。

看，韦铣的女儿必定是要找一位“高富帅”小伙做自己的如意郎君。

但是当不少“高富帅”小伙来求亲时，韦铣问了几个问题就把人打发走了。等人走了之后韦夫人问他到底是怎么回事，韦铣说我选女婿看重的是人品，并不在乎家世和钱财。

这天韦府搞聚会，韦大人带着夫人小姐一起站在自己府中的小阁楼上登高远眺，看看风景品品茶，好不惬意。

望着望着，韦铣瞅见远处一户宅院里，几个人正在挖土，韦铣好奇，想看看他们究竟在干什么。

只见这几个人刨出一个大坑，将不少大肉块扔了进去。韦铣心里起疑，唤来手下官员，指着那户人家，问道：“你看看那户是谁家的宅院？”秘书眯缝着眼瞅了半天，说道：“韦大人，那是参军裴宽*的家。”“那你把他叫来。”韦铣说道。

不一会儿，裴宽来到韦府拜见韦铣，看见裴宽前来，韦铣问道：“你怎么在家中挖坑埋肉，所为何事？”

一听韦大人问这件事情，裴宽答道：“今天一大早有人在我们家门口放了几块鹿肉，送肉的人放下就走，我们家仆人追都没追上，我实在是

*裴宽（681—755），河东闻喜（今山西省闻喜县）人。唐朝大臣，生性聪敏，官至礼部尚书。善骑射，尤工文词。

想退但是没有退处。大人见笑，我裴宽虽然官职不大，但是不敢玷污了自己为官的名声，就命家中的仆人把这些鹿肉埋到自家后院，不承想，让刺史大人看见了。”

韦铣心里高兴。又问道：“裴参军是否婚配？”

“还未婚配。”裴宽说。

一听这话，韦铣便笑着说道：“我韦铣有一女，愿意嫁给裴参军为妻。”

裴宽没料到刺史大人说出此话，先是一愣，随后连连拜谢。

韦铣让裴宽第二天正式登门提亲，不用带什么彩礼，跟亲戚朋友都见个面，就算是正式成为韦家的家庭成员了。

天上掉下来个媳妇，裴宽心里高兴，隔天穿着官服早早来到韦府，韦家的亲戚朋友一看裴宽的模样，“扑哧”一声，都乐了。干瘦的裴宽穿着略显宽松的绿色官袍，活像一只“碧鹳鹊”，大家伙儿都觉得这滑稽的家伙怎么能成为韦家的女婿？把韦夫人气得鼻涕眼泪直流。

把亲戚朋友都送走以后，韦夫人死活不同意这门亲事，韦铣正色说道：“我要把自己的女儿嫁给贤达的公侯为妻，你不要以貌取人！”

“不要高富帅，只要高品德”，韦铣执拗地把自己的女儿嫁给了裴宽。婚后，夫妻二人恩爱有加，裴宽最后官至尚书。

看来在唐朝娶媳妇，不是只靠天价彩礼，也得靠自身过硬的实力。

不会做诗难迎亲

无论对谁而言，能碰见与自己同舟共济的另一半，都是一件幸福美好的事情。

两个人从相识、相知、相爱再到白头，从结婚那一刻起就系上了共同的情丝带。

跟其他朝代一样，大唐的民意主流也是讲究“父母之命、媒妁之言”的，可也有的父母却开明到让女儿自己来挑女婿。

玄宗朝，有各种关于宰相李林甫*的小道传闻。作为玄宗朝在位时间最久的宰相，独断

*李林甫（683—753），宗室成员，官至宰相。在任期间，独揽大权，排斥贤才，闭塞言路，是导致唐朝由盛到衰的关键性人物。

专权的他在各个阶层的“风评”都不是很好。“口蜜腹剑”这个成语就出自唐人对李林甫的评价。

这样一位玩弄权术的高手，在女儿的婚姻大事上却讲究起了“民主”——放手让女儿自己做主。

李林甫有六位千金，性格各异，姿色不同。求亲的人都快踏破李府的门槛了，但李林甫一个也没答应。为了给女儿创造良好的选夫环境，他命人在待客的大厅旁专门开辟出一间小屋子，在屋子面向大厅的方向凿一扇窗户，遮上红色纱幔，透过纱幔，可将大厅里面的动静一览无余。

作为当朝权臣，李府最不缺的就是登门拜访的人，每当有青年才俊登门求见，李林甫是来者不拒，一律接见，让女儿们坐在小屋里对这些男青年品头论足，挑选自己的意中人。用这种独特的“相亲”方式，让女儿们与青年才俊结识。

只是像李林甫这样在子女婚姻问题上讲究“民主”的父母在有唐一代并不多见。

定了终身大事，就该办每个人都得经历的人生大事——结婚了。

在唐朝参加亲朋婚礼，你可能有些不习惯。与现代人大多选择早上、中午结婚不同，有唐一代遵循古人传统，选择在晚上举行婚礼。结婚结婚，是“昏时行礼”之意，男以昏时迎娶，称之为婚；女因男而来，称之为姻。要是不在晚上举办婚礼，讲究礼法的唐朝人会认为这是亵渎礼仪的行为。

太宗时期，李世民对自己与长孙皇后所生的女儿城阳公主疼爱有加。与全天下的父亲一样，李世民也希望自己的女儿有一个好的归宿。选来选去，他决定把城阳公主嫁给股肱之臣杜如晦的儿子杜荷。杜如晦是李世民的左膀右臂，从太原起兵时起就一直跟在李世民身边，李世民跟他的关系自不必多说。把女儿嫁给杜如晦的儿子，一来是为了在君臣二人之间再添一房儿女亲家的关系，二来是想让自己的宝贝女儿有个好归宿。

按照流程，结婚前要请人占卜，以此来挑选结婚的吉日和吉时。占卜的人拿来二人的生辰八字一合，对太宗皇帝说道："陛下，公主与驸马同属火命，相互反冲，只有在白天结婚才能避免灾祸，大吉大利。"

李世民一听，便有意将二人举行婚礼的时间选在白天，他正琢磨着不说话，站在一旁的宰相马周明白了太宗的心思，上前一步说道："陛下，朝觐、讲习、婚礼，这些事情都是有固定时间的，自古以来人们都把婚礼放在晚上，是为了让二位新人能够相亲相爱。如果擅自修改时间，会造成极大的混乱，这样怠慢礼法，会亵渎圣人，二位新人以后会得不到幸福。"

到底是皇帝身边的近人，明白皇帝心中的顾虑。马周这一席话让太宗立马打消了想调整婚礼时间的念头，太宗采纳了他的意见，公主和驸马还是在晚上举行了婚礼。

确定好了婚礼时间，接下来就该履行各项流程了。一场"正宗"的唐朝婚礼，从结亲到拜堂再到婚后第二天拜姑舅，既烦琐又有趣，考验物力财力更考验知识水平。

夫家人组成的迎亲队伍一路吹吹打打簇拥着新郎官前往新娘家。到了新娘家门口，照例会碰上紧闭的大门，新娘子还在娘家梳洗打扮。无论外面人喊声多响，新娘家的大门就是不开，因为新娘说自己的妆容还没有画好呢！

这时，新郎官就把早已准备好的“催妆诗”拿出来。与合辙押韵的日常唐诗不同，婚礼上的催妆诗写得诙谐幽默、通俗易懂即可。比如这首：

昔年将去玉京游，
第一仙人许状头。
今日幸为秦晋会，
早教鸾凤下妆楼。

新娘心里早已小鹿乱撞，但是任凭屋外怎么喊她她就是不能出门，因为娘家人还得“修理”一下新郎官。

这个时候新郎官单给新娘亲友们发彩钱还不行，杖打、调笑，各种“欺负”新郎的招式轮番上演，大喜的日子，无论怎么“恶搞”，新郎都得乖乖受罚。

只是“恶搞”也讲究一个尺度，唐朝人也曾因闹婚无度而酿成惨剧。

玄宗时期，长安城周边郊县人王甲娶亲，兴高采烈地到了新娘家，按照规矩他肯定要被捉弄一番。两位娘家人“麻利”地把王甲塞到了木柜中，捉弄起新郎，任凭新郎如何叫喊娘家人就是不开柜门，没一会儿柜子里面就没了动静。大家这才慌了神，七手八脚地把柜门打开，发现新郎已经被闷得气绝身亡了。一辈子就办一次的婚礼，却让“婚闹”搅得喜事变成丧事。

就这样一通操作过后，历经千辛万苦的新郎才跟新娘见上面，把新娘接到用帷帐装饰的婚车上。然后新郎官要翻身上马，骑着马绕着婚车走三圈。

绕完车，新郎带着新娘准备出发时，娘家人组成的拦亲队伍会“准时”出现在前方。这种“障车”的行为跟现代人拦婚车一样，无非就是想表达一下对新娘的不舍，顺便再讨点钱财。

中宗时期，还在守寡期的安乐公主准备嫁给武承嗣的儿子武延秀。武延秀是公主前夫的亲堂弟，曾经作为“和亲”使者在武则天朝时被安排去少数民族跟当地首领的女儿结婚。可少数民族首领一看，这位怎么姓武？我们要的是李唐宗室的青年才俊，就被人家给“退货”了。

回到长安城的武延秀闲来无事到堂哥家去串门。他白白净净，又精通少数民族语言，时不时还冒出几句。就因为这些本事，武延秀跟安乐公主眉目传情，关系有了实质性进展。

武延秀的堂哥去世还没百日，安乐公主就“白衣”换“红装”，开开心心地准备嫁给心上人。

作为中宗皇帝和韦后的小女儿，因其生在李显和韦后被贬黜的路上，所以

催妆　徐安期

传闻烛下调红粉，明镜台前别作春。
不须面上浑妆却，留著双眉待画人。

《全唐诗》卷七六九

帝后对安乐公主宠爱至极。虽然是“二婚”，但是帝后依然按照皇后的仪仗送安乐公主出嫁。

等到结婚之日，帝后二人亲临安福门观礼，命皇帝亲弟弟——相王李旦（日后的睿宗）作为娘家人的代表去“堵”接亲队伍的道路。可见唐朝皇帝家结婚也有“障车”这一习俗。

武延秀一见相王李旦来“障车”，便大笔撒礼钱，送出的金银珠宝、丝绸玉帛不计其数。

原本图吉利图喜庆的事情一跟钱财扯上边，就从美好愿望变成灾祸现场，“美愿”变“恶俗”。唐朝的一些官吏见有利可图，也加入“障车”的队伍中，带头要钱。武驸马“不差钱”能负担得起“障车钱”，可一般老百姓如果遇到这种情况只能自认倒霉。

玄宗时期，安南都护府的领导崔玄信让自己的女婿裴惟岳替自己管理安南都护府下属的爱州。裴公子到任，只干一件事——敛财，只要能赚钱的行当，都要涉足。当然他也把眼光投到了老百姓结婚时的“障车”仪式上。

安南都护府设在今日越南的河内，那地方天高皇帝远，少数民族聚居，仗着大唐帝国的威严，裴公子在那里作威作福。

有一次少数民族的首领迎娶新娘，裴公子命人当起了娘家人，把迎亲队伍一堵，张口就要一千匹的绫作为“障车钱”。绫是丝绸的再加工品，因为其产自吴越地区，与安南相距甚远，所以十分贵重少见。裴公子狮子大开口，一要就是一千匹，着实难为人。首领没办法，东拼西凑，最终也只凑到八百匹。

裴公子一听底下人的来报，说那位首领只拿出了八百匹绫，心中不快，就把新娘子掳回府上，“捉弄”了三日才把新娘放回了家。首领哪里还肯娶，清白受辱的新娘哭着闹着要自尽。

一门好好的亲事，被当地主政者折腾得哪里还有喜字可言？

打发走了“障车”的亲友，新郎才算正式接亲成功。走到新郎家院门口，按照习俗，新娘的脚不能挨地。早已为新娘铺好的几块毡毯头尾相连，摆放在下车处。不过毡毯的长度要远远小于进屋道路的长度，一位夫家的妇人会在后面把新娘已经走过的毡毯揭起，再续到最前面的毡毯头部，让新娘一路踩着进屋。

在屋门口，一座马鞍横在门前，这种少数民族的结婚习俗早已渗透到大唐的千家万户，跨过马鞍象征着小两口能够在今后的生活中恩恩爱爱平平安安。

新娘进了门，夫家的长辈们沿着新娘走过的足迹也进了门。其实夫家的长辈们会早早从偏门出去绕到大门处，等新娘下车从大门进来后，才沿着新娘进门的足迹走进来，意为“压一压”新娘的锐气。

近代婚嫁有障车、下婿、却扇及观花烛之事，及有下地、安帐并拜堂之礼。上自皇室，下至士庶，莫不皆然。——《封氏闻见记》卷五等新娘进了屋门，就轮到夫家人来“欺负”新娘了，毕竟是娶进门的媳妇，大家不会像欺负新郎那样动辄棍棒伺候、塞进柜子，最多在言语上戏弄一下新娘。

唐朝的婚礼并不在屋内举行，这也是少数民族的习惯。夫家会在自家院前找一块干净的空地，拿青布搭一间大帐篷，请大家吃席、看演出，前来道喜的亲朋好友聚在青帐里观赏婚礼。

进行到这里，“正宗”的唐朝婚礼才进入核心环节。吉时已到，婚礼正式开始，小两口拜堂。跟现代人结婚要拜父母不同，唐朝人结婚当天只有夫妻对拜的环节，而且在“女权主义”盛行的武则天时期，男方要双膝跪地行礼，女方只用站立行礼。

小两口行完礼，亲朋们会起哄，要看看拿扇子遮面的新娘子到底长什么样。想让新娘拿掉扇子凭的可是真才实学，得吟诵一首让新娘满意的诗篇。新郎一时半会想不出来，也可以请亲友中的文人墨客代劳。

“福建文坛盟主”黄滔在参加朋友婚礼的时候就替朋友做过一首“去扇诗”。

城上风生蜡炬寒，锦帷开处露翔鸾。
已知秦女升仙态，休把圆轻隔牡丹。[1]

这首诗的意思是说这么好的牡丹就不要用扇子隔着了，快让大家伙一起来看看真容。

新娘的庐山真面目露出来后，小两口开始同食、同饮，喝交杯

1 〔清〕彭定求：《全唐诗》卷七〇六《去扇》，中华书局1960年版，第8131页。

酒当然是必不可少的环节，意味着两人要一起开始共同的生活。

吃完饭饮完酒，小两口被簇拥着进了洞房。进洞房不是仪式的尾声，而是再次检验新郎文化水平的又一次考试。在新娘卸头饰、簪花、宽衣的时候，新郎都得吟诗，真是难为了唐朝的新郎们。

宽衣等程序全部完成，这一天的婚礼才算是画上了一个句号。不过，作为“甜蜜的烦恼”，唐朝的小哥哥们会把烧脑、漫长且考验体力的婚礼程序踏踏实实地走下去。毕竟“抱得美人归”是人生最重要的事情之一！

唐朝的离婚协议

历史的车轮沿着时间轨道不断朝前，当走到唐朝这个节点上时似乎跑偏了一点——总在一些关键方面跟其他朝代不一样。

比如婚姻。

唐朝法律明文规定，男性可以因为妻子无子、淫乱、不孝顺父母、盗窃等七种情况休妻。因感情破裂等原因，女性也可以提出离婚。

现代人提到离婚，大多数情况下都是不愉快的，夫妻双方甚至会闹上法庭、大打出手、老死不相往来，等等。可不少唐朝人在离婚这件事情上，本着好聚好散的原则，大度到在离婚协议上写下自己对前妻的祝愿，像什么长命百岁，能再找一个高官老公之类的内容。

宣宗时期，作为丝绸之路上的重要中转城市，敦煌城内聚居了不少文人、商人。

城内的一处宅院大门紧闭，夫妻二人坐在屋内心平气和地讨论着“离婚”以后的各项事宜。

男方从怀里摸出来一份协议递到女方的手上，说道：“这是咱俩的离婚协议，你看看有什么不妥。”

女方接过来展开一看，上面工工整整地写道：

“你我二人因媒人介绍结为夫妻，恋爱的时候恩深义重，伉俪情深。因为前面三世修来的姻缘，让我们今生相遇，婚后我们如恩爱的鸳鸯，如胶似漆，恩爱至极，两个人一条心，共同为未来的生活努力奋斗。

“可是我们结婚三年，也吵了三年。

“我想咱俩可能是前世的冤家，所以总是因为鸡毛蒜皮的事情吵架。你做妻子的一句话能说不下三十遍，我作为丈夫在咱俩吵架时也没有表现出足够的耐心，导致两个人心里面总是疙疙瘩瘩。

“你说咱俩像不像猫和老鼠，是彼此的冤家，还是像小羊和灰狼一样在一起生活?

“既然走到了同床异梦这一步，咱俩是回不到过去同心同德的时候了，所以我们将共同告诉亲朋好友，你我准备在此别过，今后你走你的阳关道，我过我的独木桥。

“毕竟我们夫妻一场，我也衷心地希望在我们离婚了以后，你能把自己打扮得漂漂亮亮，恢复到窈窕淑女的模样，再觅到一位高官作为夫婿，祝你们俩琴瑟和鸣、百年好合。

“打今天起咱俩就算是正式离婚了，我们一别两宽，给彼此一条明路，皆大欢喜。

“之前咱们已经商量过，在财产方面，我将给你三年的衣物和粮食，这个你放心，我准备妥当后马上兑现承诺，绝不耽误！

最后祝娘子千秋万岁，永远美丽！”

一份离婚协议，却写得浪漫中带点幽默，幽默中带点释怀，最后还“心大”地送上了祝福。

女方捧着协议看了半天，也没什么异议。

“那就在离婚协议上签上你的名字吧，明天我就去知会亲朋好友。”男方说道。

双方提笔签字，这婚就算是离了。

其实这样的离婚协议在唐朝屡见不鲜。

在离婚这件事情上，唐朝的女性也掌握着相当的主动权，如果觉得自己的老公不够优秀，那么普通妇女可以向官府申诉主动“休夫”。

玄宗时期，抚州城书生杨志坚苦读多年一直考不中功名，以务农为生的他和母亲相依为命，靠着几亩薄田勉强糊口。乡里乡亲欺负杨家人没出息，碰见一点事情就挤兑母子二人。

杨志坚早过了婚配的年龄，男大当婚，做母亲的自然很着急，砸锅卖铁拼了老命总算为杨志坚说下一门亲事。

简单举办过婚礼之后，小两口开始在一起过日子，正所谓“贫贱夫妻百事哀”，时间一长，原本恩爱的夫妻在感情上也出现了裂隙。杨妻越看自己老公越不顺眼，嫌弃他又穷又没本事，没几天，就跟“隔壁老王”在一起了。

想要地下情变得长久，杨妻便开始和杨志坚闹离婚。不过杨志坚对妻子怀有很深的感情，他苦苦挽留，怎奈杨妻铁了心要离。眼见协议离婚这条路走不通，杨妻一纸诉状，把丈夫告到了官府，要求强制离婚。

你说巧不巧，抚州的刺史是有名的大书法家颜真卿，因为得罪了当朝权臣元载，刚正不阿的他被贬黜到抚州做了一任地方官。

升堂之后，颜真卿接过杨妻递上来的离婚申请，问道：“你为何要离婚？”

杨妻不敢说实话。因为在唐朝，官府对读书人还是比较保护的。她答道：“我们夫妻二人感情早已破裂，所以请大人为我做主！”

颜真卿瞧杨妻眼神游离，觉得她没说实话，所以没有当堂公布结果，派人秘密调查杨志坚和妻子到底是怎么回事。

查来查去，真相很快水落石出。

再次升堂，看着堂下的杨妻，颜真卿勃然大怒，说道：“本官已经调查清楚，原来是你自己不愿承担当妻子的责任，嫌贫爱富！来啊，给我重责二十棍！”

一顿乱棍，把杨妻打得不轻。可能是颜真卿觉得娶这么一位妻子实在太委屈读书人了，最终还是让二人离了婚。

有离婚的，自然就有复婚的。

文宗时期，大臣萧敏因为身体的原因和妻子吕温之女离了婚。婚是离了，但感情还在。

几年后，到了武宗当政时期，萧敏的病算是好利索了，就想跟前妻重续前缘。“说出去的话，泼出去的水”，更何况是离婚这种人生大事，又怎能儿戏。

情急之下，萧敏找到了前妻的亲叔叔——吕让，二人同朝为臣，之前也算有亲戚关系，关系一直走得很近。

“吕大人，小人今日前来有一事相求啊！”一进吕府大门，萧敏开门见山地说道。

“萧大人所为何事，尽管说来便是！”吕让笑着说。

“小人之前万般无奈，因为身体不好不想拖累妻子，故此与她离了婚，但我和她情意还在，如今病已痊愈，我想跟她复婚。只是我自己写复婚申请显得我一厢情愿，还求吕大人能上书陛下，请陛下成全我，和她再续前缘。”萧敏说道。

吕让满口答应下来，第二天就给武宗皇帝打了一份“萧敏吕温女复婚报告”。

没几天，武宗皇帝批准的诏书就送到了萧敏手上。萧吕二人再续前缘，成功复婚。

“离婚自由”这句话在大唐不是空谈，人人都说大唐社会开放包容，这离

送妻　杨志坚

平生志业在琴诗，头上如今有二丝。渔父尚知溪谷暗，山妻不信出身迟。

荆钗任意撩新鬓，明镜从他别画眉。今日便同行路客，相逢即是下山时。

《全唐诗》卷一五八

婚、复婚不就是开放包容具象的表现吗?

作为帝王家的金枝玉叶、大唐社会的“女性标杆”，公主们在处理婚姻问题时更是将开放进行到底。

离婚、复婚，这都不算什么，还有两位公主结过三次婚。其中一位去世以后都不知道该跟哪位老公葬在一起。

玄宗时期，一天大早，驸马爷王繇急匆匆地来到兴庆宫，面见玄宗皇帝。

作为玄宗长女的丈夫，王繇从不招摇过市，夫妻二人老实本分，玄宗皇帝对他们颇为疼爱。

王繇进宫见到皇帝，奏报了一件事情，让玄宗皇帝听罢一时间拿不定主意。

原来王繇母亲、中宗的女儿定安公主去世，但这位公主一辈子结过三次婚，到底该跟哪位丈夫葬在一起，让玄宗皇帝犯了难，因为律法没规定而且之前也没有先例!

作为中宗皇帝李显的第三位女儿，定安公主虽然不是韦后所生，但她在武则天朝时，就已经被封为定安郡主。到了婚配年龄后，嫁给世家子弟王同皎，两人育有一子王繇。

一旦娶了皇家血脉，自然就跟政治脱不了干系。在“神龙政变”时，王同皎等人率羽林军直奔东宫，找岳父李显，请他以李唐王室和太子的身份指挥军队，让天下重新姓“李”。可他这位岳父被坑怕了，死活不答应，王同皎动之以情晓之以理，李显最终才勉强答应。脚刚一迈出门，李显就被王同皎直接抱起，放到了马上。

作为拥立李唐王室复位的功臣，政变过后，夫妻二人都升了官，定安郡主成了公主，王同皎成了驸马都尉。

虽然天下姓了李，但是权力却仍然掌握在韦后和武三思的手里。王同皎性格耿直，对朝中附庸韦武的风气极为不满，特别是对红透半边天的武三思，王同皎打心眼里厌恶，决定在武则天葬礼上除掉武三思。

谁知事情败露，中宗皇帝斩杀了女婿王同皎，定安公主一下成了寡妇。不过“皇帝的女儿不愁嫁”，韦后很快就给定安公主找到了新夫婿——韦家的韦濯，这位是韦后的族弟，两人婚后育有一子韦会。

与嫁给王同皎不同，公主与韦濯纯粹是因为政治原因才结的婚。不过政治婚姻也有政治婚姻的“短暂好处”，因为成了韦后的人，所以定安公主也风光起来，跟姐妹安乐公主等人干起了卖官鬻爵的事情。

之所以称之为“短暂好处”，是因为没过多久，中宗去世，太平公主和李隆基联手将韦后诛杀。作为韦后同党，韦濯自然不能幸免，而定安公主和孩子因为是皇亲而躲过了一劫。

第二次婚姻也“被结束”的定安公主，又嫁给了世家子弟崔铣。同为世家子弟，崔铣家比王同皎家要厉害得多，崔铣出身名门望族博陵崔氏。魏晋南北朝至唐朝初期，按士族门第排序，崔姓居首位，连李姓也要屈居其后。

定安公主和崔铣在一起生活了二十多年后，先于驸马崔铣去世。但去世以后究竟应该葬在哪位丈夫身边，王繇跟自己的“后爸”崔铣起了争执，王繇想让母亲跟自己的父亲王同皎葬在一起，而崔铣认为定安公主已经嫁给了自己，如果将她葬到王同皎的墓穴，自己百年之后难不成要做孤魂野鬼？

王繇找自己岳父申诉，崔铣也找皇帝申诉。玄宗皇帝没主意，只好召来群臣集思广益，看如何办才好。

给事中夏侯铦对王繇说道："定安公主已经改嫁，跟崔铣生活了这么多年。可以说生是崔家的人，死是崔家的鬼。就算公主肯跟你爹葬在一起，只怕你爹也不愿意啊！"[1]

此话一出王繇可被气坏了，哪有这么说话的！可现场的其他臣子也同意夏侯铦的观点，认为虽然他话说得难听，但是道理确实是这么个道理。

最后，定安公主到底还是跟现任丈夫崔铣葬在了一起。

跟定安公主有同样"三婚"经历的还有玄宗的女儿齐国公主。根据"唐朝大数据"显示，在两百多位成年唐朝公主中，经历过两次婚姻的就有将近三十人。

唐朝社会风气虽然开放，但是婚姻不易，择一人到白首，才是世界上最幸福的事啊！

1 〔北宋〕欧阳修、宋祁：《新唐书》卷二〇一《崔铣传》，中华书局1975年版，第5735页。

买房安居

无论是读书求学、为官从政，还是娶妻生子，都需要房子。房子是人们安身立命的重要场所，一个人贫穷也好，富贵也罢，都离不开房子。据统计，人一生百分之六十以上的时间是在住宅中度过的。有了属于自己的房子，才能真正实现『安居乐业』的目标。生活在现在的我们格外关心住房问题，在唐朝，同样也要面对这样的问题。唐朝城市化的倾向已经比较明显，长安作为唐朝的国都，总面积已经达到八十四平方公里，常住居民在百万以上，加上流动人口，总人数达数百万之多。东都洛阳、北都太原及扬州、益州（成都）、广州也都是人口较多的大城市。这些地方住房比较紧张。回到大唐，不知你想定居在哪里？是租房还是买房？各位！在唐朝，租房不如买房。但买房也不容易。尤其是大城市，房价高得惊人，买房需要办理一定的手续，装修也要具备一定的知识。你可得提前做好准备。

水泉花木好高眠
嵩少縱橫滿目前
惆悵人間不平事
今朝身在海南邊

唐汪遵題李太尉平泉莊
辛丑十月楊國慶書錄

几位房主的血泪史

什么是普通青年的信仰？房子。

有多少刚步入社会的年轻人只有一个心思：存钱，买房。“房”意味着“家”，“家”则意味着“幸福温馨”。因此买房就成了每个人奋斗拼搏的源泉和动力。

在唐代，这一社会现象同样存在。唐长安城的房价是多少？长安城以外“三、四线城市”的房价又是多少？

始我来京师，止携一束书。
辛勤三十年，以有此屋庐。[1]

1 〔清〕彭定求：《全唐诗》卷三四二《示儿》，中华书局1960年版，第3836页。

当大文豪韩愈*用颤抖的双手写下这篇《示儿》的时候，他已经因病退休了。可想而知，韩愈攒了三十年的钱才买到一间屋庐到底是怎样的心情。

韩愈出身官宦世家，祖辈都做官，所以韩愈从小就立志考进士去当官。怎奈时也运也命也，他一连考了四次才终于进士及第。可考中进士只是拿到了进入官员体系的门票，还得通过吏部考试才能真正进入唐朝官员体制。怎奈他连考几次都没考过，只好到地方藩镇做了小官，这才正式成为一名大唐官员。

进入体系的韩愈很快崭露头角，三十五岁的时候他坐到了七品监察御史的位置，后来历经宦海沉浮，在年近六旬的时候因病告假回家，才在长安城靖安里买了一座宅院。

韩愈的官做得确实不小，虽然历经坎坷，可终归也是皇帝的眼前人，其工资俸禄自然不低。除此之外，韩愈因为文采好，还承接了很多私活，比如给人写墓志铭，获得了丰厚的报酬。赚着高工资加外快的韩愈在临终前才在首都买了房，可以想见，平民百姓要想在长安这种超一线城市买房子怕是势比登天。

各位先不要吃惊，再来看看白居易大人的“买房记”。

与韩愈出身官宦世家不同，白居易的家庭出身比较一般，爷爷和父亲只做过县令之类的小官。不过白居易从小天资聪慧，埋头苦读了十二年，读得是口舌生疮，头发花白，二十岁小伙子看着跟四十岁的“大叔”一样。

为了参加科考，白居易来到了帝都长安，拿着诗集去拜访文化圈的领军人物——顾况。顾大诗人拿起诗集还没翻开，看见封面上的名字“白居易”三个字，随口说道：“这长安的物价可不低呀，要想在这儿居住下来不容易。”

居易居易，居住下来不容易。

毕竟有求于人，白居易也不敢搭话。顾况翻开诗集，当看到“离离原上草，一岁一枯荣。野火烧不尽，春风吹又生”这几句诗的时候，连连叫好，马上说道：“能写出这么好的诗句，在这里居住下来岂不是很容易的一件事？”

居易居易，居住下来很容易。

这文人就是文人，话怎么解释都能说得通。

白居易三十岁出头时，终于通过各种考试进入官员体系，做了一名校书郎。随着官越做越大，白居易的收入也是越来越多，但他当时也只能租房子。他租的第一套房子在常乐里，只有“茅屋四五间”。房子虽然不太大，但对入仕不久的白居易来说，已经相当不错了。因此，他在诗中写道：“俸钱万六千，月给亦有余。既无衣食牵，亦少人事拘。”[1]

校书郎任职期满，白居易处于失业状态。他与元稹租住在永宗里华阳观，发奋读书，准备参加科举考试。元和三年，白居易娶杨虞卿堂妹为妻，结婚时没有新房。两年后，他当上了京兆府士曹参军，迁居宣平坊。直到长庆元年，他才在长安城中买了房子。当时，白居易五十岁，来到长安已经二十年了。

白居易买的房子在新昌坊，环境不错。他在《小居》诗中写道：“游宦京都二十春，贫中无处可安贫。长羡蜗牛犹有舍，不如硕鼠解藏身。且求客立锥头地，总似漂流木偶人。但道吾庐心便

---

1 〔唐〕白居易撰，谢思炜校注：《白居易诗集校注》卷五《闲选一》，中华书局2006年版，第447页。

足，敢辞湫溢与嚣尘。”[1]

白居易算是幸运的。出身于河东裴氏家族的宰相裴度，“历十一官，而无宅于都，无田于野”，一生都未能在长安买到属于自己的房子。这种高级官员“无所居”的情况，不是个案，而是普遍存在的。

有一次，穆宗皇帝接见内侍省的官员，询问退休官员待遇的事情。内侍省的官员回答道：“现在登记在案的高级别退休官员一共有四千六百一十八名，可是只有一千六百九十六人有固定的居所，其余退休的大人们都比较贫困，买不起房。所以臣启奏陛下，能否以朝廷的名义赐给各位大人一定的衣物和钱粮，以示朝廷对这些老臣的关怀？”穆宗皇帝立刻批准了他的建议。[2]

买房子确实是件大事。在唐朝，即使能混个一官半职，有固定的收入、奖金、田地等福利待遇，可想在长安城买套商品房，几乎是不可能的事情。所以，千万别抱怨现在的房价高，一线城市的超高房价是不分年代而存在的。

长安城作为帝国的首都，房价高得离谱还算情有可原，毕竟这里豪门林立，富贵云集，加上长安城本身地皮稀缺，房价高也不足为奇。

各位心里一定在盘算，首都的房我买不起，去三、四线城市买总可以吧？

有这种打算的人怕是要失望了。

---

1 〔唐〕白居易撰，谢思炜校注：《白居易诗集校注》卷一九《律诗·卜居》，中华书局2006年版，第1518页。

2 〔五代〕刘昫：《旧唐书》卷一六《穆宗本纪》，中华书局1975年版，第477页。

宣宗时期，敦煌城一片祥和安定，南来北往的丝路货商们在这里中转休憩。

“急甩！慈惠乡地段优渥住宅一套！可立刻签订合同！”伴随着一阵阵的叫卖声，四周闲转的人们都围拢了上去。

“你这房子多少钱一平啊？”

“不贵不贵，两硕五升小麦（折合人民币大概是一千六百元）一平，附带全套的屋内家具，超级划算。”房主氾都和答道。

周围的人都笑笑不说话。

你千万不要被这个看似低廉的每平方米单价给蒙骗了。敦煌工薪阶层每个月的人均收入是两石小麦（折合成人民币大概三百元左右），唐朝又没有“五险一金”也不能在银行贷款买房，这种“一把付”的买房方式，一般的老百姓即使不吃不喝几十年也不可能办到。

房价再高，总有买得起的。

不一会儿，一位从中原来的商人就跟氾都和签订了房屋买卖的协定。

在唐朝，各级政府对房价都持一种放任自流的态度。因为唐朝政府的 GDP 是靠农业税收撑起来的，这种带不来实在好处的事情，各级政府是不会管的。既然是纯市场经济的产物，唐朝的房价必然会是“过山车”。

唐朝第十九位皇帝昭宗在位期间。

“二十八平方米小户型一套，售价见面详谈！可商量！”

一连吆喝了几声，也不见有人围观，房主张义全叹了口气，心里嘀咕着：这兵荒马乱年岁，保值不动产也不保值了啊！

第二天一大早张义全又到敦煌城里兜售自己的“小户型”，可算是找到一个接盘的，急急忙忙就签订了协议。

“原房主张义全二十八平方米住宅一套，现以五十硕小麦（折合人民币大概二百五十元一平方米）出售。”

得，只过了短短几年，敦煌房价便“断崖式”下跌，再跟宣宗朝时候的千元房价一对比，更显出一幅活生生的楼市“大崩盘”景象。

在唐朝进行房屋买卖，不要以为拿钱就能搞定，无论楼市是“牛市”还是“熊市”，这自己的房屋可不是“你想卖就能卖的”。

“求田问舍，先问亲邻”是唐朝各地房屋买卖的基本要求。

无论买地皮还是买房子，可不只是原业主和买家两个人的事，必须经过原业主整个家族的同意，还得再问问街坊四邻的意见，否则即使双方签了合同，在唐朝法律上也不被认可。

你可能会想，敦煌楼市大崩盘，是不是抄底的好时候？我劝你赶紧打消这个念头。唐朝晚期社会极度动荡，像敦煌这样的商业重镇地处各大势力范围的交会处，连年兵荒马乱，连最基本的生活都成了问题，谁又会把心思放在房产上呢？

虽然唐朝政府对房屋价格不干预，但是为了保障小老百姓能“安居乐业”，在立法层面也有一些保障措施。

农业是各个王朝的安身立命之本，大多数的唐朝百姓也都是以务农为生。唐朝政府规定，无不良记录的普通一家三口给一亩的宅基地，如果这个家庭又增加了三名家庭成员，还可以再给一亩；有各种不良记录的“贱民”，一家五口给一亩，如果这个家庭又增加了五名家庭成员，还可以再给一亩。这些宅基地都不用掏钱，由国家分配。

为了惩罚那些贪心的人，如果家里只有三口人，却非得占两亩宅基地的话，那只有棍棒伺候了，每多占一亩打十大板。

最令唐朝房主们头疼的事情莫过于交税。

要论收房产税，德宗皇帝是第一个“吃螃蟹”的人。

为了增加财政收入，德宗皇帝下令向首都的房主们征收房产税。而且别墅和民房的收税标准不同。上等房子，每年每间收两千文；中等房子，每年每间收一千文；下等房子，每年每间收五百文。房子越多，税负越高，朝廷为了防止房主“钻空子”，登记的时候瞒报，还鼓励其他人“举报”。一经查实，举报人可以获得丰厚奖励，被举报的人得交清税款不说，还少不了挨一顿打。

这政策一出，大批长安城的房主们都纷纷迁往外地。

买房不易，卖房不易，不过没关系，各位还可以租房住。

长安城的大街上有各种消息灵通的中介，可以给你提供一切有价值的房屋信息。比如当朝太子是幕后大老板的出租房。

肃宗李亨在当太子时，为了表达自己对佛教的崇敬，花三十万为一位高僧盖了一间佛堂，放经书、吃斋饭等功能，该房屋一应俱全。李亨颇有商业头脑，这长安城就是自己家的，随便用一块地盖栋楼不过是小事一桩而已。刚好佛堂外围还有一圈空地，李亨就命人在其上盖上房屋出租，收取租金。

可见玄宗朝长安城的租房业之火爆，连当朝太子也要插一脚，分一杯羹。

令人称羡的顶级豪宅

玄宗时期，素有“敛财能手”之称的王鉷*因牵连到谋反之事中被皇帝赐死。当时王鉷一人身兼二十余个职位，红极一时。一直以来王大人为了满足皇帝日益增大的花费需求，想方设法敛财，玄宗皇帝对他信任有加，委以重任。因此这样一位重臣被赐死的消息一经传出，朝野上下极为震动。

这天一大早，大理寺大小官员们奉旨来到长安城太平坊王鉷宅查抄里面的物品。不查不要

*王鉷（？—752），山西祁县人，名将王方翼之孙。官至京兆尹，权倾朝野，后坐罪被杀。

紧，原本以为两三天就能完工的事情，一干人等竟然查了十几天，也没搞明白王鉷家到底有多少间房子。

屋子多到数不清还不算什么，王家的一座小小的亭子都让诸位大人惊讶得呆立当场。

打眼一看，这座亭子并不特别，机关一开，里面的玄妙之处才显露了出来。亭子的顶部安置了可以出水的机关，经过匠人设计，可以让水流顺着亭檐向下流，就像是一圈珠帘挂在亭子四周。人们坐在亭子里，不仅私密性好，而且舒适度也高。仅此一项就让抄家的大人们叹为观止。

可见，要在长安城一览唐朝豪宅的样式，不一定非得去大明宫、太极宫这样的皇家宫殿。还有几位大人的宅子连皇帝公主见了都得竖起大拇指。

玄宗朝昌盛之时，皇帝的大舅哥杨国忠靠着堂妹玉环的关系一步步迈到了唐帝国的中枢位置。天宝十一载，杨国忠一个人兼任了四十多个职位。普通人谋得一个差事尚且得爬许久，国忠一人身兼这么多职务，其受宠程度可见一斑。

这么多官职在身，自然要住与自己身份

则天以后，王侯妃主京城第宅日加崇丽。至天宝中，⊠史大夫王鉷有罪赐死，县官簿录太平坊宅，数日不能遍。宅内有自雨亭，从檐上飞流四注，当夏处之，凛若高秋。又有宝钿井栏，不知其价，他物称是。——《封氏闻见记》卷五相匹配的住宅，杨国忠在长安城的住宅有两处，一处在宣阳坊，一处在宣义坊。

当时达官贵人们对熏香颇为推崇，杨国忠心说：“熏香算什么，我要盖一座散发天然香气的屋子。”于是便命人全国各地去搜罗上好的沉香香料和檀香香料，沉香和檀香都是大自然馈赠的珍贵礼物，不仅要机缘巧合，还得经过漫长的时间才能形成。

不管这些材料多么稀有难得，杨国忠也能利用权力获取。他用搜罗到的沉香来砌墙，用檀香来做屋子里外的栏杆，再用麝香和乳香调和成涂料来粉刷屋里的墙壁。这间用四种香料打造的建筑，被杨国忠命名为“四香阁”[1]。

屋子建造成这个样子，杨国忠还觉得不够，又命人在屋子周围种满了芍药花。屋内香气扑鼻，屋外花香四溢，杨国忠时时沉浸在香的海洋里。

有一次杨国忠邀请玄宗皇帝和杨贵妃到自己家里来赏花品酒，玄宗皇帝见到这座屋里屋外都香气宜人的“四香阁”忍不住夸赞：“爱卿你现在的生活水准如此之高，真是令我羡慕！”

你看，皇帝都不问问以杨国忠的俸禄是怎么把这座屋子建起来的，反倒夸他的生活有水准。

除杨国忠外，杨玉环的几个姐妹也在盖豪宅的道路上“你追我赶”，生怕自己住的房子没有其他人的好。特别是虢国夫人，盖豪宅“成瘾”，为了盖宅子甚至亲自上阵。

杨氏姐妹中的大姐秦国夫人因新宅院落成，邀请众姐妹去家

1 〔五代〕王仁裕撰，曾贻芬点校：《开元天宝遗事》卷下《四香阁》，中华书局 2006 年版，第 58 页。

中小聚。虢国夫人从姐姐的宅院回来以后是一百个不高兴，她怎么可能忍受得了自己的房子没有姐姐的大，没有姐姐的奢华？于是马上吩咐手下，把自己的宅子推倒了重建，要求只有一个——要比秦国夫人的宅院大且豪华。家仆面露难色，说道："夫人，您要说豪华，小的一定给您办好，可这土地面积就这么点，房子可怎么变大啊？"

虢国夫人马上说道："好办，你去把隔壁韦嗣立家给我拆了，他们家的地我要了！"

韦嗣立是谁？在武则天时期是相州刺史，在中宗朝官拜兵部尚书，后来唐玄宗即位，又做了国子祭酒，不仅一直手握实权，还是妥妥的"三朝元老"，门生故吏遍布天下。玄宗皇帝都得给这位老臣三分薄面，可他的房子，虢国夫人也是说拆就拆。

"咣！咣！咣！"

听到一阵急促的敲门声，韦嗣立的家仆打开了大门，正准备问话，一群人不由分说就冲进了院内，这架势把家仆吓了一跳。

"韦大人，韦大人，你在哪？"带头的这位女性拿着扇子边走边喊。韦嗣立连忙从屋内走出，定睛一看，马上施礼："不知道夫人光临寒舍，老夫有失远迎，还望恕罪！"

太平公主玉叶冠，虢国夫人夜光枕，杨国忠锁子帐，皆稀代之宝，不能计其直。——《明皇杂录》卷下虢国夫人答道："行了，你我都是邻居，你也是老臣了，虚的咱也别说了，我就开门见山，今天来就是通知你一声。"说着用手把假山池塘、亭台楼阁、大小房屋指了个遍，"你们家院子我要了，这些都得拆，你不用担心，我已经给你找好了新的宅基地，你就搬那儿去吧！"

韦嗣立往虢国夫人的身后一看，名义上的长安城管事京兆尹、凶神恶煞的衙差，还有平时在京城里口碑极差的虢国夫人家仆呼呼啦啦都来了。这哪里是通知的架势，分明就是要来个"现事现办"啊！

毕竟是三朝老臣，韦嗣立见过的阵仗也不少。他自知这些人不可强拦，于是闪在一旁把手一伸，做了个请的姿势。

虢国夫人说："韦大人，朝廷规定宅基地不能买卖，我就不给钱了，咱这也不算是买卖，京兆尹大人刚好来了，手续可以当场办。"

毕竟转让地契之类的手续还是得履行一下，才能名正言顺嘛！与此同时，虢国夫人的家仆们已经开始在一旁腾房子，把什么名木家具、瓶瓶罐罐、床单被褥都往大街中间一扔，就算是替韦大人搬家了。怎奈韦大人这位三朝老臣，碰见这种事情居然一点办法都没有。

没过多久，虢国夫人的新宅就建好了，果然比秦国夫人的宅院大且豪华。[1]

与杨国忠职务一样，宗楚客是中宗朝的宰相，他与韦后、武三思等人一起，逼死了太子李重俊。

杨国忠只是建造了一座楼阁，比起宗楚客新盖的宅院可差

---

1 〔唐〕郑处诲：《明皇杂录》卷下，中华书局 1994 年版，第 24 页。

远了。

宗楚客新宅落成，邀请长安城里的达官显贵去府里小聚。

各位大人刚上府门台阶，宗府大门就缓缓打开，一阵阵幽香即刻迎面袭来。大人们连连称奇，忙问站在门口迎客的宗楚客：“相爷，您这府门一开怎么如此之香，这宅院到底有何玄妙之处？”

宗楚客答道：“各位大人有所不知，我特地从各地找来了上好的香料，把它们混在粉浆中用来粉刷墙面，如此，这宅院上下飘散一点香气也就不足为奇了，请各位大人快移步到府内参观吧。”

四合院内各式土木结构的屋子，用松柏木料建成，雕梁画栋，窗檐、立柱都镌刻了别致的纹路。

“各位大人，小心地滑。”宗楚客在一旁提醒道。

大人们低头一看，地面上规整地铺着磨文石，打磨过的石头如同一面面镜子一般，锃光瓦亮，穿着靴子走在上面，一不小心就会滑倒。

用权力得来的东西，必然会随着权力的消失而消失。后来因为与当朝权贵武懿宗不和，宗楚客被贬到外省做了一名小司马，宗宰相成了宗司马。

宗楚客被贬之后，这宰相级别的府邸自然要被查封。太平公主早就听说他的宅院奢华，就前去参观。参观完后，公主悠悠地说：“今天可真是开了眼，跟宗楚客的住宅一比，我那儿是什么居住条件？”

按照长安城里坊的规制，一百零八坊中每一坊的建地面积大概是二十五万平方米。在这么大的面积上，可能只建了某些大人的一间宅院而已。比如汾阳郡王郭子仪，可说居功甚伟，皇帝赏赐了大量长安城的黄金地皮给他建住宅，导致郭子仪家的仆人有的时候从一个门出入却互相不认识。

豪宅之所以"豪"，不光因为"豪华"，占地面积大，室内装修极尽奢华。因为装修得再好，只能自己看见，外人却不知道房子里的人身份有多尊贵，所以这些豪宅主人会在门前放点能表明自己身份的东西。

长安城兴庆宫附近的豪宅颇多，在这些豪宅门前有一排排放"戟"的木头架子，这门戟可是房屋主人身份的最重要标志。

天宝年间，玄宗皇帝召见哥舒翰的老领导——镇守河陇地区的地方官员张介然。君臣见面，相谈甚欢，临走时，玄宗皇帝问张介然："六郎（张介然本名），你还有没有什么事情需要朕给你办？"

皇上都把这话说出来了，不让皇帝给自己办点事不是不给皇帝面子吗？

张介然拱手抱拳上前一步说道："启奏陛下，臣有一件私事，想请陛下给臣拿个主意。"

张介然这个人平时小心谨慎，说话办事也颇有章法，轻易不开口说自己的事，今天倒有些反常。

玄宗皇帝忙问："是什么事情？"

准仪制令，正一品、开府仪同三司、嗣王、郡王并勋官上柱国、柱国等带职事三品以上，并许列戟。——《唐会要》卷三二

"按照朝廷的相关制度规定，臣的官职为正三品，理应可以在府门口陈列表明身份的十二门戟。但是臣觉得，如果将这些门戟放在京城的府门前，臣乡下老家的那些街坊四邻是看不见的。臣是河东人，所以想请陛下准许臣把门戟放到乡下老家去。"

玄宗皇帝一听，心想这是小事，就说道："这种小事朕有什么不答应的？这样吧，你就把门戟放到你乡下老家的门前，朕特赐你在京城的府门前也放置门戟。你常年在外为朕分忧，朕也体谅你的辛苦，特赐爱卿五百匹上好的绢，再准你回老家跟乡亲们吃吃饭，以示朕爱护臣下之心。"

张介然一听，皇上对自己真是宠爱有加，忙磕头谢恩。故此，张介然两个家的门口都摆放了门戟。[1]

按照唐朝律法规定，只有三品以上的官员府门前才能够放置门戟。皇宫门前摆放二十四门戟，一品大员门前摆放十六门戟，像张介然这样的三品官门前摆放十二门戟。

除了门戟，唐朝很多官员府门口或者衙门口都会放置几排阻挡人前进的行马。不过行马象征意义大于实际意义，就是彰显身份的一种道具罢了。在现代，我们也能在一些地方看到这种行马。

王公大臣盖豪宅自然是为了彰显自己的社会地位，而富商盖豪宅就是在努力提高自己的社会地位。毕竟做生意在唐朝是一件骄傲不起来的事情。

唐代富人很多。要问长安城里到底谁最富？大家一定异口同声地说出"王元宝"这个名字。

---

1 〔北宋〕欧阳修、宋祁：《新唐书》卷一九一《张介然传》，中华书局 1975 年版，第 5527 页。

光听名字就知道他的身家。

都说每一个成功人士的背后必有一段不堪回首的过往，这长安首富王元宝更是如此。王首富在发迹之前，是做普通丝绸生意的商人“王二狗”，这是一个在大街上一喊，有一群人会回头的名字。

时运不济，这位王二狗做生意是怎么做怎么赔，快到山穷水尽的时候还把货物给丢路上了，别说赚钱，连本钱都没了。王二狗心里连连叫苦，他心一横，准备自行了断。谁知“柳暗花明又一村”，他正要寻短见的时候，碰见了一位救命恩人，这恩人不仅救了他，还给他改名叫王元宝，更给他指了条路，说：“你去贩卖琉璃吧，能赚！”

这一来二去，王元宝就把生意做大了，成了长安城的首富。那么，首富到底给自己盖了一间怎样的屋子呢？

王元宝用纯金和纯银垒了一间屋子，太阳光下，璀璨夺目。之后，他再命人用红泥对屋子进行加固，使其保温隔热。金屋银屋只是基本，他还在宅院里盖了一间“礼贤堂”，专门接待士子学者等读书人。这礼贤堂屋内外的栏杆窗户都用沉香木打造，地面用玉石铺就，再用锦文石做房柱的底座。为

唐富人王元宝，玄宗问其家财多少，对曰：『臣请以一缣系陛下南山一树，南山树尽，臣缣未穷。』时人谓钱为王老，以有元宝字也。——《独异志》卷中

了防止下雨天室内到后花园的路面泥泞湿滑，他让人用铜线串起铜钱来铺这段路。

王元宝从来不在外人面前显露自己的财富，直到有一次玄宗皇帝召见他。交谈中玄宗好奇地问：“你们家到底有多少钱？”这一问可把王元宝吓坏了，万一数字报少了，皇上派个太监一查，数目不对，可是欺君之罪。

不过，聪明的王元宝回答得既具体又生动：“臣拿绢来系陛下南山的树，树都系满了，臣的绢还有富余。”

玄宗皇帝若有所思地点点头，没说什么。

孔尚任在《桃花扇》里写道：眼看他起朱楼，眼看他宴宾客，眼看他楼塌了。这些矗立在长安城内的豪宅，最终也随着主人权力、财富的消失而湮灭在历史的长河中。

唐人的『住宅勘察师』

“看楼看楼，纯板式小高层，一梯两户，不西晒，可按揭！”谁每天不接到几通这种来自售楼小哥哥小姐姐的电话?!

要说现在哪个行业最火爆，当然是房地产。

常言道：“安居才能乐业。”人们根据手中掌握的财富，对自己的住宅也提出各种需求。

像什么不能靠近马路、周围要有地铁、附近得有公园、楼盘位置得在二环里；更高级一点的，还要求小区得带有知名小学初中的学位、绿化面积必须得有百分之四十，等等，这些都是现代人购置住宅的标准。

在唐朝，怎样的一间住宅才能算是“地段好、居住条件佳”呢？可以先问问唐朝的“住宅勘察师”——风水先生。

道家创始人老子因其姓李而被李唐皇室尊为先祖，因此道教在唐朝时信徒颇多。

道教要求人与自然和谐相处。随着人们对自然有了进一步的认知，同时为了契合人们的潜意识，民间慢慢发展出了一种风俗——看风水。

唐人颇信风水，无论富贵贫穷，都会请风水师来为自己勘宅，以保平安富贵。这只是当时盛行的一种民间风俗习惯罢了，大家就当故事来听。

唐朝的风水师与我们现在碰见的一些自称“大仙”的骗子不同，这些风水师有专门的“课本”——《宅经》，而且唐朝风水师精通阴阳五行八卦，更像是心理咨询师，为每一位房主答疑解惑。

开元时期的宰相张说*家住长安城永乐坊东南。张说三拜宰相，所写文章号称“天下第一”，统领当时的文坛，地位颇为尊贵。

虽然地位尊贵，但毕竟底下有无数双眼睛盯着，张说也害怕哪天有人伸手把自己拉下去，所以隔三岔五就请风水师到家里给他答

*张说（667—731），河南洛阳人。唐代著名政治家、文学家。早年以制举入仕，前后三次为相。执掌文坛三十年，善于提携后进，封燕国公。与许国公苏颋齐名，被誉为“燕许大手笔”。

疑，看看屋子里的物件该怎么摆、门朝哪边开能保自己富贵常青。

洪师傅是长安城里有名的风水师，是许多达官显贵的座上宾。有一天张说把洪师傅请到家里，洪师傅在屋内屋外看了一圈后说道："相爷府的宅院位置颇佳，特别是西北方位，是王气的聚集地，请大人千万不要在这个地方取土，以免破了风水。"

张说听罢很是高兴，答道："多谢大师指点，大师教诲一定牢记在心。"

过了几个月，洪师傅又来张说家，一进屋就急忙问张说："相爷您家宅院的王气怎么突然没有了，是不是有人在您家西北方位取土啊？"

这一下可把张说吓坏了，连忙带着洪师傅和家仆去宅院的西北方位查看。一看，众人都大为吃惊，果然在西北方位有三个大坑，而且每个坑都深数丈。

再看洪师傅，脸色都变了，说道："天大的祸事啊！相爷您集富贵于一身，这自然不必说。可二十年后，令公子都会死于非命啊！"

听罢洪师傅的话，张说吓得直冒汗："快快来人！赶紧把这几个坑给我填上！"洪师傅连忙摆手："相爷不用多费力气，外来的土没有王气，与地下的气脉相互排斥，填上恐会带来更大的灾祸。这就好比人的身上长了疮，即使用别人的肉把疮补上，也解决不了实际的病症啊！"张说只好作罢。

张说病逝二十年后爆发了安史之乱，张说的两位公子都投降了安禄山，想谋求个富贵差事。朝廷平叛后，将两位公子一位赐死一位流放，这样的结局碰巧应验了洪师傅的话。

这位洪师傅不仅说中了玄宗朝宰相张说家的未来之事，还预测过德宗朝宰相王锷和名将马燧两家宅院的未来。

洪师傅没事就在长安城里溜达，一边溜达一边观察各家的风水。这天，他转来转去转了一整天，周围朋友就问他去哪儿勘宅了。洪师傅说：“长安城里有两处风水地，只是有一处略带危机。”这一说，朋友来了兴趣，忙问是怎么回事。

洪师傅说：“长安城里永宁坊的东南是一块金盏地，安邑里西是一处玉盏地，玉虽好，但一旦掉在地上，就不可能修复了。但金不会，即使破碎了还是能恢复成原来的样子。”众人听了都将信将疑。

到了德宗朝时，永宁坊东南成为宰相王锷的住宅地，王锷去世后，这处宅院里又先后住过韩弘、史宪诚及李载义等大臣。安邑里西这块地皮则成为北平郡王马燧的住宅，马燧能征善战，其画像被悬挂于凌烟阁中。可等马燧去世之后，宅院被官府没收，这里便成为皇家公园了。

不知你是否惊叹于洪师傅高超的风水占卜术？唐朝的风水师真的能根据风水通晓古今吗？其实，他们的论断都只是心理暗示而已。

“七朝元老”裴度辅佐宪宗、敬宗等皇帝几十年，担任宰相长达二十多年，一人身系天下安危，威信名望甚高。

老相爷人品做事没得挑，政治对手就瞄上了他们家的住宅，试图借风水之说把老相爷拉下马。

按照当时住宅风水师的说法，长安城里东西走向有六条横贯的高岗，这六条高岗从南向北依次排列，刚好契合五行八卦中乾卦的卦象，乾卦在五行八卦中代表天。裴度的住宅刚好在六条高岗中的第五条上，按照卦象，裴度是要龙飞九五，成为皇帝的。[1]所以当时长安城里是谣言满天飞。就这样，这好事情被别有用心的人一设计，变得失去了原来的味道。

这位风水师编的理由确实牵强，在所谓的第五条高岗上难不成就住了裴度一户吗？照他的说法，这条岗上的人都要成为天子了。所以，皇帝并没有相信这样的话，对裴度的信任丝毫未减。

在唐朝生活，无论是自己租房子还是置办田产房屋，少不了要看一下屋子的环境布局。只是唐朝城市的房屋没有“紧挨地铁、南北通透、精装入住”这样的标准。

在唐朝买房租房讲究“五实五虚”。

宅院很大但是屋里面的人太少，此为一虚；

宅院的门很高大但是里面的院落比门要小，此为二虚；

宅院四周的围墙不完整，此为三虚；

宅院里水井和灶台缺其中一个，此为四虚；

宅院占地面积大但是空地多房屋少，此为五虚。

何为五实呢？

宅院不大但是里面人丁兴旺，此为一实；

宅院宽阔但是院门相对较小，此为二实；

四周院墙完整，此为三实；

宅院虽然小，但是里面的家禽多，此为四实；

1　〔北宋〕欧阳修、宋祁：《新唐书》卷一七三《裴度传》，中华书局1975年版，第5216页。

宅院中的水向东南流，此为五实。

有说法称，如果宅院满足“五实”，则主人大富大贵，反之则穷苦辛酸。

乔迁新居可是唐朝家庭的一桩大事，无论豪门还是小户，迁入新家的时候都很讲究仪式。毕竟人民群众向往美好生活的愿望是不分时代的。

“李老板，眼瞅着你们家新房就要盖好了，什么时候准备搬进去住啊？”长安城西边的里坊内，邻居向做生意的李生问道。

李生是长安人，赶上了好年岁，靠在丝路上贩卖茶叶发了家，有了一定积蓄的他在长安城里置办了地皮，准备建房子。他考虑再三，觉得长安城东侧虽是超黄金地段，但要是碰见一个不讲理的强权邻居，哪天把自己家强拆了，自己无权无势，只能任人摆布。所以李生就在长安城西购置了地产，虽然地段不好，但是价格相对便宜，周围都是实在邻居。

“下个月初十，记得一起来热闹热闹啊！”李生答道。

“二月初十，那可是好日子，恭喜恭喜啊！”邻居连忙抱拳道喜。

唐朝人绝不会在单数月乔迁新居，因为单数月是“乔迁阴宅”的月份。

二月初十这一天李生家里好不热闹，宅院里里外外都摆满了五谷，寓意李家五谷丰登。

吉时已到，先是两位童女走进院门，一位手里捧着装满水的水盆，一位手里拿着蜡烛；后面又跟了三位童男，两位童男端着装满水的水盆，另一位手里拿着蜡烛。旁边的街坊邻居一边议论宅院大小，一边瞧热闹。

童男童女身后，几位家仆牵着几只羊跟着往里走，后面还有两位壮汉牵着一头黄牛。等家禽家畜都进了府门，两位抬着摆满金银珠宝玉器几案的少年也走进宅内。

随后，李生带着家中男丁朝里走。最前面有两人拿着装满五谷的釜引路，李生手拿宝剑跟在其后，李生的子孙后辈们走在最后，鱼贯而入。等家中男丁都进去后，又见两人抬着装满锦衣玉帛的箱子进到院内。

这时，以李生夫人为首的女眷准备入府。有两人端着盛满五种饭的甑在前，李夫人在其后，后面跟着的是家中的男女仆人们。

无论是象征丰收的五谷，寓意富贵的珠宝，还是男女主人前后进府的仪仗，都说明唐朝人对乔迁新居极其讲究。

这套“正规”的进入宅院的方法，你看得过瘾吗？看来在唐朝没点文化，连个新房子都不会进！

说起门神，各位都知道秦琼和尉迟敬德，每逢春节家家户户门前都会贴他俩的像来镇宅辟邪，可唐朝人总不能把两位开国元勋贴在自己家门口，这是大不敬的罪过，要挨板子的。

可万一住进了有瑕疵的宅院，唐朝人该如何化解呢？

用石头镇宅。

“大师大师！快救救我！”只见当朝御史王大人急急忙忙跑进风水师家中。

“王大人什么事这么着急？喝口水，慢慢说。”风水师说道。

“大师有所不知，小人家中这两年不知怎么了，先是家母病重，再是小儿悖逆，夫人整日啼哭，朝中同僚见我家中事杂，也嫌我晦气，不与我走动。实在没有办法，今日特地到大师府上请大师帮小人拿个主意。”王大人说着说着，眼泪都快下来了。

风水师安慰了一下王大人，就起身朝他家走去。绕了几绕，看了又看，风水师说：“王大人，你住的这个宅子冲撞了当值太岁，所以家中出现这么多事情也就不足为奇了。”

王大人吓得脸都白了，说道：“大师此话当真？可有什么破解的方法？”

“王大人素日里为人正直，只是风水有问题，只需在我说的地方放一块九十斤的南山石就行！”风水师说道。

“好！好！”王大人吩咐家仆去南山搬来一块巨大的石头。

“大师您看这块石头放哪儿合适？”王大人问。

“放在宅院西南即可。”风水师边说着话，边跟王大人一块来到宅院的西南。

家仆正准备放下石头，风水师说：“且慢，还需祷告一番。”

风水师口中说道：“敬告土地老爷，御史王大人为人谨慎为官清廉，今日在此居住，特地来祈求土地老爷庇佑其宅院。值此良辰吉时，安放一块南山石以此镇宅，王家永享平安富贵。”

有了这石头镇宅，王大人心里踏实多了，忙在家中宴请风水师。

看来这大师走哪儿都是座上宾。

除了安放石头，不少人家还会给门上贴老虎或者猪的像来辟邪，或者在门前放几尊泥捏的娃娃，这些都是唐朝人日常辟邪的法宝。

唐人的家居美学

提到“家居美学”这个词，不知你脑海中蹦出来的是巴洛克艺术风格，还是东方古典建筑的形貌？是法国皇室的凡尔赛宫，还是中国帝王的紫禁城？

物质生活好了，就要满足精神要求了。讲究生活美学不一定推崇金碧辉煌，而是在力所能及的情况下去追求自己认为美的事物。

在唐朝想去鉴赏一下他人的“居住生活美学”，各位一定要去长安、洛阳的园林别墅瞧瞧。房屋主人把对生活美学的理解，都体现在了这些园林别墅的山山水水上。

唐朝的文人们虽然是靠科举谋得官职居住在城市中，但大多是“文艺咖”，对山山水水总有说不尽道不完的心里话。

离东都洛阳三十里的地方，宰相李德裕*依山水地势盖了一间“小”园子，起名“平泉庄”。[1]

*李德裕（787—850），字文饶，小字台郎，赵郡赞皇（今河北赞皇）人。唐代杰出的政治家、文学家、战略家，中书侍郎李吉甫次子。

“禀相爷，陇右节度使派遣副将给您献上名鸟一对并附书信一封。”李德裕家中仆人带着一名武将进到屋内，李德裕起身相迎。

武将抱拳，说道：“相爷，节度使大人听说您近日在东都新建园林一座，特派末将给您送来一对小鸟，给您家的园林添点趣味。”

平泉庄在洛城三十里，卉木台榭甚佳，有虚槛，引泉水萦回，穿凿像巴峡洞庭十二峰九派，迄于海门。——《唐语林》卷七

李德裕哈哈一笑，说道：“各位大人真是消息灵通啊，我这平泉庄盖好没几天，不仅节度使大人知道消息了，人在交趾的元太守也知道消息了，这不刚派人送来了几盆花，你看看。”说着，顺手指了指旁边几案上的几盆鲜花。

武将说道：“二位大人都是相爷您的门生故吏，送这些东西是表达一点心意。”

“心意心意，心到了就行，来，一起来看看我这平泉庄。”李德裕边说边请武将进庄游览。

庄内百余间亭台楼榭错落有致地在山水中

1 〔北宋〕司马光：《资治通鉴》卷二六五，昭宣光烈孝皇帝天祐二年，中华书局 1956 年版，第 8644 页。

矗立着，两边的奇花异草、珍木怪石数不胜数，置身其中犹如身处海市蜃楼一样，眼前的建筑既真实又因为山水环绕而显得缥缈梦幻。

“相爷，末将看这庄中汇集了颇多溪流，且每一条溪流水道造型各异，这是何故？”武将问。

“你有所不知，我专门请人将那山中的泉井凿通，引这甘甜的山泉之水到我庄中，为了让溪流蜿蜒曲折更显江南风韵，特别在庄中凿出各种造型的水道和山峰，你看这像不像是巴峡洞庭十二峰？”李德裕答道。

在边关打仗的武将，哪里见过什么南方美景！

二人再往庄内走，来到一处竹林中，李德裕指着一块石头说：“来，看看这块石头。”武将仔细上前观瞧，石头上隐隐约约出现了云霞、龙凤、草树的形状，武将连连称奇。

见武将称奇，李德裕说道：“这块石头不算什么，庄中的醉醒石最得我心，那块醉醒石确实是个稀罕玩意儿，无论你喝得有多醉，只要在上面一坐，会立

题李太尉平泉庄　汪遵

水泉花木好高眠，嵩少纵横满目前。

惆怅人间不平事，今朝身在海南边。

《全唐诗》卷六〇二

刻清醒！”

观赏完奇石，李德裕带着武将朝别院走去，一进别院，一根长二丈五尺的动物肋骨出现在眼前。“这是一条大鱼的肋骨，海州的太守前两天送过来的。”李德裕说。武将在心里嘀咕：“李大人，你这平泉庄里的奇珍异宝怕是都快赶上咱们当今圣上的西苑了。”

武将说道：“今天在大人这平泉庄中可真是开了眼界。”

“弄这些花花草草也确实花了我不少的心思，这庄里的每一株花草我都是爱不忍释啊，所以我特别告诉家中的晚辈，绝对不能动这庄中的任何一株花草，等我告老还乡时，这平泉庄就是我的落脚地。”李德裕说。

“相爷乃朝廷栋梁，您愿告老还乡，圣上也离不开您啊！”武将应和着。

同样是宰相，裴度*对于居住生活美学的理解就与李德裕不同。

曾经统兵百万的离休宰相裴度在洛阳城外的午桥修建了一座庄园，园内亭台楼阁豪华壮美，林木茂盛苍翠。

可就在这豪华大园子的山坡上，裴大人养了一群羊，而且亲自照看，任凭小羊在自己家的山坡树林里漫步。

*裴度（765—839），字中立，汉族，河东闻喜（今山西省闻喜县）人。唐代中期杰出的政治家、文学家。

有时朋友来访，裴度会专门带朋友去看这群在坡上散步的小羊。“你看这山坡上的芳草，绿得鲜嫩，中间再点缀上这些白色的羊群，好一幅迷人的画卷啊！”

谁能想到当年上阵杀敌的宰相，退休了以后竟然如此悠然可爱！裴大人的审美情趣可见一斑！

如果说李德裕的平泉庄代表着大多数官员对居住生活美学的理解，那履道坊内的一处宅院体现的则是唐朝诗人们理想中的生活美学。

有山有水，有石有竹，这些是园林陈设的“标配”。怎奈长安城虽然贵为帝都，但相对东都洛阳来说较为缺水。加上长安城的黄金地段和优质水源地基本上都被皇帝和王室垄断了，所以许多典雅别致的私人园林都建在了洛阳城内外。

白居易，字乐天。如果各位能在唐朝拥有一套“白式园林”，估计也得改名为乐天，因为这套住宅将“天时地利人和”占尽了。

唐穆宗时期，杭州刺史白居易被罢官。已经五十三岁的他，原本还希望能在仕途上更上一层楼，怎奈时运不济，他不仅没有被调回京城，好好的官职也被罢免。

古今中外，人们排解忧愁的方式非常相似——买买买。一回到洛阳，白居易就开始在城内购置地产，购买了履道坊的一处园子。三年前，白居易用攒了十八年的钱刚刚在长安买了一套住宅，这三年后，又在东都洛阳购置地产，似乎出现了收入与支出不太匹配的情况，究竟是怎么回事，咱现在也弄不明白。

显然，履道坊的这套园子不只是用来居住的。从选址到建设再到园子里的花草布置都能看出两个字——“讲究”，充分体现出白居易对于生活美学的独到见解。

刚开始收拾园子时，白居易特地请来自己的老朋友——洛阳尹王起，帮着一起规划园子里的水池浮桥、花草树木。

就这样，布置园子的里里外外花了四五年的时间，在白居易五十八岁正式“退休”后，履道坊的这处园子成了他颐养天年的地方。

这处园子占地十多亩，光水池林园就占据了一多半的面积。园子分南北，以一道连廊隔开，南边是负氧离子爆棚的纯景式院落，硕大的白莲池横卧中间，周围种植上千竿翠竹。正所谓“引来活水，就引来灵气”，白居易专门命人从南院的西边引来渠水，渠水注满白莲池后，过连廊，从北院的北墙豁口处流出。为了让池中景色更为丰富，白居易又在白莲池中修了蓬莱、方丈、瀛洲三座仙岛，时不时登岛望月，在月下酌酒吟诗。

北面的院子分为东西两部，西边又是一汪池水，池水中修建了池中小岛白苹洲和岛上叠石明月峡，东边是有二十多个房间的小宅院，宅院东侧是杏园和菜地。

不过，白居易对生活美学的认知远不止于此。为了让自己的这处养老地更显品位，他专门从各地找来了天竺石、太湖石等名贵石头，用灵秀飘逸的名石点缀在这样的山水园林间是再合适不过的了。

白居易和夫人还在北院东边的小院内养了几只家禽和一条黄狗，庭院中时不时有小孙子们嬉戏打闹。有山有水，有景有人，白居易到底有多高兴？看了下面的这篇诗文就知道了。

十亩之宅，五亩之园。有水一池，有竹千竿。勿谓土狭，勿谓地偏。

足以容膝，足以息肩。有堂有庭，有桥有船。有书有酒，有歌有弦。

有叟在中，白须飘然。识分知足，外无求焉。如鸟择木，姑务巢安。

如龟居坎，不知海宽。灵鹤怪石，紫菱白莲。皆吾所好，尽在吾前。

时饮一杯，或吟一篇。妻孥熙熙，鸡犬闲闲。优哉游哉，吾将终老乎其间。[1]

白老叟还觉不过瘾，有一次饮酒的时候对朋友说："东都洛阳风水最好的地方，在城东南，这东南方位风水最好的地方，在履道坊，这履道坊风水最好的地方，在西北方位。"

白居易的园林就位于履道坊西北方位。

要说我们现在能参观到的园林，论雅致精美该首推苏州的拙政园和留园。这两处园林都是明清时期几位大臣修建的，可谓"不出城郭而获山林之趣"，是闹市中难得的一片宁静之地。

各位，白居易的这座因山就水，取山水入景的"白式园林"，跟苏州的两个园林比起来，不知哪个更胜一筹呢？

---

1 〔五代〕刘昫：《旧唐书》卷一六六《白居易传》，中华书局 1975 年版，第 4355 页。

唐人的家装实用贴

买了房当然要装修。唐朝人也少不了要亲自“操刀”布置自己的房屋，这篇唐朝家装实用贴可得收藏好！

先来看看一般老百姓的房子到底长什么样。

唐朝普通百姓家一般是四合院式布局，按照明清四合院的标准衡量，老百姓的家基本都是“一进院落”。什么样的四合院是“一进院落”？一进门环顾四周，能把家里所有的房子看全的就是。《红楼梦》里贾母住的是“五进院落”，就是从外到内一连走了五道门才把家中的房子都看全。

普通老百姓的“一进院落”，从正门一进去，面对的就是中堂，中堂两边是东西卧房；进门左手是厨房，右手是小库房，其他的靠墙建筑是一些小杂货间或者非主人住的地方。

按照唐朝法律规定，无犯罪记录的三口之家国家应给三亩宅基地，可规定都停留在纸面了，基本上普通老百姓家是拿不到三亩宅基地的，能拿到两亩，都要烧高香了。

看完房子，就得往里面填家具了。不知你打算给房子里放“北欧简约家具”还是“中式红木家具”？

不用纠结，这两种风格都选不了，还是老老实实用“唐人简朴风格的家具”吧。

“家有房屋千万幢，睡觉只需三尺宽。”床是卧房里最重要的家具。只是唐朝的床和现代的床所指的不是一个物品。“坐床、寝床、胡床”在唐朝都被称为床。

寝床自不必说，主要用途就是睡觉，富裕点的百姓可以买柏木甚至沉香木材质的床。而坐床更像是一把大型椅子，只是这个椅子上能坐好几个人且可以在上面吃饭喝酒。胡床则完全脱离了

铸镜歌　龙护老人

盘龙盘龙，隐于镜中。分野有象，变化无穷。
兴云吐雾，行雨生风。上清仙子，来献圣聪。

《全唐诗》卷八六四

床的概念，就是一副可折叠的小马扎。你在唐文宗朝以前可别用“椅子”这个词，因为大家根本不知道椅子为何物，文宗朝以后才开始有“椅子”一词。

如果说“椅子”还能提一下，那“桌子”这个词是提了也没用，因为唐朝压根就没有“桌子”一词。

“几案”是唐朝人写字、吃饭的地方。使用几案相当考验功力，因为几案矮小，无论写字吃饭，人们必须得盘着腿席地而坐，很是难受。

卧室还有两件标配家具——“橱和柜”。跟现在意义上的橱柜不同，唐朝“橱是橱”“柜是柜”，造型大致相同，但是作用却不一样。橱用来放书籍，柜用来放衣服和钱财。柜还有许多衍生品，比如床头柜、大立柜等等，根据不同的用处，放在不同的位置。

如果家中有女主人，那绝对少不了梳妆台。镜子、粉盒等美妆用品，都整整齐齐摆放在梳妆台上。

这些就是家装的基本“硬件”，你可以根据自己荷包的大小来决定买什么材质的家具。不过无论什么材质，都可以放心购买，因为全都天然环保无甲醛。

说完了“硬件”，再来看看“软件”。

唐朝后期，有位钟凌大将将自己的女儿嫁给了当地的青年才俊赵惊。但一连好几年，赵惊都没有中举，日子越过越贫穷。有道是“穷在闹市无人问，富在深山有远亲”。因为无钱无权，赵惊自然不受岳父母待见。

有一天，将军家的男女老少欢聚在棚子里吃喝玩乐，赵惊妻子不能不去。到了现场以后，赵悰妻子很是尴尬，因为自己穿得太破旧了。将军嫌女儿这身打扮丢脸，就吩咐左右用帷帐将女儿跟大家隔开。这叫吃的什么饭？赵悰妻子吃一口饭抹一次泪，心里甭提多难受了。

酒宴正在热热闹闹进行，朝廷派的观察使突然造访。将军心想这无事不登门，登门准有事，边想边朝府门跑去。观察使笑着站在门口说道："将军，赵悰是不是您的女婿？我这里有一份关报，说赵悰已经中了进士，本使特地前来报喜！"说着从怀里掏出一封书信交给钟凌，正是赵悰登科的榜文。

将军一看，立刻拿着榜文回到酒席宴上，向家里人宣布："我女婿赵悰中进士了！我就知道他肯定有出息，我女儿真是嫁对人了！"然后赶忙吩咐左右把女儿帷帐撤下，把她请到宴席上，还叫家人给女儿换上新衣服，戴上新首饰，共同祝贺女婿中第。

人们总是会人为地给毫无生命力的物品赋予各种各样的社会含义。这场酒宴上一搭一撤的"帷帐"隔开的不是亲人骨肉而是人情冷暖。

作为唐朝家装中最常见的"软件"，能起到保暖和隔断作用的帷帐使用范围颇为广泛。既可以放在室外供人在里面生活起居，也可以搭在室内的横梁上，垂下来做不临窗的"窗帘"，起到遮蔽作用的同时也达到装点美化的效果。

建议在购置房屋软件时，一定要买品质较好的帷帐，因为它不仅是生活起居必需品，更是生活品位的体现。家里没有帷帐，在唐朝人看来就如同盖房没有屋顶，是不可想象的事情。

与帷帐以棉作为原材料不同，同样起遮蔽和挡风作用的屏风一般用玻璃、玉石或者纸做成。如果说屋内帷帐是生活品位的体现，那屏风有时体现的是房屋主人精神层面的要求。

太宗朝时良相房玄龄追随李世民南征北战多年，备尝创业之艰辛。在他进高位之后，对子女要求颇为严格，为防止子孙后代仗自家的势力欺人，他集纳了唐朝以前历代的家训家诫，全都书写到大屏风上，让每一位子女取一副放在家中醒目的位置，时时自省。

在唐朝能有房玄龄这样思想境界的人毕竟是少数，大多数的王公贵族或者普通百姓会给家中的屏风绘上侍女乐工图或者山水花鸟图。

如果想要彰显一下自己的精神境界，可以考虑给屋中放一扇素屏风，上面没有任何的装饰花纹或者警世名言，简简单单，朴素至极。

作为“素屏风运动”的发起者，白居易专门用以下文字表达心情。

“吾不令加一点一画于其上，欲尔保真而全白。吾于香炉峰下置草堂，二屏倚在东西墙。夜如明月入我室，晓如白云围我床。我心久养浩然气，亦欲与尔表里相辉光。”[1]

再普通不过的素屏风放置在茅草屋中，在白居易眼里就好像是明月和白云在屋内环绕一般。听起来感觉这素屏风充满仙气，让整个屋子都显得气度不凡。

---

1 〔唐〕白居易撰，谢思炜校注：《白居易文集校注》卷二《素屏谣》，中华书局2011年版，第93页。

屏风还可以放在坐床上，立于后侧，前面摆放一张几案，这样基本的屋内陈设就显现出来了。

门帘、窗帘也是家装“软件”的必备之物。与帷帐、屏风的作用相近，帘也是一种起遮蔽作用的物品。去朋友家做客时，你会发现朋友家的女性家庭成员要隔着帘子与外人对话，并不是说唐朝女性地位高，就可以随意抛头露面。

侍御史张循宪有一次向武则天推荐了当时名不见经传的小官吏张嘉贞。张嘉贞明经进士出身，文笔好，而且善于同周围人搞好关系，智商情商“双商在线”，所以无论是在官场上还是在亲戚朋友那儿口碑都颇佳，后来还接替名相宋璟做了宰相。

张循宪在向武则天推荐张嘉贞的时候专门说道：“陛下，张嘉贞确实是个人才，臣愿意把自己的位置让给他，让他来代替我，我可以不干了。”

武则天一听，对张循宪说：“爱卿你这是哪里话，朕求贤若渴，难道还没有相应的位置留给贤才吗？只是既然爱卿说的话如此之重，倒是让朕好奇，明天让张嘉贞来内廷见朕吧！”

转过天，张嘉贞在内廷朝见武则天。毕竟唐朝的社会关系也没开放到男女之间可以毫无障碍沟通会面的程度，况且是在内廷见皇帝，所以武则天隔着帘子与张嘉贞交流。

张嘉贞一表人才、气度不凡，而且对武则天提的问题对答如流，“有才有貌，双商在线”，武则天对他很是欣赏，所以君臣之间相谈甚欢。

张嘉贞说道：“臣乃乡野粗陋之人，蒙陛下赏识，召到内殿拜见陛下。只是臣与陛下相隔咫尺，却仿佛隔着云雾一般，连陛下的真容都见不到。臣觉得这不符合君臣之道，叩请陛下把帘子去掉。”[1]

武则天大笑，只是心里奇怪，怎么会有臣子提出这样的问题？但还是准许了张嘉贞的请求，吩咐左右把帘子卷了上去。

唐朝的家装“软件”中，铺设类的地毯也必不可少，只是唐朝人将地毯称作“茵褥”。不同的季节，唐人会给室内铺上竹、棉、毡等不同材质的茵褥，在夏季铺上竹质的，在冬季铺上棉质的，这样能给屋内带来凉意或暖意。

挑选茵褥时，你得认准产地。太原和成都产茵褥就不如宣州产的。但宣州茵褥价格高昂，一般人难以承受。

白居易在诗句里写道：

太原毯涩毳缕硬，蜀都褥薄锦花冷。
不如此毯温且柔，年年十月来宣州。[2]

因此，从屋内是否铺地毯也可以看出主人的财力。

“闻其厨房都能饱”的韦陟在吃上讲究，在住上也绝不含糊。

房琯、韦陟同朝为臣。

韦陟生病，房琯派自己的儿子去其府上探望。他儿子一到韦陟府，就好似刘姥姥进了大观园——大开眼界。虽然房琯的儿子也是高官子弟，但其家教甚严，不在吃穿住上花过多的心思。

韦陟家中铺着华贵的地毯，上面绣着各式花纹图案，只是韦

---

1 〔五代〕刘昫：《旧唐书》卷九九《张嘉贞传》，中华书局1975年版，第3090页。

2 〔唐〕白居易撰，谢思炜校注：《白居易诗集校注》卷四《红线毯》，中华书局2006年版，第384页。

家的仆人穿着鞋在地毯上踩来踩去，房琯之子忍不住对韦陟家中的仆人说道：“这些美丽的地毯铺在屋中，显得如此富丽堂皇。只是你们怎么都穿鞋在上面踩呢？”说着连忙把自己的鞋脱了下来，穿着袜子跟着仆人朝屋内走。[1]

仆人面无表情地说道：“房公子，刚才你看到的那些地毯并不是我们老爷的心爱之物，一会儿到了里屋，您可以看到比这华贵百倍的地毯。”嘴上说着，仆人心里还挖苦道：“堂堂尚书家的公子，怎么这么没见过世面？一块小地毯就稀奇成这个样子！”

从床、几案等硬件到帷帐、茵褥等软装置办齐全，一座温馨别致的宅院才正式出炉，在唐朝各位可以动手装扮专属自己的“唐风小院”！

1 〔唐〕李肇：《唐国史补》卷上，上海古籍出版社 1979 年版，第 18 页。

追求时尚

爱美之心，人皆有之。特别是年轻人，喜欢追求时尚。而『时尚』往往是由一些名人引领的。比如，改革开放之初，港台地区影视界的一些『歌王』『影帝』『影后』喜欢穿喇叭裤，于是，喇叭裤便在社会上流行起来。过了几年，明星们改穿直筒裤，年轻人又争相效仿。这样的事在古代也是有的，唐朝就是如此，青年男女追逐时髦的东西，可谓不遗余力。不过，唐朝的时尚表现在社会生活的方方面面，时装、美容、游艺……无处不有。不过，你可得掂量掂量自己的钱袋子呀。

伍

傳聞燭下調紅粉
明鏡臺前别作春
不消面上渾妝卻
留著雙眉待畫人

唐徐安期催妝
辛丑十月　楊國慶書

大唐『百变秀』

衣装除了具有最基本的避寒、遮羞等功能外，也是一个人身份品位的象征。在唐朝，如何穿搭更洋气？让我们先来看看大唐时装“博主”有哪些“压箱底”的衣服。

唐代宗大历十年（775），多日阴雨的长安终于放晴。安仁坊的元府传来一阵欢笑声：“夫人、夫人，今天出太阳了！您快出来瞧瞧！”元夫人从屋里出来，看见日照当头，赶紧吩咐丫鬟仆人：“今天天气这么好，快把我那些平时不太穿的衣服拿出来晒晒，去去霉气！”于是，仆人们开始忙活起来。

手脚麻利的仆人找来青紫色的丝绳准备当衣服架子，这绳子一展开可是不得了，足足有一百米长。四十条百米长的绳子依次横卧在院中，顷刻之间就把府第中的一处院落填满了。

绫罗绸缎、貂皮貂绒，各式各样的锦衣华服都被翻腾出来，仆人们仔细地将每件衣服的褶皱舒展开来，错落有致地挂在四十条百米长绳上。挂好衣服，又端来了八百只金银香炉放在衣服下面，填满上好香料的香炉散发出的清香缭绕在衣服上，整个院落仿佛米兰的时装秀场，香气扑鼻，各类服饰光彩照人。

不过世事难料，这位花式晒衣的夫人，后来因丈夫元载*惹恼了皇帝，最终全家被处死。再多的华服，终究一件也没有带去。

*元载（713—777），陕西岐山人。敏而好学，进士及第，官至宰相，独断专行，被代宗赐死。

当然了，绫罗绸缎毕竟不是一般女性穿得起的。各位在唐朝想穿得出众又不失风韵，就要先了解几种唐人爱好的着装搭配。

第一套：穿红色短衫，肩披黄色长帛巾，下着黄裙，脚蹬平头履，穿着这样的服饰走在唐朝各大城市的街上，一定能引来不少关注。

衫、裙、长帛巾是唐代少女们衣着的基本搭配。

说到基本穿搭，怎能缺得了帽子？高祖李渊时期的少女们会戴笠状帽，四周环绕一圈下垂的棉布条，有的少女为了追求个性，让布条长到超过膝盖，将整个身体都盖住，好像一把移动的雨伞一样。

时尚的潮流总是来得快去得也快，到了高宗李治朝时，又开始流行起了棉布条只下垂到领部遮蔽面容的笠状帷帽。为了凸显个性，有的人会用网格纱布代替棉布条。

日月穿梭，皇帝更替，时尚也发生了变化，玄宗朝的年轻女性喜欢戴顶部尖尖、帽耳上翻的胡帽。胡帽原是西域少数民族的帽子。唐代时，因胡人大量进入中原地区，戴胡帽也成为一种时尚。胡帽的材质不同，有毡子的、毛皮的，手巧的少女们会在帽子上绣上花，虽然以现代审美眼光来看可能觉得不太美观，可在唐朝却红极一时。

“时尚”作为人与人之间约定俗成的一种审美观念，往往是主观的，但是各位听说过用律法来规定“时尚”的事儿吗？唐朝就有。

玄宗朝律法明确规定：“女性戴帽子不用遮遮掩掩的，把脸全部露出来。”此令一出，露脸时尚立刻在大江南北流行起来。不仅露脸是时尚，在唐朝露胸也是一种时尚！对于充斥坊间的诸如“半露胸如雪”之类的诗文，没有人觉得 “很黄很暴力”，而是认为“很赞很平常”。唐朝的女子和闺蜜们外出野炊游玩时，会解下裙子围成一顶帐子，大家在中间席地而坐赏景聊天。

其实时尚，无论是在唐朝还是现代都是靠“名人效应”带动起来的。

高宗李治的亲舅舅长孙无忌有一次外出的时候戴了一顶黑羊毛做的毡帽，结果一传十十传百，竟然引领了一时的风潮，天下众人皆模仿之。

安乐公主的百鸟毛裙子、杨贵妃的黄裙子、韩熙载的青纱帽，这些唐朝“时尚大V”一次次地用实力让众人竞相效仿。

任何事物都有两面性。大家都追捧一种时尚，偏偏就有人反其道而行之，也可能是觉得自己最时尚。

唐顺宗时期，中央大员崔枢家风严肃，崔夫人向来不喜欢穿红挂绿，觉得那些俗物根本就配不上自己的内涵，对珠宝翡翠正眼瞧都不瞧一眼。

曾率兵抗击史思明叛军的元结大人向来不喜欢附庸风雅，他给自己特别定制了一身“愚巾凡裘”，一年四季都穿着这身“私定”泰然自若地行走在大街上，颇有魏晋名士的风范。

时髦从来不只是风花雪月，还是社会环境的一个风向标。什么样的社会风气就会孕育出什么样的流行文化。

唐朝末年京城流行“刺青”，就是因为当时政局动荡，藩镇割据，无论是身处庙堂之高的官员，还是身处江湖之远的百姓，在思维方式上都与

武德、贞观之代，宫人骑马者，依《周礼》旧仪多着幂罗，虽发自戎夷，而全身障蔽。永徽之后，皆用帷帽施裙，到颈为浅露。显庆中，诏曰：『百家家口，咸厕士流。至于衢路之间，岂可全无障蔽。比来多着帷帽，遂弃幂罗，曾不乘车，只坐檐子。过于轻率，深失礼容。自今已后，勿使如此。』神龙之末，幂罗始绝。开元初，宫人马上始着胡帽，靓妆露面，士庶咸效之。天宝中，士流之妻，或衣丈夫服，靴衫鞭帽，内外一贯矣。——《大唐新语》卷一〇

唐朝初期中期相差颇大。

长安城里的少年们喜欢剃秃头，给身上刺字，有给胳膊上文“生不怕京兆尹”“死不畏阎罗王”的，还有给身上文庭院草木鸟兽的。[1]看来唐人的文身“上下联押韵”，颇有文化气息。

单从文身这一件事看，唐人确有洒脱的一面。荆州有位兄弟极其崇拜白居易，就在自己脖子以下的皮肤上文了三十多首白居易的诗歌，在诗的旁边还配有画，活脱脱一幅“行走的乐天诗歌图”。

文身这种时尚不单单体现在日常生活中，唐朝末年藩镇军阀们也喜欢给豢养的军人脸上刺字或者文动物的样式，以此来提振军威，恫吓敌军。

每个人对时尚的理解不同，不知道各位回到唐朝想做一位怎样的时尚达人呢？

1　傅璇琮：《李德裕年谱》，中华书局 2013 年版，第 251 页。

女孩喜欢的美发造型

唐代虽然没有琳琅满目的粉盒和各种色号的口红，但也一点都不影响少女们对美的探求。

凌虚髻、祥云髻、归顺髻、奉仙髻、交心髻，还有朝云近香髻，等等，光从这些颇具内涵的发髻名字上就能看出唐代人在装饰自己方面花了多少心思，要是没点文化，恐怕是做不了一名合格的造型师的。

做头发时，为了兼顾美观与实用，造型师会推荐“倭堕髻”，将发髻置于一侧，呈似堕非堕状。这种发型流行不说，还颇具内涵，据说是东汉时期权臣的妻子发明的，当时叫“堕马髻”，发型整体往下侧垂，并从头发中分出一绺自由散落，好似女子从马上摔落的姿势。后来经多朝革故鼎新，到唐代形成了倭堕髻。

你可不要认为“假发”是现代才出现的。盛唐以后，戴假发流行于社会各阶层，男女皆戴。杨玉环就是最有名的“假发爱好者”，为了打造百变发型，她把假发当成一种首饰，再穿上自己喜欢的黄色裙装，便可让六宫粉黛瞬间失色。

好看的发型要搭配上典雅的装饰才叫完美。“玉蝉金雀三层插，翠髻高丛绿鬓须。”[1] 诗人王建在《宫词》中描写了有钱人家少女的发型装饰，将玉蝉金雀这样的饰物在头发上插了三层，顶着这些金银疙瘩，也太考验颈椎了。不过，也不是谁都买得起这些贵重的金银首饰的，将石竹花、栀子花等 “大众头饰”插在头发上，也别有意趣。

蝶三首其三　李商隐

寿阳公主嫁时妆，八字宫眉捧额黄。
见我佯羞频照影，不知身属冶游郎。

《全唐诗》卷五三九

---

1 〔唐〕王建撰，尹占华校注：《王建诗集校注》卷一〇《宫词一百首》，巴蜀书社 2006 年版，第 507 页。

对于面部装饰，造型师只能说“自信的女人最美丽”。爱美者如杨玉环的姐姐虢国夫人，吃穿住行样样都是顶级配置，但却从来不追求胭脂俗粉，向来素面朝天，这是因为她对自己的颜值无比自信，认为涂抹胭脂只会掩盖气质。当然这种自信很有可能是来自社会地位。

人靠衣装，美靠化妆。生活在唐朝的少女几乎没有人是不会化妆的，那如何在唐代画一个标准的面妆呢？大致分五步。

首先在额头铺上黄色的粉底，其次在眉眼中心贴上花钿，可选择的花钿形状颇多，有月牙形、牛角形、圆形等十几种，还可以选择红、黄、绿等不同颜色。

接着就到画面妆的重头戏——描眉了。普通眉毛样式有阔眉和细长眉两种，如果再细分，还有小山眉、垂珠眉等。

追求个性妆容并不是现代人的专利，唐代少女们就发明了“倒八眉”和“血晕妆”两种“暗黑画眉法”。受到吐蕃人的影响，有的少女大胆尝试，将眉毛画成“倒八字”形状，画这种眉的女子看上去就好似在哭泣，让人心生怜悯。

《唐语林》记载，唐穆宗长庆年间，“妇人去眉，口丹紫三四横约于目上下，谓之血晕妆。”[1]是说少女们会将眉毛全部刮去，在眼睛上下涂抹红紫色的颜料，看上去有点血肉模糊的感觉。跟这种妆容相比，现代烟熏妆都已经落伍了。

化妆的倒数第二步是在脸上涂粉，与第一步在额头上铺黄粉

---

1 〔北宋〕王谠撰，周勋初校证：《唐语林校证》卷六《补遗》，中华书局1987年版，第593页。

不同，脸蛋上涂的一般是红粉或者白粉。从现在出土的一些侍女俑上能看到唐代粉底的颜色和上妆以后的效果，总体上秉承的是“一白遮百丑”的原则。

最后一步就该涂口红了，唇妆作为整个面妆的“点睛之笔”，讲究颇多。

唐代男性喜欢“小口女性”。“女为悦己者容”，所以唐代少女都喜欢画“樱桃小口”。浅红、大红、深红还有黑色，不同色号的口红上妆的效果也不同，可让唇色丰富多样，造型千奇百怪。看来，与其跟现代时尚博主学化妆，倒不如学一学“唐妆”。

“没有什么不开心是一支口红解决不了的，如果有，那就两支。”都说口红是“追女利器”，唐代大才子元稹在《莺莺传》里曾这样描述过，为了抱得美人归，张生从京城给崔莺莺捎去了一支长五寸的管状口红作为小礼物。这不仅说明在唐朝就已经有了现代口红的雏形，更说明唐代的小哥哥们真是太会撩人了！

在化妆领域，唐朝的女性都是时尚的“弄潮儿”。玄宗朝流行的“青黛点眉眉细长”妆样，宪宗朝流行的乌唇、八字眉妆样，还有其他时期流行的泪妆、落梅妆，等等。在唐朝的话，各位还不跟着造型师挨个去试试?

帅哥讲究的穿搭

唐高祖武德四年（621），平定天下的战事如火如荼。

经过几次战役，秦王李世民终于攻到王世充*的都城——洛阳城。李世民命大将李勣押着战败的窦建德等人来到洛阳城下，王世充在城上流着眼泪与窦建德对话，知道大势已去。在与众将商议后，王世充穿着白衣带着太子、百官以及两千多人向李世民投降。面对多年的老对手，王世充内心百感交集，又敬又畏。

李世民按礼节接待了王世充，说道："你总认为我是小孩子，怎么见了小孩子还如此恭敬？"吓得昔日雄霸一方的王世充赶忙叩头

*王世充（?—621），隋新丰（今西安临潼东北）人，祖籍西域月支。涉猎经史，喜爱兵法。隋末在洛阳辅佐越王侗，封郑国公。不久自立为帝，国号为"郑"，后兵败降唐。

谢罪。

没几日，李世民等人押着王世充回到了长安城，带着一万铁骑奏着军乐到太庙去敬献俘获的敌将以及隋朝皇家车架等物品。身着黄金甲的李世民和李勣在整个队伍中耀眼夺目，见此情景，不少人都称赞秦王的英姿。来到太庙前，众人一起向祖先祷告。

作为唐代最显耀的军装，黄金甲多次出现在诗句中，最知名的当属唐末农民起义领袖黄巢所写《菊花》中那句“冲天香阵透长安，满城尽带黄金甲”[1]。

可黄金甲毕竟是军队武将的“顶配”盔甲，而将士们的“标配”盔甲中，以明光甲最为常见，它在唐朝十三类盔甲中排名第一。

明光甲最明显的特征就是胸前胸后各有一个大型的护心镜，唐朝匠人手艺独到，制作出来的护心镜闪闪发亮且不会生锈，而且明光甲护肩、护颈、腿裙一应俱全，为了提振军威，护肩还会做成虎、豹等不同造型。制作一副完整的明光甲需要大半年的时间。

在看隋唐题材的电视剧时，你可能会发现不少唐朝小哥哥都会戴一种黑色的头纱，这便是唐朝男性常戴的幞头。幞头类似“乌纱帽”的样式，只是幞头只能算是一顶“低配”的帽子。

如果只戴幞头，那明显不是“地道”的唐人穿衣风格。因为在幞头下面，唐朝男子会在头发上罩一层“巾子”，这种巾子就像卷发器和夹板的合体，能“凹”出不同的造型来。像武则天时期的“武家诸王样”、玄宗时期的“官样圆头巾”等都是不同时

---

1 〔清〕彭定求：《全唐诗》卷七三三《不第后赋菊》，中华书局1960年版，第8384页。

期流行的巾子造型。

在做好造型的巾子外头再裹上布绢之类的幞头，才是唐朝小哥哥“正宗”的头部造型。到了唐朝末年的时候，人们觉得每天都得给头发做一次造型实在烦琐，就制作出一种“木制裹头”，按照幞头的样子做成木头帽子，外面蒙上一层纱，随戴随用，方便至极。

“老板，你们这里有胡服吗？”不少人都想到唐朝体验穿着异域胡服。但是如果你这样问衣服店老板的话他一定会一头雾水。因为在唐朝，“胡服”是一个很宽泛的概念，不同的时期，“胡服”一词所对应的是不同的衣服样式。

那怎样的款式才是“正宗”的胡服呢？窄袖衫配上貂皮帽可算一种！窄袖衫是翻领的，上面还绣有花纹，下面配一条竖条纹裤，一双尖头靴子，再戴上一顶貂皮帽，就是一款标准的“胡服小鲜肉”造型。

在唐朝服装店里，袍衫是销量最好的男装。袍和衫其实是两种衣服，但是除了厚薄之外没有太多的区别，所以我们把它们放在一起来说。春夏时穿衫，秋冬时穿袍，圆领的袍衫长过膝盖，看起来就像男生版的“旗袍”一样，只是没有旗袍两边的开叉罢了。

要说什么样的男子衣服最具唐朝特色，则非“半臂”莫属。这种名为“半臂”的衣服类似现代人秋冬常穿的坎肩，但是半臂比坎肩多一截袖子，袖子的长度介于半袖与无袖之间。

这种穿在外衣之下内衣之上的半臂，为的是起到“垫肩”的作用，让男子看起来更加雄壮威武。陕县主管社会治安的头头为了在众人面前展示自己的“豪华”半臂，故意将一只袖子脱掉，将锦制的半臂露出来，让众人都能瞧见。如果唐代有网络，一篇题为《一件衣服顶普通百姓多年收入:这位官员当街炫富》的文章可能就要被挂出，陕县的这位头头就成为“网络红人”了。

不知道大家是否记得，前些年有人逛街时，喜欢把现金藏在袜子或者鞋里，让小偷无从下手。

唐朝小哥哥的“乌皮六合靴”也有类似功能，只是靴子里没法儿藏太多的金银，一般藏的是刀和书信。如果一言不合就从靴子里掏出一把刀，想想也是可怕。

这种六合靴是唐朝男性“贵贱通用”的靴子，由七块皮子拼接而成，所以有六条缝隙，靴子的名字也因此而来。

除了六合靴之外，男性们常穿的还有麻鞋、皮鞋等鞋子，这些鞋子鞋头稍微上翘，有的还有鞋带。唐昭宗有次下朝的时候低头一看，发现自己的鞋带开了，就喊手下大将朱全忠：“全忠快来给朕把鞋带系上！”这位朱全忠不是普通武将，可以说唐朝的招牌就是砸在这位老兄手上的，但当时他还在唐昭宗手下干活。不得已，朱全忠跪在地上给皇帝系鞋带，不知是累的还是紧张的，这点小活干得他汗流浃背。不过由此可见皇帝穿的鞋子是有鞋带的。

马上黄金甲，马下锦半臂，平时襕衫袍，一副能文能武的唐代少年形象便大致如此吧。

南北方服饰的差异

我国幅员辽阔，以秦岭淮河为界分为南方和北方。南北方自然景观不同，风俗习惯也有一定的差异。

北方人：粽子居然有肉的？南方人：吃饭居然没有汤？

北方人：没搓澡能叫洗澡？南方人：澡堂居然没隔间？

北方人：先囤上几十斤白菜；南方人：给我来两棵青菜。

类似以上这些北方人和南方人对于同一事物的不同认知一次次地登上各大网络平台热搜排行，爆笑互怼多年。

其实，中国南北地区的差异早在唐朝时就已表现得十分明显了。

唐文宗时期有次群臣朝会，隶属监察部门的夏侯孜穿了一件木棉布做的衣服。这原本是一件毫不起眼的小事情，谁知被眼尖的文宗皇帝看见。文宗觉得新奇，指着夏侯孜的衣服问：“爱卿你这件衣服是什么材质的？怎么如此粗陋？”夏侯孜答道：“这是用桂林所产的木棉布——桂布做的，这种布虽不好看，但它很厚，具有极好的耐寒性。”皇帝拽着夏侯孜的衣服感叹了好久，后来也开始穿着这种材质的衣服。大臣们纷纷向皇帝看齐，一时间桂布在京城里成了抢手货。

很难想象，文宗朝之前，在国际化大都市长安城居然买不到一件木棉布衣，不过打这以后，北方人便开始穿起了木棉布做的衣衫。

说到衣服的布料，据说最讲究的地区是四川、重庆等南方地区。当时的“益都盛服”备受人们喜爱，有人感叹人世间最好的衣服当为益州服装。

唐朝时，南北方着装的最大差异在帽子和鞋子上。

时尚百搭品——席帽，在北方地区是用毡子所做，可是同样的帽子在南方却是丝质的。

另一种帽子——毡帽，作为南方地区常见的穿戴单品一直不被北方人重视。宪宗朝时，宰相裴度因为戴着毡帽而在刺杀中幸免于难，这让毡帽有了“安全帽”的美誉，也让北方的老百姓对毡帽产生了浓厚的兴趣。

除了帽子，南北方人脚上穿的鞋子也差异明显。北方人穿靴子，南方人穿鞋子和木屐。北方天气相对干燥寒冷，日常外出以骑马为主，穿高帮的靴子再适合不过了。但南方人远行有船作为交通工具，加之气候潮湿，所以多穿草鞋。

唐朝时南方人在做草鞋方面充分发挥出自己的聪明才智，硬是逼得皇帝对普普通通的草鞋下了一道诏令。由于南方人穿的草鞋过于花哨，所以文宗皇帝专门下了一道诏书，严刹南方人的穿鞋奢侈之风，明令禁止他们穿高头草鞋，只允许穿平头小花草鞋子。[1]

为了避免湿气入体，南方人用树根做成木屐，晒干后刷上油穿。这种木屐北方人是从来不穿的，是南方人鞋子的一大特色。

---

1 〔北宋〕欧阳修、宋祁：《新唐书》卷二四《车服志》，中华书局1975年版，第532页。

称谓也要赶时髦

在日常生活中，要看两人关系究竟如何，根据他们之间的称呼就能做出判断。

在唐朝与人打交道时，如果一见面就称呼对方为某先生或某女士，那对方一定一头雾水。与他人初次交流的“正确打开方式”应该是先问一下对方的姓氏和排行，根据这两个要素，决定称呼其为“李三郎”还是“张十五郎”，这样一下子就拉近了与对方的距离。

睿宗朝，太平公主仗着自己是皇帝的亲妹妹，再加上有平定韦后叛乱的功劳，结党营私，权倾朝野，朝中七位宰相有四位都出自她的门下，所以她连皇帝和太子李隆基都不放在眼里。

原本太子李隆基跟她这位亲姑姑的关系还算融洽，当初一起拥立李旦（睿宗）为皇帝，可随着权力分配问题逐渐浮出水面，二人便分道扬镳了。

太平公主*心里很清楚，太子毕竟是太子，今后是要成为一国之君的，所以她想方设法地要把李隆基拉下马。双方势力在朝堂上下均如同水火。

李隆基则以退为进，你越是步步紧逼，我的姿态就越低，但是他的低姿态换来的却是太平公主一伙人想着法儿地摆弄“佛系”的睿宗皇帝。

面对这种状况，李隆基无计可施。有一次他在府邸召见心腹大臣王居商量对策，诉说内心的苦闷，说着说着竟然当着臣下的面哭了出来，王居一看连忙上前安慰。

李隆基哭着说道：“四哥最为仁孝，现在跟他血缘关系最近的人就是太平公主，可是太平干的这些事情四哥都不知道，我要是告诉他，显得我挑拨是非，可要是不告诉他，真害怕情况会变得比现在还要糟糕！我既为臣又为子，却无计可施啊！”

*太平公主（约665—713），唐高宗、武则天之女，唐中宗、唐睿宗之妹。极受其母武则天的宠爱，一世贵盛无比。先天二年（713），涉嫌发动谋反，被玄宗赐死于家中。

李隆基在几位兄弟中排行第三，却称呼自己排行第四的父亲为“四哥”，这可不是叫错了，而是当时人们在称呼上一种约定俗成的叫法。

武则天时期，张昌宗、张易之兄弟自打入宫起，地位就扶摇直上，别看官职低，可谁让他俩是武则天眼瞅心爱的人。

两个小伙不满足于在后宫陪着女皇欢歌笑语，在朝政上也要插一脚。不少官员见两人得宠，势力渐大，觉得有机可乘，就搞起了政治攀附，主动凑上前来。内吏杨再思*就是“搞政治投机倒把”的一员，为了讨张昌宗高兴，杨再思对他说：“人人都说六郎粉脸好似莲花，再思却觉得是莲花好似六郎而非六郎好似莲花。”六郎这个称呼不仅一下让杨再思拉近了与张昌宗的距离，还把张昌宗夸得心花怒放。

*杨再思（634—709），河南原阳人。于武周及中宗朝两度为相，封郑国公。

朝堂之上也有不少官员看不惯二张兄弟的种种作为，比如这位人送外号“有脚阳春”的宋璟*。宋璟是“政法”干部，素日里断案颇为公正，在群众中口碑很好，所以大家就送了他这么一个外号，意思就是他走到哪儿就把春天带到哪儿。这么一位给百姓送温暖的干部，却把“寒意”都给了二张兄弟。

*宋璟（663—737），河北邢台人，博学多才，历经武后、中宗、睿宗、玄宗数朝，为开元名相。

有一次，武则天宴请群臣，得宠的二张

兄弟自然是靠前排落座，他们刚一坐好，宋璟从外面进来了。宋璟为人有自己的一套标准，其他人攀附二张，他却从来不奉承他们，这兄弟俩也知道宋大人的名号，对他颇为敬畏，一见他进来了，连忙站起身来请宋璟就座。

“宋大人，请您赶紧就座，人人都说您是我大唐断案第一人，您要不就座我们大家可都没法坐了。”张易之客气地说道。

宋璟不买他的面子，说道：“我宋璟官卑人微，有几斤几两自己还是能拎得清的，张卿说我是第一人，不知从何说起？”

此话一出，场面顿时尴尬，二张兄弟和其他大臣面面相觑。就在这时，天官侍郎郑善果出来打圆场，说道：“宋大人，您怎么不称呼易之为五郎而称呼他为张卿，这样是不是显得不太尊敬啊！”

宋璟哪里肯让步，马上反驳说：“他与我同朝为臣，我以官员的身份跟他对话，自然该称呼他为卿。如果是亲朋，才应该称呼他为五郎，阁下又不是易之的家奴，怎么也称呼其为五郎呢？”

一席话把郑善果怼得哑口无言，二张兄弟站在一旁也说不出话来，好在武则天这个时候走了进来，大家按官阶纷纷落座，这才避免了一场风波。[1]

在唐朝，关系好的二人，不仅互相称对方为“郎”，更有亲密者会直接把“郎”字省略掉。

德宗时期，皇帝心血来潮，想看看民间的真实情况，于是带着几位随从乔装打扮从大明宫溜了出来。

---

1 〔北宋〕欧阳修、宋祁：《新唐书》卷一二四《宋璟传》，中华书局 1975 年版，第 4390 页。

边走边看，德宗皇帝来到了西明寺。当时诗人宋济正在西明寺苦读，戴着布头巾坐在窗下抄书。德宗挑帘进屋，看见有位读书人坐在窗旁，就说道："请给我一碗茶水喝。"

宋济正在奋笔疾书，头也不抬地答道："壶里边有开水，旁边杯子里是旧茶水，你自己把旧茶一泼，再把新茶倒上。"

听闻此话，德宗也不生气，自己动手倒了一杯茶水，端着茶杯走到宋济旁边问道："你在忙什么？"宋济放下笔，扭过头说道："我在准备今年的科考啊！"

德宗又问："你叫什么名字？在家中排行第几？"

老实的宋济把自己的相关信息一五一十地告诉了德宗："我姓宋，在家中排行老五。"

"你也是读书人，那你觉得当朝皇帝的诗，写得如何？"德宗皇帝有心想问问旁人对自己诗词的评价。

宋济答道："这个……当今陛下的诗我这等小老百姓怎么好乱做评价呢？"

没等二人把话说完，屋外忽然嘈杂起来，两人从屋里出来一看，原来是皇帝的车驾来了。四周的军士太监和寺里的僧人齐刷刷下跪高呼万岁，吓得宋济惊恐万分，赶忙跪下请罪。

德宗笑道："你宋老五怎么这么坦率啊？！"说完，上辇回宫去了。可皇帝心里也把实诚的宋济给记下了。

等到科考结束，放榜的时候，德宗心里挂念宋济，就吩咐旁边的侍卫去看看今年的进士榜上有没有宋济的名字，侍卫看完后向皇帝复命说宋济榜上无名。

德宗皇帝感慨道："这宋老五真是很实诚啊！"

能让皇帝如此亲昵地称呼自己，宋济实属幸运！

宣宗时期，皇帝任命自己的舅舅郑光为凤翔节度使。这位国舅爷是个大老粗，领兵打仗、政务管理不在行，可却能跟底下的人打成一片，没事就跟几位心腹在一起“吃着火锅唱着歌”。

按照朝廷的统一安排，各地节度使要定期回京。一次郑光进京面圣，向皇帝述职。一见面，宣宗皇帝就问郑光：“你任节度使的时候，底下的判官是谁？”

郑光答道：“冯三。”

“冯三”本是郑冯二人私底下的称呼，可粗枝大叶的国舅爷，在皇帝面前把对冯判官的昵称说了出来。

站在一旁的枢密使见状，上前解释说：“陛下，冯三就是冯兖。”

宣宗皇帝没有怪罪舅舅在称呼上的不当，笑呵呵地说道：“那就任命冯三为节度副使吧！”[1]

称呼虽小，用对了不仅会让对方如沐春风，有时还能化险为夷，“保住小命”哪！

德宗时期，因为安史之乱的缘故，朝廷决定“削藩”。

自己的“奶酪”被动，地方将领怎肯坐以待毙，纷纷起兵造反。朝廷命马燧等人领兵平息叛乱，不料被叛将朱滔等人打败，马燧只好带着残兵准备退回“老巢”太原。官军向西逃，叛军一路追，朱滔为了阻断官军西逃之路，准备把河道挖断。

---

1 〔唐〕裴庭裕撰，田廷柱点校：《东观奏记》附录三《唐宣宗逸闻轶事汇编》，中华书局 1994 年版，第 171 页。

马燧跟朱滔有很远的亲戚关系，按照辈分排，马燧应该称呼朱滔为表侄。得到朱滔挖河的消息后，马燧立刻手书一封，命人快马加鞭送到朱滔处。

信中写道：“五郎，如果你肯放老夫回太原，我保证其他节度使也都会回到自己的地盘，而且我还会向朝廷上书，保举你成为河北地区的节度使，那么大的地盘任你索取，你看如何？”

果不其然，马燧等人最后平安回到太原。

用昵称称呼别人在唐朝是一种“潮流”，各行各业、各门各派、三教九流都用这种称呼，就连讲神佛鬼怪时也要用。像黄帝的儿子轩辕四郎、风神封十八姨、神仙杨二郎等，听起来就像称呼隔壁邻居一样。

这样的称呼虽然显得亲昵，但是在使用之前得先掂量掂量彼此的关系和对方的为人才行，“戏”也不能太过。

武则天时期，官员韩令珪为了显示自己“能量大”，碰见王公权贵就爱称呼其昵称，不管之前见没见过，都要上前套个近乎，“假装”跟人家很熟。

这一年，朝廷开始选拔官员，陆元方作为评选委员会的主任全权负责本次选拔。韩令珪在陆元方手底下做事，为了跟领导搞好关系，韩令珪一如既往地发挥自己套近乎的能力，有事没事就往陆元方家里跑。

有一次，陆元方的朋友王剧在陆家做客。王剧因为父亲病故，本应该在家守孝，但是因为朝廷需要，他只好坚持工作。这时，韩令珪又来陆家，从门外一进来，看见王剧坐在椅子上，便吃惊地说道：“哎哟，这不是王老五吗？”

王剧一看这架势，马上从座位上起身相迎，因为是在守孝期间，脸上还露出十分悲伤的样子。韩令珪多聪明，脸变得比戏法都快，也跟着一起悲伤起来，两人说着说着干脆抱头痛哭，站在一旁的陆元方安慰了好一阵，王韩二人这才彼此分开。

等韩令珪一出门，王剧满脸疑惑地问陆元方："这位大人到底是谁啊，我怎么一点印象都没有？"

陆元方一听这话，眼睛都瞪圆了，说道："原来你俩不认识啊？！"

两个不认识的人就因为一个昵称抱在一起哭了这么久，简直让人啼笑皆非。

跟着富豪学经商

“榜样的力量是无穷的。”如果你在唐朝打算做一名商人，那有几位商界前辈的实践案例说不定能帮你打开思路。

其实跟前后几个朝代比起来，在唐朝做商人还是相当幸运的。唐朝法律明确规定，老百姓想从贫瘠地前往富庶地，可以将甩卖农田时得到的钱财用于购置富庶地的商铺。而且为了避免有人降价抢生意，对权臣贵族们所开设的店铺和老百姓征收一样的赋税。

唐朝没有银行可以转账。为了方便富豪们往来各地时携带巨额钱财，地方政府在京城长安设置了办理“汇兑业务”的“办事处”

“进奏院”，商人们拿着一张凭证就可以直接取钱。

在利好政策的刺激下，不少的典型富商涌现出来。

案例一：善于抓“风口”的窦乂

做生意说起来无非是“低买高卖”，但要做到这一点需要独到的眼光，能准确地预判出生意场的下一个机会在哪儿。

宝鸡人窦乂出身官宦世家，窦家男丁从政，家中的女眷也是皇亲国戚。按照唐朝公卿世家的“家庭路线”，窦乂应该一心一意地考取功名，步入仕途，迎娶有同等家世的妻子，走向人生巅峰才对。可窦乂的心思偏偏不在功名上，他从小就对生意场表现出浓厚的兴趣。

在窦乂十三岁的时候，家中大人从外地拉回来好几车特产丝鞋，准备作为礼物送给亲朋好友。

亲朋好友一看发福利的时候到了，纷纷前去挑选，可唯独窦乂不去拿。过了好一会儿，亲朋好友们都挑好了鞋，抱着鞋兴高采烈地回了家，窦乂说话了：“叔叔，这里还剩下这么多亲戚们挑剩下的鞋子，你能都给我吗？”

窦乂的叔叔觉得很奇怪，说道：“你要人家挑剩下的鞋子干什么？如果你想要，都拿去吧！”

小窦乂将剩下的鞋装到一辆车上，拉到当地的集市销售一空，一共赚了五百文钱。他把钱偷偷藏起来，准备作为下次生意的本钱。

长大后的窦乂多次瞅准商机，赚得盆满钵满。

作为长安城的 CBD（中央商务区），大唐西市可谓寸土寸金。可就在这寸土寸金的地方，有一片大污水坑，虽然地皮有主，但处理起来会耗费大量资金，所以主人也一直没管。

商业思维敏锐的窦乂，觉得从当时社会的发展速度来看，房地产必然会成为“风口”行业，更不要说大唐西市的地产生意了，只要买到就是赚到。

加上窦乂进入房地产市场不算太早，长安城里风水好、位置佳的地段早都被各路人马“掠夺”一空，只剩下类似大唐西市里这种有污水坑、没人要的地皮了。

于是窦乂找到地皮主人提出要买这片污水坑，一张口就开出了三万钱的高价。这片地大概有一万多平方米，三万钱只是西市别处地价的零头，可地皮主人还是吃惊得说不出话来，心说这个冤大头要这片废地有什么用?

所有买卖手续履行完之后，窦乂开始入场“操作”。他先是在水池中央竖起一杆悬挂旌旗的木杆，又在水池四周临时搭了几间小屋子，请做胡饼、汤圆等小吃的师傅免费入驻；同时他向全长安城的孩子发出邀约:只要大家用石头、瓦片砸中水池中木杆上的旌旗，胡饼、汤圆免费吃!

“免费吃喝”无论在哪个朝代都是大噱头，消息一传十十传百，西市的这片污水坑很快便成了孩子们的游乐场，这样一来也间接带动了水坑周边商铺的生意。

不到一个月，孩子们就用石头瓦片将这片污水坑填了个满满当当。见自己的目的达到，窦乂撤去了旗杆和周围的小吃摊，开始在这里盖商铺。

二十多间新商铺出现在西市上，还没等窦乂贴出出租信息，不少商人就上门来打听租金价格。很快窦乂手里的商铺全部租了出去，他则开启了在家数钱的“包租公”生活。

窦乂不仅押宝“风口”产业，还会在特定官员身上“下注”，而且赌注颇大，一送就是一个马球场。

长安城中名将李晟*家旁边的宅院不知怎么回事，被传出闹鬼，久而久之这所宅院成了一间凶宅，致使这么好地段的房子一直无人问津。

作为长安城里的知名地产商，窦乂花二十万钱将这所凶宅买了下来。到手之后窦乂将凶宅四周围挡起来，把凶宅里外拆了个干干净净。

李晟原本也想把这间凶宅买下来，跟自己家的后院打通，盖一间马球场。没承想被窦乂捷足先登，于是他命人去跟窦乂沟通，希望从他手里把凶宅买过来。窦乂得知对方来意后，摇摇头，说道：“真是不好意思，这间宅院我已经有其他用途了，恕难从李大人的命！”

没过多久，赋闲在家的李晟被皇帝重新起用，成了皇帝眼前的红人。得知此消息的窦乂赶紧带着地契房契等一应手续前去拜会。

“李大人，小人今日前来是将隔壁宅院送上的！”窦乂说道，“小人原本打算将这座宅院送给一位亲戚，可普通老百姓怎么能和您做邻

*李晟（727—793），中唐名将，擅长骑射，勇武绝伦，号称『万人敌』。

居呢？上次听说您打算将您的后院和这所宅院连通，盖一座马球场，我认为这再合适不过了！”

窦乂边说边把房契地契交到李晟的手中，还吩咐人赶紧把马球场盖起来，钱都算到他头上。

李晟很高兴，对窦乂说：“这怎么好意思，你有没有什么难处，说不定我可以帮你解决？”

窦乂连忙摆手，说道：“小人哪里有福分能劳烦李大人帮忙，如果我今后真遇见了什么事，再来找李大人吧。”

此话一出，李晟更是高兴，心里觉得这位邻居还真是为自己着想。

李晟这边在马球场上热火朝天比着赛，窦乂也没闲着，组织城中几位富商巨贾一起吃了顿便饭。饭桌上，窦乂说道：“咱们几个经商多年，能有如今的财富全靠大家相互帮忙扶持，各位家中可有待分配的子女？我或许能帮各位想想办法。”

唐朝的商人虽然腰缠万贯，但很多人着实不懂官场上的人情世故。饭桌上几位一听，心里感动坏了，之前从未遇见过像窦乂这样的生意伙伴，还肯为自己家解决如此难的问题。各位纷纷表示，只要窦乂能办到，钱根本就不算什么。

没过几天，窦乂拿着富商子女们的简历来到了李晟府上。

“李大人，这些都是我亲戚的孩子，长安城内这么多大人，可却没有一位是我的朋友。今天我厚着脸皮来找您，您看这……”窦乂一脸为难地说道。

李晟接过简历一看，都是自己能够解决的小事，便满口答应下来。

就这样，窦乂又从富商朋友那里得到了相当数量的钱财。

作为长安城内的商业巨头，窦乂靠着押宝“风口”行业和官员为自己积累了可观的财富。

在唐朝想经商，跟着窦乂的商业路径走，准没错，但他投资官员的做法，是不可效仿的。

案例二：从捡破烂到官拜正三品的裴明礼

俗话说“世上不缺少美，缺的是发现美的眼睛”。把这句话放在唐朝商界毫无违和感。

与窦乂出身士族豪门不同，普通家庭出身的裴明礼*两眼一抹黑来到京城长安想讨个生活。

像裴明礼这种一没本钱二没关系的穷小子，在长安城里一抓一大把，大家都想来长安改变命运，可来的人多，留下的却少之又少。

没钱没关系，还可以干别人不想干或者不能干的事情。裴明礼琢磨来琢磨去，决定从捡破烂开始做起。

如果各位能在这个时候跟裴明礼交个朋友，就会发现这位小伙伴思想相当超前，懂得垃圾分类、变废为宝。他把从各处捡来的破烂收集起来，再按照门类分开，纺织品放一堆、木制品放一堆，等等。

*裴明礼，善理财，以收破烂起家，成为长安巨富。唐太宗贞观年间，任太常卿。

经过简单擦拭修补后，裴明礼将旧衣服、瓶瓶罐罐卖给一般百姓，木制品卖给木匠。做了几年收进卖出的生意，裴明礼慢慢地积累了一小笔财富。

靠着捡破烂攫取“第一桶金”后，裴明礼觉得这样赚钱不仅辛苦，而且速度慢。于是他也把目光投向了房地产，只是与窦乂在城内看地不同，裴明礼在城外拿地，且拿的都是不毛之地。

裴明礼与窦乂在经营房地产上的思路不同，窦乂是住宅商铺开发商，裴明礼则选择了当一位农业地产开发商。

几经勘察，裴明礼看上了长安城金光门外的一片荒地。[1] 这片地因为在城外，所以人烟稀少且杂物杂草众多。不过它最大的优点就是价格便宜，而且西边城门是南来北往，特别是丝路商队的必经之门，人流量相对较大。

为了解决荒地上残砖断瓦等建筑垃圾较多的问题，裴明礼用了和窦乂一样的方式——利用噱头找免费劳动力。

裴明礼在荒地四周设置了几根木杆，在木杆上绑上竹筐，又放出话去说，无论是谁，只要能将砖瓦投进竹筐，就会获得丰厚的现金奖励。

唐朝人擅长蹴鞠，投篮稍逊。

来往的人原本想开开心心投个篮，轻轻松松拿个奖。可不承想，篮不是那么好投的，等技术练熟了，荒地上的残砖断瓦也捡得差不多了。

杂物没有了，杂草还是个问题。

---

1 〔清〕徐松撰，张穆校补，方严点校：《唐两京城坊考》卷二《两京·外郭城》，中华书局 1985 年版，第 192 页。

为了清除杂草，裴明礼在城外找了几位养殖大户，让他们赶着家里的羊、牛、鸡等牲畜免费到自己的地里来吃草，且不用打扫粪便。这样一来，裴明礼手里的这片荒地竟变成一片肥沃的“宝地”。

看着眼前的这片宝地，裴明礼盘算起下一步操作。种庄稼？周期慢还不赚钱；搞餐饮？各个阶段的投入太大。想来想去，针对长安城人生活水平较高这一实际情况，裴明礼决定种水果。

肥料充足的沃土上生长出的水果自然受欢迎。等裴明礼家的水果上市，长安城中的人都赞不绝口。许多贵族权臣还专门派车来他的果园拉水果。

生意火爆，裴明礼的身家自然也稳步增长。

眼见做农业这么赚钱，裴明礼又利用这片地经营起了养殖生意。与其他养殖户养牛、羊不同，裴明礼走的是高端路线，他养蜜蜂。他先在果树四周种上各种花朵，又放置了成片的蜂箱。既利用上了果树周围的空闲地段，又为自己新开辟了一条财路。

卖水果、卖蜂蜜，裴明礼在长安城这个巨大的消费市场上赚取了巨额的财富。

裴明礼的传奇故事瞬间传遍了长安城。太宗皇帝听闻此人，也十分惊奇，亲自召见了他。交谈过后，唐太宗觉得裴明礼是能够为大唐所用的人才，便立刻为他开了“绿灯”，裴明礼便成为一名大唐官员。

唐高宗时期，裴明礼已经是官居正三品的太常卿，专门负责礼仪上的各项事宜。

案例三："无横财不富"的邹凤炽

俗话说"运气也是实力的一部分"。

高宗时期，身残志坚的邹凤炽靠一个小吃摊维持着生计。邹凤炽虽然生来残疾，但是性格倔强，认为靠自己的双手一定能勤劳致富，每天天不亮就推着小车出去摆摊。

这天邹凤炽推着小车路过达官显贵们所住的胜业坊，行动不便的他原本推车就比较吃力，哪里知道地上有一块凸起的方砖，导致他一时没有把稳方向，装满吃食的小车瞬间翻倒，食物撒了一地。邹凤炽心疼不已，忙蹲下去捡那些还没被弄脏的食物。捡完食物，扶起小车，邹凤炽又去查看那块凸起的方砖，他打算把方砖清理一下，免得其他人重蹈他的覆辙。

这一看不要紧，居然看出来个"万贯家产"。原来方砖底下不知是谁埋了一大堆的黄金。

幸福就这样从天而降，砸得邹凤炽晕头转向。缓了缓神，见四周无人，他小心翼翼地把黄金拿出来藏到自己的小车上，不动声色地将这笔横财带回了家。

走向"人生巅峰"的邹凤炽并没有坐吃山空，而是选择主动出击。

邹凤炽的思路跟窦裴二人都不一样，他干起了实业，经营丝绸生意、连锁酒店餐饮生意、大型商超生意。总之，以这笔横财为原始资本，邹凤炽在长安城建立了一个属于自己的商业帝国。

他选的行业原本都属于"印钞机"行业，邹大富商还在这些行业内做到了龙头位置。有了钱，人的心态就变了。邹凤炽开始依靠财富与长安城中的达官显贵拉扯关系，计划为自己钩织一张横跨政商的大网，但也为他日后的破败埋下了隐患。

最夸张的“天价嫁女”事件就是他的手笔，这件事成了长安城口口相传的稀奇事。能参加邹女婚礼的，自然都是长安城里有头有脸的人物，但婚礼现场的排场，还是让这些人瞠目结舌。出嫁当天，邹凤炽女儿身边跟了几百个丫鬟，数量还不是最令人吃惊的，最令在场嘉宾合不拢嘴的是这些丫鬟们也各个珠光宝气，头戴翡翠珠宝，满身昂贵丝绸。因为每个人都打扮得十分奢华，以至于大家都弄不清哪位才是新娘。

后来，邹凤炽被流放到偏远地区，家财散尽，一代巨富落得个如此结局也是令人唏嘘。[1]

三位唐朝巨富走的是不同的经商道路，每个人的道路似乎都不可复制但又有相同的地方。

如果各位在唐朝做生意，打算从哪个行业开始发力呢？

1 〔汉〕王褒等注，陈晓捷辑注：《关中志辑注》，三秦出版社2006年版，第81页。

『法师』也是一种职业

在唐朝这个天高任君飞的多元社会，很多时候可以凭自己的兴趣爱好去选择工作。

在有些现代游戏里，角色人物“法师”“方士”能呼风唤雨，好不厉害。这样的玩家来到大唐的话说不定就能圆“法师”梦。

作为大唐最高的医学教育机构，太医署专门负责培养和医疗相关的从业者。为了让从业者术业有专攻，太医署开设了医、针灸、按摩、咒禁四门课程。医和针灸好理解，号脉拿药、针灸调理，我们重点解释一下按摩和咒禁。

如果说按摩起的是物理作用，那咒禁起的就是心理作用。

唐代之所以把按摩作为“职业教育”种类之一，跟唐朝人的养生意识有关。类似现代“按摩足浴”这样的店铺，在唐朝也能见到。

太医署里按摩专业的学生，通过学习各种按摩手法，来缓解人们身体疲乏、风寒中暑、操劳过度、跌打损伤等疾病。

当时最常见且有效的两种按摩手法一个是来自印度的“天竺国按摩法”，另一个是出自本土的“老子按摩法”。

咒禁作为太医署里最具“神秘”色彩的职业教育学科，培养的是大唐正规的“法师”。咒禁专业的学生学习咒语加以应用，主要是为了驱鬼神。不仅如此，他们也会在妇女难产、蚊虫叮咬等实际问题发生时出场。

在野外碰见毒蝎蜥蜴，念“禁蝎螫人咒”；如果有宅院闹鬼，念“却鬼咒”；如果被孕妇求助，念“防难产咒”。可以说他们是“跨学科人才”，用不同的咒语解决不同的问题。

学会念咒语只是大唐“法师”养成的第一阶段。咒禁生还得学会作法时的步法、念咒时的结印手势以及平时修炼时的冥想方法。

一名专业的大唐“法师”从入学到出道也是需要经过相当长的一段时间的。

在唐朝除了可以去做一名“法师”为人消灾除难外，还可以通过参加“唐朝好声音”的选拔进入大唐演艺圈来养家糊口。

玄宗时期，长安是一座名副其实的国际化大都市，其“国际”二字不只体现在外国人多上，更体现在长安城举办的国际级大型歌舞表演的艺术水准上。

玄宗皇帝喜欢热闹，甭管大节小节都要举办大型歌舞表演外加天价宴会。有一次玄宗皇帝在兴庆宫的勤政务本楼上宴请来到大唐的各国使臣和文武百官。勤政务本楼下有一个大广场，凡有重大庆贺活动，长安城里的男女老少都会携家带口过来凑热闹。这一天也是一样，勤政务本楼里里外外热闹非凡。

为了展现自己的亲民形象，玄宗皇帝喜欢与民同乐，可这一天来的人实在太多，人声鼎沸，以致皇帝和大臣们都听不清歌舞的伴乐。

好端端的高雅演出，被叫卖吆喝声、小孩啼哭声湮没。负责维持秩序的官员嗓子都喊哑了还是未能奏效，毕竟一个人的声音在成群结队的百姓面前是那么的微不足道。

玄宗皇帝心里颇不高兴，站在一旁的高力士最懂皇帝的心思，见状，说道："陛下，如此场面，不如请出许和子*登台演唱，她的歌声说不定能让这现场的秩序好转。"

原本已经打算拂袖而去的玄宗皇帝一听高力士的提议，马上表示同意。

随着悠扬的歌声，许和子缓缓登上勤政务本楼，洪亮婉转的歌声一下就抓住了现场百姓的耳朵，大家纷纷停下来欣赏许和子的演出，

*许和子，又名许合子，原是吉州永新县（今江西省吉安市永新县）的民间歌手，其家世代都是乐工。开元末年被选入宫廷，入教坊宜春院为内人，后改名"永新"。

偌大的广场上仿佛空无一人。[1]

一曲歌毕，广场上掌声、欢呼声雷动，作为大唐最具人气的“实力派加偶像派”女歌手，她一出现总能成为全场的焦点。

玄宗皇帝龙颜大悦，又继续跟着使臣和百官一起欣赏歌舞表演。

“唐朝好声音”的主办单位——教坊，是专门选拔优秀音乐从业者的官方机构。为了挑选到优秀的苗子，教坊从全国各地、各个阶层筛选音乐人才，许和子就是从民间挑选出来的精英。

在演唱方面许和子造诣颇高，她懂得科学变声的方法，无论是女高音、女低音抑或是花式唱腔，许和子驾驭起来都游刃有余。

“吹笛小能手”李谟*经常在许和子演唱时为她伴奏。有一次李谟吹笛，许和子演唱，当许和子飙完高音后，李谟的笛子竟然裂了。

*李谟，方伎，唐朝宫廷梨园曲部演奏『法曲』的笛技大师，善吹笛，唐朝开元年间出名的神笛手，山东任城（今山东济宁）人，及长，西游东都洛阳，开元中吹笛为第一部。

能造就这样的演唱功力是与教坊的严格训练分不开的。每一位有着“好声音”的歌者进入教坊，都会配备专业的老师授课，再经过一系列的考核方可登台演出。

女性歌者的榜样是许和子，男性歌者的标

---

1 〔唐〕崔令钦撰，任半塘笺订：《教坊记笺订》，中华书局1962年版，第49页。

杆为李龟年*。

与许和子出身民间不同，李龟年出身音乐世家，父亲、兄弟不仅官居要职，而且善于音乐表演。他精通作词谱曲，加上独特的嗓音条件和扎实的唱功，可以说是一位全能型歌手。

玄宗时期，兴庆宫内，玄宗皇帝和杨贵妃在花园赏牡丹。二人兴致颇高，一路赏一路聊，来到了沉香亭。

玄宗下诏，让梨园中优秀的乐人来演乐助兴，并令李龟年唱和。

谁料演奏刚一开始，玄宗就摆了摆手，说道：“你们演奏的都是些旧乐，今日朕与贵妃一起欣赏这牡丹，不要用这些陈词滥调了。”

站在一旁的乐工们面面相觑，心说也没有新的乐章可供演奏啊！

玄宗皇帝马上吩咐人去找李白，让李白写词、李龟年谱曲为他二人的赏花之游助兴。

不一会儿，微醺的李白就被接到了宫中，玄宗皇帝让他根据眼前场景写几首诗词。

李白拿过笔，写道：

> 云想衣裳花想容，春风拂槛露华浓。
> 若非群玉山头见，会向瑶台月下逢。
> 名花倾国两相欢，长得君王带笑看。

*李龟年，邢州柏仁（今河北省邢台市隆尧县西部）人，李景伯之子，唐朝音乐家，被后人誉为“唐代乐圣”。

解释春风无限恨，沉香亭北倚阑干。[1]

玄宗皇帝看过后直夸李白才华横溢，又命李龟年立刻谱曲并现场演奏。

这场大唐最高级别的宫廷音乐会演出过后，立刻上了长安城的热搜，不少权贵都为自己没能现场聆听演奏而颇为遗憾。李龟年的曲、李白的词自此长期霸占唐朝音乐榜前列。

为了表彰李龟年音乐上的造诣，玄宗皇帝赏赐给他一套东都洛阳的大豪宅，其豪华程度甚至超过了不少王侯将相的府邸，李龟年的人生也走向了巅峰。

其实在唐朝，类似“法师”、歌者这样比较专业的职业还有讼师、兽医等。这些职业的从业者都要经过一系列培训，合格后方可上岗，总之在唐朝，专业的事情需要专业的人来干。

1　吕华明、程安康、刘金平著：《李太白年谱补正》，中华书局 2012 年版，第 264—265 页。

享受美食

古人云：国以民为本，民以食为天。常言道：人是铁，饭是钢，一顿不吃心发慌。由此可见饮食对人而言是多么重要。吃饭喝水是为身体补充能量、保障生命延续的基本手段。人三天不吃饭、四天不喝水，就有生命危险。改革开放以来，我国人民的物质生活水平有了较大提高，绝大部分人已经解决了温饱问题。人的天性是目好色，耳好音，口好味。所以在解决温饱后，许多人都在享受美味。这正是《舌尖上的中国》受到追捧的原因。享受美食不是我们现代人的专利，古人也是很会享受美食的。唐朝处于我国帝制时代的黄金时段，人们的物质生活相当丰富。那么，在唐朝，诸位能吃到什么？喝到什么？能通过什么方式满足自己的味蕾呢？

昔日齷齪不足誇今朝放蕩
思無涯春風得意馬蹄疾一
日看盡長安花　孟東野登科後

歲次辛丑孟冬楊國慶書於淡墨閣

唐朝的花式美食图鉴

蒸煮煎烤，地上跑的，水里游的，天上飞的，许多动物和植物都是唐人的食材。唐朝某美食家曾说过“物无不堪吃”，即没有啥是不能吃的。

打开一张唐朝菜单，在蔬菜一栏你会发现，菠菜、莴笋这些舶来品已经成为重要食材；海鲜，有海蟹、比目鱼、海蜇、乌贼等；像肠子、肚子这类动物下水，菜单上也是应有尽有。

这么丰富的原材料，怎么做才好吃呢？在唐朝，食用油没有普及，像“火爆鱿鱼”之类的菜肴还没上唐人的席面。各位都听过“脍炙人口”一词，脍就是切细的肉，炙就是烤肉，其实这个成语也从侧面说明了唐朝两大食品料理方法。烧烤、刺身是唐人做饭的主要操作方式。

烤肉是唐朝人食用最多的美食。石炭、竹子、柴火，用不同的燃料烤出来的肉味道不同。像是用竹子烧烤的牛肉、马肉、驴肉、羊肉、鹿肉，还有鱼、生蚝、牡蛎等，都可以摆上餐桌。

当然，同样是烤，有些人的烤法却与众不同。武则天宠爱的二张兄弟为了吃到顶级的烤鸭烤鹅，想了一个十分残忍的办法。他们特别定制了一个大铁笼，把活鸭鹅放在铁笼内，笼子中间生炭火，上面支起铜盆，铜盆里放置的是多种调料秘制的料汁。然后赶着鸭鹅绕着火走，燥热的鸭鹅会不停地去铜盆里喝水，但是铜盆里滚烫的料汁一喝下去就会灼烧肠胃，不一会儿鸭鹅们从内到外就被烤熟了。

唐朝还有一道“花式烧烤”法，听上去也很特别。那就是在烤全羊肚子里面放上一只烤鹅，烤鹅肚子里放上糯米和肉馅。烤完以后，食客不吃羊肉，把羊扔掉，或另作他用，只吃里面的鹅。至于为什么要这么烤，咱也不知道。

比起充满市井烟火气的烤肉，刺身相对高端。刺身的高级之处，不仅在于它是贵族高官餐桌上的传统菜肴，而且还在于厨师们的切肉手法颇具艺术感。

大诗人杜甫有次参加一场高级座谈会，交流会谈了啥老杜没写，可偏偏把吃了啥写得是清清楚楚。

时值寒冬腊月，与会代表想吃新鲜活鱼。这可不是一件容易的事情。但是东家路子广，办法多，不仅弄来了活鱼，还请来刺身料理高手给大家现场制作。老杜不常参加这类交流会，所以刺身高手片鱼的手法让他大开眼界。他在诗中写道“无声细下飞碎雪”，生动表现了大厨制作手法之娴熟。关键是这道菜不仅好看，还好吃，让老杜“放箸未觉金盘空”，回味良久，感觉没有吃够。[1]

需要说明的是，唐朝人对于杀毒灭菌没有概念，很容易因为吃生鱼片而诱发疾病，宰相房绾就是因为食用刺身最后病死在了阆州。所以刺身虽美好，但要谨慎食用哟。

唐人讲究主食，配汤也绝不含糊。

你知道唐朝人怎么评判新媳妇的厨艺吗？不让她去烤肉，也不让她去片鱼，而是看她汤羹煲得好不好。“三日入厨下，洗手作羹汤”是新媳妇必修的功课。

与主食中的粥相比，汤羹作料丰富，且“档次”要稍微高些。老百姓家里煲榆叶羹、羊羹、鱼羹；贵族高官家里的羹比较高级，有以骆驼掌为原料的驼蹄羹，鹿角、海紫菜等十种名贵食材做成的“十遂羹”，奢华至极，是罕见的美味。

唐朝人对于美食的追求，光是色香味俱全还不够，还要能玩出花样来。

崇信佛教的宰相安潜荤腥不沾，在西川当节度使的时候，只吃蔬菜。他不仅自己不吃肉，还让属下奉行“素食主义”，这让许多喜欢吃肉的人难以接受。

为了照顾大家的胃口，安节度使想了一个“两全其美”的好

1 〔清〕彭定求：《全唐诗》卷二一七《阌乡姜七少府设脍戏赠长歌》，中华书局1960年版，第2281页。

办法，在一次宴请属下时，他命底下人用米面等素食原料，制作出刺身、烤羊肉等多种荤菜的样式，十分逼真，至于味道如何，是否能满足大家的味蕾，就不得而知了。估计下属在吃饭的时候内心翻了无数个白眼。

厨师手艺好不好，得看他能不能用简单的食材做出不一样的花式来。

五代女厨师梵正善于制作各式美食。据说他曾用生鱼片、瓜果蔬菜等各色食材，制作出缩小版《辋川图》。这《辋川图》可是大诗人王维所作的山水画，画中亭台楼榭掩映于群山绿水之中，画里的儒学老者弈棋饮酒，好不快活。《辋川图》，堪称中国泼墨山水画的顶峰力作。能将这《辋川图》用食材再现，足见梵正刀功之绝妙，技艺之精巧。

从“实用”的烧烤刺身到“花哨”的食材画作，唐人把做饭玩成了艺术。各位回到唐朝不要光顾着填饱肚子，学上两手“唐氏菜肴”才是正经事啊！

唐朝的茶酒『顽主』

所谓顽主就是能把一般人认为不正经的事情“玩”出正经的模样来，而且还“玩”得废寝忘食、兢兢业业的人。他们不单自己玩，还带动一群人煞有介事地一起玩，最后玩出了一种风气和文化。

俗话说得好：“茶是一个人的狂欢，酒是一群人的寂寞。”到了唐朝，如果能碰上一两位唐朝“顽主”，一定能带你把茶和酒两样看似简单的事物玩出别样的感觉。

唐代宗时，湖州刺史李季卿* 在赴任途中路经扬

*李季卿，唐朝宗室成员，登博学宏词科，官至中书舍人，为人有度量，性识博达，在朝以进贤为务。对茶文化颇有研究。

州时，与“茶神”陆羽*偶遇。李季卿乃太宗长子李承乾曾孙，正宗的李唐宗室，博学通达且对茶道颇有研究。他仰慕陆羽已久，此次偶遇，自感是冥冥之中上天的安排，便请陆羽一起到驿站吃饭讨论茶道。

*陆羽（约733—804），号竟陵子。著有《茶经》，被尊为“茶圣”。

席间，李季卿说：“陆君善茶，已是天下闻名。这扬子江的南零水被称为天下第一名水。‘二妙’相聚，岂能错过!”就命随行的一位可信的军士带瓶坐船去取南零之水。陆羽则备好煎茶器具等候水至。

不一会儿，军士取水回来，将水呈给陆羽，陆羽用勺取水，但只看了一眼就用勺把水扬飞了，说道：“这水是扬子江的水，但却不是南零之水，好似临岸的江水。”

军士回答说：“我划船取水，有一百多人都看见了，我怎么会撒谎。”

陆羽没接话，只是默默地将瓶中水倒出，倒到一半时，陆羽忽然停住，又用勺取水，扬了扬说道：“这才是南零的水!”

军士听完此话大为惊骇，低下头说：“我的确是取了南零的水，但回岸时船摇晃得厉害，瓶里的水洒了一半，我怕您嫌水少，就在江岸边将水盛满。您可真是神了！”

听闻此话，李季卿和在座的数十人都惊

讶得说不出话来。此事虽于逻辑上说不通，不可信，但却从侧面表现出陆羽不是简单的会喝茶，而是把茶“玩”出了新高度。

李季卿平复了一下心情，又问陆羽：“那您说，我们平时喝的水中，有哪些是最适合泡茶的？”

陆羽慢悠悠地说道：“江西庐山康王谷的谷帘泉水排名第一，无锡惠山寺的石泉水排名第二，湖北兰溪石下水排名第三，湖北峡州扇子山‘蛤蟆口’下的水排名第四，苏州虎丘寺石泉水排名第五，……雪水排名第二十。”洋洋洒洒一通大论，把适合泡茶的水按质排序，挨个指点。李季卿早已命人把陆羽的话记录下来，回去后琢磨来琢磨去，觉得很有道理。

唐朝正宗的泡茶法不像今天的“开水漫灌”，而是讲究“煎茶”。煎茶法着实费时费力且讲究颇多，如同勾勒一幅人面素描画，少画一笔都会觉得“形似神不似”。

唐人“煎茶法”的第一步，是要把茶叶研磨成极其细微的粉末。磨茶的工具

羽嗜茶，著经三篇，言茶之原、之法、之具尤备，天下益知饮茶矣。时鬻茶者，至陶羽形置炀突间，祀为茶神。——《新唐书》卷一九六

是碾子。考古人员在法门寺地宫中发掘出一件鎏银茶碾，非常高级，其形制与中药店的碾子很相似。唐人就是用它来碾茶的。

第二步，用釜“煎水”。慢慢琢磨“煎”这个字，与烧、煮等不同，“煎”字体现了从无到有的一个过程，好似在这个过程中把火苗能量的精华都传输给了水。煎水需要注意火候，水沸腾得如同鱼眼且有细碎声音时，需要加少量盐来调味；当水沸腾得如连珠炮一样时，先盛出来一瓢，然后用竹夹搅动，让它沸腾得均匀一些，再取一定量的茶末倒入并充分搅动；搅动时，把刚才盛出来的一瓢水倒入釜中，沸腾的水便会产生泡沫，这种泡沫俗称“汤花”。

最后一步，就是“分茶”，一升茶汤可以分五碗茶，有且只有五碗，一碗不能多一碗不能少，不然味道就淡了，真是讲究至极！

福建大红袍、西湖龙井、洞庭碧螺春、信阳毛尖是我们现在的四大名茶，颇受人们的喜爱。可如果在唐

茶为食物，无异米盐，于人所资，远近同俗，既祛竭乏，难舍斯须。田闾之间，嗜好尤切。——《全唐文》卷七二〇

茶诗　郑遨

嫩芽香且灵，吾谓草中英。夜臼和烟捣，寒炉对雪烹。
惟忧碧粉散，常见绿花生。最是堪珍重，能令睡思清。

《全唐诗》卷八五五

朝，无论是在茶馆还是在朋友的家里，都是喝不到这些茶叶的。

那唐朝有哪些名茶呢？茶神陆羽认为，浙江长兴产的“顾诸紫笋”、江苏宜兴产的“阳羡茶”、四川雅安产的“蒙顶石花”、云南东川产的“神泉小团”等五十多种茶叶都是名茶。

当饮茶这件事上升到一定的艺术高度时，属性就变得多元化了。社交工具就是它的属性之一。在唐朝如果想跟文人雅士、高僧大德交交朋友，到了番邦想拜见酋长，那么会喝茶就是“敲门砖”。

德宗朝时，常鲁公出使吐蕃，有一天闲来无事，就把随身带的煎茶“多件套”拿出来准备在帐篷里坐禅品茗。这时，吐蕃赞普一挑屋帘来到屋中，看见茶叶马上来了兴趣，问道：“这个是干什么用的？”常鲁公说：“这个是茶叶，清热解渴。”赞普说：“我也有，你来看看品相如何？”说着命人把自己日常喝的茶叶拿来。

原本无话可说的二人因为喝茶这一共同爱好而坐在一起谈论了许久，赞普指着自己的茶叶给常鲁公介绍道：“这个是寿州产的，这个是舒州产的，这个是昌明产的，这个是蕲州产的。”远在吐蕃地区的赞普喝的都是当时有名的茶叶，可见这些茶叶被喜爱的程度。其实吐蕃地区的人们能知茶、喝茶，不得不说到文成公主。贞观年间文成公主在嫁给吐蕃王松赞干布的时候，也带去了茶叶、丝绸等中原物品。

各位请注意:大唐待客方式中品茶也排名第一。

在唐朝，去别人家串门，如果主人看见你来，打扫屋子焚香煎茶，不用说，你在他的心里分量颇重。

但是心境不同，感觉也不同，每日为生存打拼的劳动者，自然无心坐下细细品茶，真正把茶当成修身养性的艺术品来看待的，还是那些有一定影响力和知名度的贵族、文人和僧人。

品质向来是特定阶层追求的境界。

史载，志崇和尚对茶道颇有研究，将茶叶分为三等：最高等的“紫茸香”专门用来礼佛；中等的“惊雷荚”专门用来待人接客；低等的“萱草带”是给自己喝的。将小小茶叶分得如此细致，足见其品的不单是茶，更是人生格调。

李白、白居易、颜真卿、柳宗元，这些我们耳熟能详的唐朝文化“大佬”都是饮茶的行家。如果带着上好的茶叶去拜访他们，说不定还能跟这些名家们谈古论今，成为朋友。如此岂不乐哉！

如果说茶叶是一束智者之光，那酒就是一团柔情之火。这一柔一刚两种饮品，从古到今在中国人的社交生活中都是必不可少的。

唐朝都有什么酒呢？答案是有红酒，也有白酒；有国产酒，也有进口的酒。有些人喝酒甚至喝出了名堂。“八仙过海，各显神通”，这个成语在唐朝时应该改为“八仙喝酒，各有不同”。

在唐朝参加酒局，常会听酒友讲“饮中八仙”的故事。贺知章、李琎、李适之、崔宗之、苏晋、李白、张旭、焦遂，这“饮中八仙”可是唐朝酒圈的传奇组合。这八位既不是按官职，也不是按岁数排序，完全是凭本事“喝”出来的名次。连李白都只能排到第六，可想而知前几位大佬的酒量。

这八仙中的第三仙李适之是李季卿的父亲，正儿八经的李唐宗室成员。父子俩一个嗜茶一个好酒，且都在各自的领域内颇有建树，堪称大唐为数不多的“顽主”父子。除了爱喝酒、喝美酒之外，李适之还专门打造了九件喝酒的器具，按照等级依次起名为:蓬莱盏、海川螺、舞仙盏、瓠子卮，等等。单从名字上去深究其文化，都能讨论出半本书的内容。

饮中八仙歌

杜甫

知章骑马似乘船，眼花落井水底眠。
汝阳三斗始朝天，道逢麹车口流涎，
恨不移封向酒泉。左相日兴费万钱，
饮如长鲸吸百川，衔杯乐圣称世贤。
宗之潇洒美少年，举觞白眼望青天，
皎如玉树临风前。苏晋长斋绣佛前，
醉中往往爱逃禅。李白一斗诗百篇，
长安市上酒家眠。天子呼来不上船，
自称臣是酒中仙。张旭三杯草圣传，
脱帽露顶王公前，挥毫落纸如云烟。
焦遂五斗方卓然，高谈雄辩惊四筵。

等级最高的蓬莱盏不单名字文雅，其功能也令人吃惊。这盏上面有三座象征蓬莱仙山的山体样式，一旦三座山被酒淹没，里面的机关就自动触发，几位美人会出现在山上跳舞，并有香球蹦到杯子外面。喝酒能喝出惊喜，这种高级有趣的享受方式在唐朝可不是谁都有机会见识的。

假如没有这种高档酒杯，甚至连普通的陶瓷酒杯也没有怎么办？不要紧，荷叶也可以做酒杯。

文宗朝宰相李宗闵与朋友一起饮酒时专门找一处荷花池，酒友们每人摘取一片荷叶，把荷叶卷成杯子的形状，将酒倒入，再用荷叶包起来。当酒宴正式开始的时候，每个人都捧着一个荷叶包，用筷子把叶子戳一个洞，让酒流入嘴里。荷叶的清新气息配上酒的醇香，别有一番滋味。

单单喝酒有什么意思？唐朝的每场大型酒局都会有一名专门“维持秩序、判定输赢”的监酒，为了活跃喝酒的气氛，行酒令是必备环节。唐之前的历朝历代虽然也有酒局，但直到唐朝行酒令才有了“制式”的规范，让广大酒友们都按规矩出牌。

与我们现在的酒局一样，唐朝的大小酒桌上少不了骰子。中国人的聪明才智体现在各个方面，骰子就是古人的智慧结晶之一。

早在战国时就已经出现了用来游戏的骰子。不过世界上唯一不变的事情就是变化，骰子也不例外，因为不同的际遇其玩法也在不断变化。

相传，玄宗皇帝和杨贵妃嬉戏间就引发过一场骰子“革命”。

一天，玄宗皇帝和杨贵妃在大明宫实在无聊，就组了个骰子局解闷。掷了几把以后，眼看着玄宗皇帝要输了，最后一局六个骰子中有两个是四点才可能反败为胜。离手的骰子，在高速地旋转。玄宗皇帝和贵妃目不转睛地盯着。玄宗顾不上天子威严，大喊“四！四！”。果不其然，骰子停下以后，有两个都是四点一面朝上。玄宗皇帝龙颜大悦，命人昭告天下，以后骰子四点这一面可以涂成红色！直到现在，骰子的四点那一面还都是红色。

酒桌上骰子玩法颇多。最常见的是掷一种很大的骰子，这种骰每面写着类似“自己喝”“主家喝”“大家一起喝”的话语，谁喝酒谁不喝，全凭运气了。

唐朝酒令花样颇多，有一种是考验嘴皮子的。

在睿宗朝，小吏刘讽因公出差。为了节约赶路的时间，刘讽没走官道，专挑快捷但人烟稀少的捷径走。有一夜他留宿在了夷陵一处无主的空房子内。到了半夜，刘讽迷迷糊糊间感觉到院内进了人，赶紧爬起来看看情况。

只见院外走进几位年轻貌美的女子，大家说说笑笑，在院内小亭子里的酒桌前围坐了下来。刘讽心里奇怪，自己来的时候怕叨扰他人，专门四处看了看，并没有发现什么酒桌。

他在屋里正纳闷，屋外的几名女子开始喝酒了。其中一位说道："姐妹们，光喝酒有什么意思，我们来行酒令吧！"说着，就从头上拔下一根金簪，"我们来传这根簪子，传到谁手上，谁就说'鸾老头脑好，好头脑鸾老'，不能打磕绊，而且还要说得快，不然的话，就得罚酒三杯！"几位姐妹都说是个好主意。

游戏开始，姐妹们各个伶牙俐齿，说起这绕口令似的行酒令一点绊子都不打，几圈下来竟谁也没被罚喝酒。

大家顿觉索然无味，发簪子的女子一看这情形，拉着在一旁伺候的婢女一起坐下来玩游戏。等簪子传到婢女手上时，她紧张地说道"老好老好"，逗得大家哈哈大笑，自然是婢女要被罚酒了。

在唐朝参加饮酒聚会，只是能喝怕是不行，肚子里还得有点墨水。因为唐朝酒局少不了"品诗"。

高适、王昌龄、王之涣三位诗人喝酒谈论当地诗坛，都觉得自己能占据一席之地。三人争执不下时打起赌来：约定酒楼女子们唱谁的诗最少，谁今天就请客。结果第一位女子唱的是王昌龄的《平明送客楚山孤》，后来又有女子唱了高适的一首，接着又唱了王昌龄一首，就是没轮到王之涣。眼看自己要掏钱，王之涣着急了，强行改变了游戏规则，说：“你们这些都是庸脂俗粉唱的，最漂亮的女子唱谁的诗谁就赢。”

结果颜值最高的少女一开口就是“黄河远上白云间”，王之涣拔了头筹。

代宗时期，汾阳王郭子仪的儿子郭暖娶了皇帝的女儿升平公主，这夫妇二人不仅是文学的狂热爱好者，还热衷品酒。没事就在家里组个酒局邀请各路文学达人小酌。

有一次夫妇二人宴请素有“大历十才子”美称的李端、卢纶、吉中孚、韩翃、钱起等人。酒过几巡，郭驸马请各位才子赋诗一首以添雅兴。这就考验个人文学素养和随机应变能力了。就在大家默默思索沉吟时，李端慢慢地诵道：“熏香荀令偏怜少，傅粉何郎不解愁。”如此称赞，让驸马和公主连连赞叹。

正所谓“同行是冤家”。

韩翃站出来说：“李公子，你这几句诗是提前准备好的，还是刚才想的？以你的才华，我怎么听着不像是临时思索的呢？”李端当即反驳道：“区区几句诗而已，有何难？这样吧，在座的各位重新起个题目。”坐在一旁的钱起接话道：“那就以我的钱字为韵做诗吧！”钱起话音刚落，李端吟道：“新开金埒看调马，旧赐铜山许铸钱。”众人听罢，皆鼓掌赞叹，佩服李端过人的才思。[1]

诗歌配酒，越喝越有。

---

1 〔元〕辛文房撰，周绍良笺证：《唐才子传笺证》，中华书局2010年版，第711页。

号称“千杯不倒”的大诗人李白善于酒后写诗，通过其文也能看出他酒量过人：“烹羊宰牛且为乐，会须一饮三百杯。”各位一定纳闷，这些诗人的酒量怎么这么好，喝“三百杯”还不醉倒？

这点完全不用担心，因为唐朝的酒多是用粮食酿造的，跟我们现在的低度米酒差不多。真要让诗仙试试现在的六十度老白干，估计三五杯就倒了。

唐朝的酒主要是黄酒、葡萄酒、甜酒，毕竟当时科技力量有限，因此制作的黄酒有清浊之分。与清酒相比，浊酒浑浊，需要经过压榨过滤沉淀后，才能喝。

这个时候虽然没有茅台这类有世界影响力的知名品牌酒，但是不少酒坊的老板已经有了“商标”意识。荥阳的土窟春、富平的石冻春、剑南之烧春，还有京城的西市腔、虾蟆陵的郎官清、阿婆清等，都是知名的酒。你如果到长安城，记得去西市和虾蟆陵买酒喝！

在唐朝不限制买酒人的年龄性别，无论男女老少皆可随时随地开怀畅饮。在南方城市广州的一次晚市上，路边酒楼、酒摊的老板娘们招呼大家买酒喝，晚市结束后，竟有二三十名男男女女醉倒在路上。

俗话说：“只要心里有，茶水也当酒；酒肉穿肠过，朋友心中留！”茶酒文化就是社交文化的一种缩影，不仅让人与人之间的距离拉近了不少，更能听到不同地域的奇闻逸事。各位在唐朝，还不赶紧找几位“顽主”把局组起来？

唐代的『饭局』

“局”字最初出现在下棋的场合，意为棋盘或是棋类比赛。下着下着，这个“局”字慢慢就有了“圈套、聚会”的隐喻。在宋代，文人墨客把“饭”和“局”组在了一起，用这个词概括饭桌上推杯换盏、交际应酬的情景。

唐朝虽然没有“饭局”一词，但确有“饭局”之实。有些饭局可不一般，其精彩程度堪比经典的武侠小说。

唐武宗时期，因藩镇割据，不少节度使趁朝廷无能且自身兵强马壮之机，想将自己所辖地区建成父死子继、世袭罔替的“独立王国”。

泽潞节度使刘从谏病重时，将兵权交给了自己的宗族子侄刘稹。但是该走的流程还是得走，刘稹奏报朝廷要求皇帝准了这一安排。对于“先斩后奏”这种严重违反原则的事情，武宗皇帝忍无可忍，下诏剥夺了刘氏一切爵位官职，并调派各路兵马准备剿灭刘稹。刘稹哪里肯罢休，起兵宣布造反。

造反前夜，刘从谏的夫人、刘稹的干妈裴氏设下“饭局”，说是自己要过寿，让将领的妻子们一起来热闹热闹。本来这是一件众人欢聚一堂向老太君祝寿的喜事，可这饭吃着吃着，裴氏望着眼前的酒肉饭菜突然就哭了出来，越哭越伤心。将领的妻子们赶忙上前去问到底是怎么回事。裴氏边哭边说道：“老身拜托各位夫人一事，请大家转告自己的夫君，不要忘了我相公当年提拔各位的知遇之恩。如今我们孤儿寡母的身家性命就托付给各位了。”听罢裴氏一番话，将领妻子们也纷纷落泪感叹。

饭后，泽潞将领们跟随刘稹反叛的意志变得更加坚定，纷纷上书效忠并带兵反击朝廷的围剿部队。奈何一场饭局到底不如功名利禄诱惑大，刘稹最终被手下将领郭谊等人杀死，刘氏全族被屠，裴氏也没能例外。

这种为达到某些政治目的而组的饭局在晚唐时期并不少见。

唐朝末年，书生黄巢写下“冲天香阵透长安，满城尽带黄金甲”的诗句，然后发动农民起义，在给唐王朝致命一击后，被各路勤王之师赶到了山东老家。当时的权臣朱温*邀请地方实力派李克用*一起攻打黄巢，最终

*朱温（852—912），安徽砀山人。曾参加黄巢起义。降唐后僖宗赐名“朱全忠”，进封梁王。后强迫唐昭宗迁都洛阳，毁坏长安城，代唐称帝，建立“后梁”。

*李克用（856—908），沙陀族人，被唐朝皇帝赐姓李。唐末五代初军阀，别号“李鸦儿”，又号“独眼龙”。长期与朱温、李茂贞、王行瑜等军阀对抗，进封晋王。

李克用率自己的沙陀兵将黄巢的残余部队逼到绝路，黄巢被部下杀死，一场声势浩大的农民起义就此终结。

朱温是“小混混”出身。他最开始参加了黄巢的起义，可在关键时刻掉链子，归附了唐军。这位叛将在降唐后不仅得皇帝赐名“朱全忠”，还成了手握重兵的权臣。李克用帮助他平定了叛乱，他便趁着李克用带兵回师驻扎汴州之机，亲自率领文武一干人等来到李克用军营，又是唱赞歌又是送礼物，盛情邀请李克用去自己辖下的官家驿站——上源驿吃顿饭。李克用被一顶顶高帽忽悠得晕头转向，满口答应，只带了少量亲兵赴宴。

这上源驿可是朝廷专门用来接待重臣的地方，四进四出的大跨院，奢华至极。在“感谢宴”上，各种山珍海味、美味佳肴、珍稀美酒应有尽有，朱温把姿态放得很低，频频举杯感谢，阿谀奉承的话是一套接着一套地朝李克用砸去。好话配着美酒，李克用没一会儿舌头就直了，啥心里话都开始往外倒。

“大哥，你说你这没我还真是不行，不是老弟我说，我们沙陀兵不出马，黄巢的叛军怎么能这么快就被平定？之前不会是你念旧，手下留情了吧？” 当这么多人的面被打脸，朱温心里暗流涌动，可朱温毕竟是朱温，一边吃菜一边应和着李克用的话，还劝李克用和他的兄弟们多吃多喝。

酒一直喝到了半夜，这个看似相谈甚欢的饭局才算结束。李克用酩酊大醉，临走，还不忘再把朱温和他的部下损了损，说什么“你这儿怎么这么多看着面熟的人，原来是黄巢那儿投降过来的”。朱温也不发作，而是早早为李克用准备好了豪华套房，请李克用一行人回房休息。

毕恭毕敬地安顿好李克用，回到自己府邸，朱温才彻底爆发，马上调兵遣将准备趁着夜色把讽刺自己的李老弟杀掉。朱温虽然出身不好，但是很懂战术，在饭局上一直没掀桌子，是因为他想掀的不仅仅是桌子，而是盘算着如何除掉李克用，再兼并汴州城外的沙陀军队，把李克用的地盘夺过来，一箭三雕。

李克用大醉，手底下的兵可没醉。沙陀兵实属强悍，硬是把朱温的军队死死挡在驿站外。左右亲兵用凉水喷醒了大醉的李克用，在亲兵护卫下，李克用这才杀出城外。

李克用原本想立刻率兵攻打汴州，但在夫人劝说下，暂时打消了这个念头，准备先占领舆论的制高点。他一面向朝廷奏报，一面给朱温去了一封信，大意就是你朱温狼子野心竟然恩将仇报，老子千里助你平叛，却差点被你砍了，我们走着瞧！

朱温见此信略微思忖，提笔回复道："老弟你这是什么话？你也看到了，昨天的饭局上你我都没少喝啊。没关系，现在这个事我已经调查清楚了，是我底下人干的，我已经替老弟把这个人杀了。咱们一家人不说两家话，以后还要常常互相走动走动啊！"

这场饭局过后，不仅朱李两家结下了世仇，也拉开了唐末藩镇动荡和后来超级乱世"五代十国"的序幕。朱温最后篡唐称帝，建立后梁王朝。李克用的儿子李存勖灭了后梁，建立后唐。

当然，在唐朝，更多的饭局是为了协调人际关系、获取内幕消息而设。透过不同的饭局，能看到唐朝社会的政治利益、社会关系、人际规则。

宰相李德裕看中了白居易弟弟白敏中的才学，有意提拔这个年轻人。当时的白敏中虽然被哥哥的光环笼罩，但官职卑微，很少有展示才学的机会。李德裕惜才，非常器重白敏中，多次当着皇帝和重臣的面表扬他。有一次，武宗皇帝准备再起用白居易做官，宰相李德裕进谏道：“白居易年老多病，虽有才华但是毕竟岁月不饶人。微臣倒是认为他的弟弟白敏中学识渊博，而且正值壮年，可以委以重任。”武宗便任命白敏中为翰林学士，使他不仅在年过半百的时候成为皇帝的近臣，而且原本无望的仕途也有了光芒。

为了让白敏中尽快在长安官场上树立起知名度和口碑，李德裕斥巨资专门安排了几场“圈内”饭局，但名义上却是白敏中宴请大人们吃饭。果然，几场饭局下来，白敏中的名声就在官场上传开了，为白敏中日后担任宰相奠定了相当不错的舆论基础。

按理说，对这样一位有知遇之恩的人，白敏中应当心存感激。但在李德裕失势后，白敏中趁机极力排挤李德裕，落井下石，还指使其他人揭发李德裕所谓的罪行，使李德裕被贬到了海南，客死在了天涯海角。

李德裕为宰相时，口碑颇佳，等李

五代十国：指唐宋之际在中原和江南等地出现的政权。五代是唐朝灭亡后，在中原地区相继出现的后梁、后唐、后晋、后汉和后周。十国则是指五代时期在江南等地出现的前蜀、后蜀、吴、南唐、吴越、闽、南楚、南汉、南平和北韩等十个政权。——《新唐书》卷一六九

↑ 野宴图（局部） 韦氏家族墓

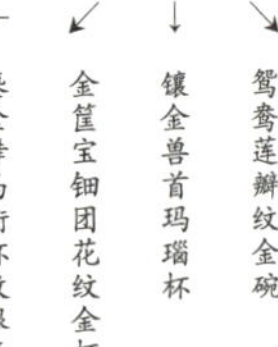

↘ 鸳鸯莲瓣纹金碗

↓ 镶金兽首玛瑙杯

↙ 金筐宝钿团花纹金杯

← 鎏金舞马衔杯纹银壶

↑ 持物陶俑

← 碾硙俑

↓ 宫乐图　唐　佚名

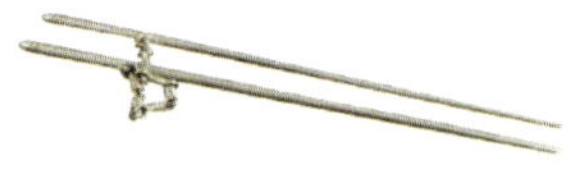

↓ 鎏金飞鸿球路纹银笼子

↑ 素面淡黄色玻璃茶盏及茶托

← 系链银头箸

↙ 摩羯纹蕾钮三足架银盐台

↖ 鎏金飞鸿纹银则

→ 鎏金飞天仙鹤纹壶银茶罗子

↘ 鎏金龟形银盒

↓ 鎏金鸿雁流云纹银茶槽子、碾子

↑古贤诗意图卷（局部） 明 金琮 杜堇

飲中八仙

知章騎馬似乘船，眼花落井水底眠。汝陽三斗始朝天，道逢麴車口流涎，恨不移封向酒泉。左相日興費萬錢，飲如長鯨吸百川，銜杯樂聖稱世賢。宗之蕭灑美少年，舉觴白眼望青天，皎如玉樹臨風前。蘇晉長齋繡佛前，醉中往往愛逃禪。李白一斗詩百篇，長安市上酒家眠，天子呼來不上船，自稱臣是酒中仙。張旭三杯草聖傳，脫帽露頂王公前，揮毫落紙如

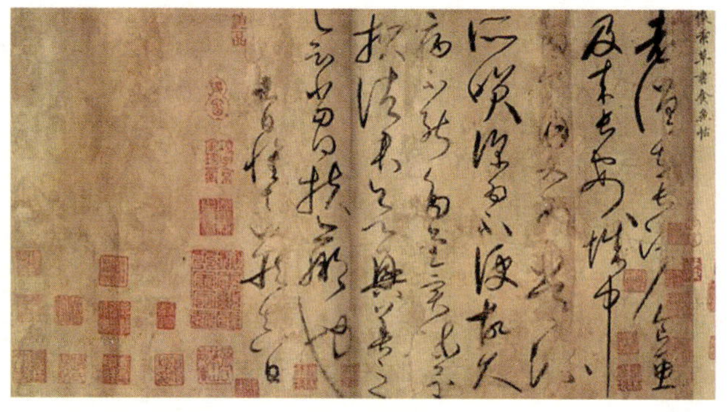

食鱼帖 怀素

五王醉归图 元 任仁发

德裕落难时，天下舆论都斥责白敏中忘恩负义。怎奈皇帝喜欢，白敏中多次辞官皇帝都不准。

相比乱世饭局上的刀光剑影，初唐盛唐时期的大型宴会就显得颇为祥和欢乐，虽然也带有一定的政治目的，但更多时候突显的是唐朝昌盛的国力。

玄宗皇帝非嫡非长，所以他刚继位时政局不稳，加上姑姑太平公主一心想学其母武则天称帝，长安城表面太平，实则暗藏杀机。玄宗皇帝因此在开元五年时下令，皇亲国戚、高官大臣一律不允许到别人家吃饭聊天，不利于团结的话不说，不利于团结的事不做。同时，朝臣们也不能和算卦的术士道人有人情上的往来。禁令一出，大小饭局立刻就少了很多。

等到开元中期，政局稳定，百姓安居乐业，玄宗皇帝多次下诏，放宽了对饭局的管控。不仅如此，玄宗皇帝还组织“大酺”，让群臣百姓“吃喝玩乐游购娱”，亲身感受大唐盛世所带来的物质和精神上的双重享受。

大酺乐二首　张祜

车驾东来值太平，大酺三日洛阳城。小儿一伎竿头绝，天下传呼万岁声。

紫陌酺归日欲斜，红尘开路薛王家。双鬟笑说楼前鼓，两仗争轮好落花。

《全唐诗》卷五一一

各位，如果你赶上玄宗皇帝“大酺”，可一定得上街好好玩闹一番！

大酺活动一般持续三天到五天，老百姓们可以随时随地上街开怀聚饮，嬉戏玩乐。整个大酺期间，以兴庆宫的勤政务本楼为娱乐中心，有来自皇宫的盛大宫廷乐舞表演。在各个里坊街巷，民间艺术划旱船、走钢丝、赛马、斗鸡、杂耍等游戏轮番上演，街道上熙熙攘攘，卖饆饠的、卖甜酒的，各色小摊前围满了人。整个长安城如同一座美轮美奂的“不夜城”，尽显大唐帝都的气派。

不光是长安，像洛阳、扬州这样的大都市也是一幅欢天喜地的场景。在玄宗时期，这样热闹恢宏的大酺一共举办过十五次！

春中兴庆宫酺宴

李隆基

九达长安道，三阳别馆春。
还将听朝暇，回作豫游晨。
不战要荒服，无刑礼乐新。
合酺覃土宇，欢宴接群臣。
玉斝飞千日，琼筵荐八珍。
舞衣云曳影，歌扇月开轮。
伐鼓鱼龙杂，撞钟角牴陈。
曲终酣兴晚，须有醉归人。

像大酺这样全民参与度极高的宴会毕竟是不常有的。但唐朝是个“人情社会”，你来我往的饭局宴会不少。为了适应社会日益增长的吃席需求，机灵的生意人在长安城等大城市还专门做起了承接宴席的餐饮服务生意，一次可操办五百人规模的宴会，其服务能力可见一斑。

在唐朝生活，普通民众也少不了人情往来，组局吃饭。求人办事可以去西市附近的胡人酒肆吃饭，这里除了有异域风味之外，还有胡姬在一旁端茶送水倒酒，只是价格相对较贵。如果是一般的朋友吃饭，各大城市的酒楼酒家众多，可以慢慢选择。

显然，在唐朝，组一场饭局，参加别人的饭局都不难。组饭局的目的，既可以是亲朋故交的沟通交流，也可以是政治对手间的明争暗斗，甚至可以是皇帝笼络人心的一种手段。

唐人喜欢吃什么肉

唐代书法家怀素和尚曾创作过一幅《食鱼帖》。此帖不仅具有极高的书法艺术价值，还兼具了“饮食文化价值”。

《食鱼帖》讲述了这样一个故事：怀素在长沙的时候都是吃鱼的，可是来到都城长安以后，鱼比较少，就改食鱼为食肉。他说，我一个和尚，天天吃肉，招来了许多人的非议，弄得我非常尴尬，而且因为饮食结构改变，导致我生了很久的病，有时都不能写字了。

抛开和尚能不能吃肉不谈，怀素的这篇名帖真实地讲出了唐朝南北方饮食的基本习惯，即南方人喜欢食鱼，北方人喜欢吃肉。

在地处北方的都城长安城，一般老百姓的餐桌上除了日常面食之外，主要的荤菜就是羊肉。当时新疆于阗地区的“羊肉菜”作为“网红”菜品，在北方颇受喜爱。除了“羊肉菜”，野猪鲊、蒸全羊也是北方知名菜肴。

生活在长安城的大官们，每月除了薪水之外，还能得到朝廷特供的“羊二十口，猪肉六十斤，鱼三十条”[1]。你看这肉和鱼的比重，就可知道羊肉是北方人餐桌上的主流食材。

当时在北方地区的城市里，人们还能吃到各类乳酪制品，如马乳酪、羊乳酪、杏乳酪等。这些东西在唐朝的南方城市可是吃不到的。与我们现在所喝的酸奶不同，乳酪的浓度更大而且呈固体状，营养价值颇高，堪称大唐廉价甜品。

但同处北方的东北人，可就没有西北人那样爱吃羊肉了。勤劳的东北人在养猪业上明显技高一筹，不仅吃猪肉而且穿猪皮做的衣服。

南方城市水产丰富，但你可能吃不到“红烧鲤鱼”这道菜。李姓是国姓，鲤鱼的鲤在音上通“李”，所以唐朝明文规定禁食鲤鱼。渔民捕鱼的时候抓到鲤鱼，必须放掉，如果谁胆敢贩卖鲤鱼，是要重打六十大板的。

饮食能成为一种文化现象，是因为它反映了一个地区人们的生活方式。作为北方人的大文豪韩愈，到了南方城市潮州，面对一道道闻所未闻的菜肴，也努力去尝试。激动之余，韩愈几乎是用口头

---

1 〔唐〕李林甫等撰：《唐六典》卷四《尚书礼部》，中华书局 1992 年版，第 128 页。

语的形式，写下了《初南食贻元十八协律》，原文如下：

鲎实如惠文，骨眼相负行。蠔相黏为山，百十各自生。
蒲鱼尾如蛇，口眼不相营。蛤即是虾蟆，同实浪异名。
章举马甲柱，斗以怪自呈。其余数十种，莫不可叹惊。
我来御魑魅，自宜味南烹。调以咸与酸，芼以椒与橙。
腥臊始发越，咀吞面汗骍。惟蛇旧所识，实惮口眼狞。
开笼听其去，郁屈尚不平。卖尔非我罪，不屠岂非情。
不祈灵珠报，幸无嫌怨并。聊歌以记之，又以告同行。[1]

韩愈把第一次吃南方菜比作驾驭山怪水神，足见当时的南方菜肴让来自北方的韩大文豪多么吃惊。韩愈吃到的南方菜品里有鲎、青蛙、干贝和蛇等。这些菜不但精心调节过酸咸口味，还有辣椒和橙汁可作蘸料。只是韩愈到底是没有吃上“新鲜”的蛇，实在是难以下口，就打开笼子把蛇给放生了。

各位在唐朝想不想体验“唐朝地域特色”和“特色吃法”？来尝尝“烤鼻子”和用鼻子喝的汤羹吧。

“象鼻炙”是唐朝岭南地区的一道特色菜。当地的老百姓们把黑象鼻子放在火上去烤，这种吃法颇受当地人的喜爱。还有一道肥美味浓的“不禄汤羹”，要用鼻子把汤羹吸得一干二净，由鼻子进入嘴巴后再喝进肚子里。

不知道各位到了唐朝岭南地区敢不敢体验这样的地域特色？

---

1 〔清〕彭定求：《全唐诗》卷三四一，韩愈《初南食贻元十八协律》，中华书局 1960 年版，第 3827 页。

资深美食家的『神仙吃法』

任何时代，都不缺致力于发现最新鲜的食材，靠着一双慧眼寻觅特产，再用味蕾品出食物最纯粹风味的资深美食家，唐代也不例外。

这个职业对味觉的要求极高。

各位，假如你被问到“你会不会喝水？”，你的第一反应是什么？别着急回答，先来看看这位美食家的味觉有多灵！

有一天一大早，宰相李德裕的府门传来一阵叩门声。

朝廷特派的御史王大人准备去镇江京口出差，临走之前特来向上司兼好友李德裕辞行：

“相爷，我奉圣上之命准备去京口办趟差。这京口可是长江和大运河的汇合处，想必会有来自四面八方的各类特色物产。用不用给相爷您带点当地特产回来？”

你看，这王大人也是个实诚人，哪有给人送礼先问对方要啥的？

李德裕微笑着说道：“既然王大人这么说，老夫也就不客气了。京口的金山下就是扬子江，大人办完差返京时，装上一壶扬子江水带回来给我，老夫就心满意足了！”

王大人一听先是愣了一下，内心盘算，这送礼送了这么多年，还第一次听说有人想要一壶水，这也太简单了。心里边想，嘴上边答应道：“相爷为人清清白白，这一壶扬子江的水我一定给您带到。”

正所谓“朝中有人好做官”，这京官奉皇命办差，地方官自然挖空心思接待，一心二心都是想让王大人替自己说说好话。等王大人把事办完，准备返京时，少不了前呼后拥，互道珍重，就这样，他把宰相交代的“一壶水”给忘了个一干二净。

王大人坐着官船逆流而上，走到南京才猛然想起来，怎么把老领导交代的一壶水给忘光了？可这船都快开到扬子江上游了，总不能掉转船头再去取水。

王大人心想，算了，反正都是扬子江的水，就在这里取上一壶吧。

一回到长安城，王大人直奔李德裕府上，赶忙将水交给他。

李德裕很高兴，拉着王大人说：“有劳你千里迢迢带一壶水回来，我们一起来品品这金山脚下扬子江的水。”

李德裕吩咐左右起火烧水。不一会儿，水烧开了。李德裕将水倒进两个杯子，拿起其中一个杯子慢慢地呷了一口，眉头一皱，略为疑惑地自言自语道："味道不对呀！最近朝廷也没有接到镇江地区有什么天灾人祸的奏报，怎么这水的味道会变了呢？喝起来不像是金山脚下扬子江的水，更像是南京扬子江的水。"

王大人在旁边一听，心里咯噔一下，赶紧上前抱拳说道："不瞒相爷，这确实是南京扬子江的水。"王大人把事情的来龙去脉一讲，李德裕哈哈大笑，说道："不怪王大人，我就是纳闷这水的味道怎么会变得这么快呢？"

茶神陆羽是专职研究茶的，他尝遍天下的泉水和茶叶是分内之事。可当朝宰相却对水如此讲究，就好像"一个厨师不看菜谱改看兵法"，着实让人为唐朝的官场风气担忧！

李德裕对于水的挑剔就如同豌豆公主对床的挑剔，隔着几十层鸭绒褥都能感觉得到最底层的一粒豌豆。

为了满足自己挑剔的味觉，李德裕命人从无锡惠山拉泉水供自己饮用。他身为宰相自然人在京城长安，从长安到无锡一来一往有将近两千六百公里的路程，运水全靠马队。所以来到武宗朝的话，说不定在南来北往的道路上，还能碰见专为李大人运水的车队。

作为"大自然的搬运工"，李德裕从来都没觉得自己这样做很奢侈。在李大人的三观里，他认为自己拥有的物质条件能够满足自己在饮食上的执着。

李德裕的好友曾经劝过这位宰相："您助皇上平藩镇叛乱，整肃朝纲，实在是能力超群，可是您在生活上能否也为百姓做个榜样呢？"

李德裕很奇怪，问道：“您这话是什么意思？”

好友就提起了从无锡拉水的事情，说现在外面都对他这种行为指指点点、议论纷纷。

李德裕反问：“你说我喜欢花天酒地地豪饮吗？”

“并不。”

“你说我喜欢红红绿绿的歌舞表演吗？”

“也不。”

“那你说我喜欢美色，纳妾无数吗？”

“更是没有。”

李德裕大笑说：“我不过就是在饮食喝水这些小事上讲究了一些，有什么可值得议论的呢？太小题大做了！”

说到唐人的爱好，还有一个，那就是炼丹，许多人都想长生不老成神仙。帝王楷模唐太宗和“小太宗”宣宗皇帝都曾服用“金丹”。上有所好，下必甚焉。所以大大小小的官员，甚至一些有钱的富商，都沉迷于炼制丹药。

李德裕作为宰相，带头响应皇帝。当时的人们普遍认为雄黄、朱砂、纯金等稀有物品是丹药的主要成分，而像什么绿宝石、琥珀珠之类的奇珍异宝们更是“采天地之精气，集日月之精华”的炼丹珍品。

李德裕命人把这些东西搅和在一起，再用无锡惠山的泉水小火慢炖，想要努力把珍宝里的“精华”都熬出来。为了保证这碗“高汤”的纯度，纯金宝石等材料炖了三次之后，就会被倒掉。李德裕家的厨余垃圾，怕是能顶得上唐朝普通人家的一间宅院了。

每天早上李德裕都会享用一碗这样的“高汤”，无论在哪朝哪代这种吃法都算得上是“神仙吃法”了。

不过这还不算什么，大唐美食界还有一种吃法更胜一筹。不，准确地说应该是“闻法”，闻味儿就能饱。

韦陟也是玄宗朝的一位能臣。韦家是唐代的政治世家，出了众多的宰相高官，韦家女性也巾帼不让须眉，韦后就是韦家的一员。虽然出身世家，但是韦陟却没有官僚习气，为人耿直厚道，只是在探索“吃”的道路上，韦陟却表现得气势汹汹，绝不接受任何批评。

有一次韦陟在家中组饭局宴请宾客，在觥筹交错中，宾主们都喝得很起劲。有一位宾客不知道是没吃饱还是插不进去话，闲得无聊便起身到韦家四处溜达，不一会儿他就回来了，对众人说：“我饱了。”

大家都很奇怪，这菜还没有上齐呢，你怎么就先饱了呢？这位宾客说：“我刚才无意间去韦大人家的厨房转了转，看到厨师处理食材的精细程度如同在针尖上雕人像。我再一看，有一个仆人竟然用鸟的羽毛在淘米。而且各种饭菜的香味交织在

炼丹井　李白

闻说神仙晋葛洪，炼丹曾此占云峰。庭前废井今犹在，不见长松见短松。

《全唐诗补编　全唐诗续拾》卷一四

一起，沁人心脾，闻得我仿佛吃了山珍海味一样。”众人听了连连称赞韦大人在饮食上的精致追求。

韦陟笑着说：“这只是日常的便饭罢了。”

韦大人这话不假。他一般去参加其他大人的高档聚会时，连筷子都不会动一下，别人家精心准备的酒席在韦大人看来还不如自己家的一顿便饭。

在唐朝，“吃”和“会吃”是两个概念，李大人和韦大人把饮食文化里的精髓领悟得可谓淋漓尽致。现在我们在读唐诗时，都会对杜牧的名句“一骑红尘妃子笑，无人知是荔枝来”印象深刻，但跟这两位美食家比起来，贵为天子宠妃的玉环，并不是最奢靡的吧，不知怎么后来乱国罪名全扣在了她头上。

可能你会犯嘀咕，这两位大人自己倒是会吃，但有没有留下一份完整的菜单让我们参考，下厨做做呢？这不，另外一位韦大人发明的“烧尾宴”就是一份“唐朝精品菜肴明细”。

与上面两位美食家不同，韦巨源对美食的研究不是因为自身喜好，而是出于政治目的。

这位韦巨源是大唐三朝元老，曾四拜宰相。韦大人很有意思，别人给皇帝献珠宝、献祥瑞来争宠，他采用的方式是“攒局”，请皇帝中宗李显吃饭。可这种顶级饭局不好“攒”，让皇帝屈尊到大臣家里吃饭，不想个好由头，怕是不成。韦大人便给饭局取了“烧尾宴”之名，意为神龙烧尾，扶摇直上青天。中宗一听，名字响亮又文雅，欣然带着韦后去赴宴。

为了让皇帝吃得高兴，韦巨源一头扎进美食的海洋。近百道的稀世名菜每一道都精雕细琢：

用鸡腹中稍微成熟的鸡蛋与鱼白相拌而烹制的凤凰胎；

吴兴所产的鱼发酵制作的“鱼鲊”；

用乳汁酿制的“乳酸鱼”；

蛤蜊羹凉却后制成的“冷蟾儿羹”；

羊鹿舌拌和制成的“升平炙”；

把生肉先打结再风干而制成的“同心生结脯”；

把鸡肉和鹿肉剁成碎粒，拌上碎米烹制的“小天酥”；

二十四色，二十四味的“二十四气馄饨”；

用绍兴花雕酒为底料蒸的“暖寒花酿驴”；

用香脆筋道的肉皮包卷各色荤素食材，压制成型后切成薄片的“缠花云梦肉”；

煎烤后晶莹剔透的“光明虾炙”；等等。

这些只是用嘴吃的菜，除此以外，还有一些“看菜”更显韦大人用心。

就拿一道“素蒸音声部”来说，这道菜是用素菜和蒸面为原料做的一道“风景菜”，其形式虽是菜品，呈现的却是雕刻出的蓬莱仙岛上仙子们吹拉弹唱的景象。

这道精品菜肴既取悦了皇帝的视觉，又满足了皇帝的味觉，双管齐下，皇帝能不高兴吗？为了能让中宗皇帝龙颜大悦，韦大官人着

士子初登荣进或迁除，朋僚慰贺，必盛置酒馔音乐，以展欢宴，谓之『烧尾』。——《封氏闻见记》卷五

实下了不少功夫。

各位一定好奇，这一顿饭吃下来到底得花费多少钱？唐朝贞观时期朝廷规定一品大员一年的俸禄近一百两，其他各种补助加一起也不过近二百两，操办这一顿饭估计没有万把两银子下不来，看来韦大人还是生财有道。

正所谓“吃得贵不一定吃得好”，跟上面三位大人比起来，杨贵妃的姐妹们的权势可要大得多了，可供她们选择的珍贵菜肴也更多。可看看她们吃的菜品，你会发现美味是用金钱买不到的。

虢国夫人、韩国夫人和秦国夫人素日里生活奢靡，样样只求最贵不求最好。紫色骆驼的驼峰、鲜美的白鳞鱼鱼片都让她们提不起食欲，这消息传到宫中，玄宗皇帝和杨贵妃赶紧命御厨烹制顶级菜肴送过去。见到皇宫里的猴脑、熊掌、燕窝等八珍，几位姐妹才勉强动了动筷子。

中宗朝的韦巨源、玄宗朝的韦陟、武宗朝的李德裕，三位位高权重的宰相不仅在做官上模范带头，而且在饮食上也引领潮流。

各位在唐朝，想跟着谁“吃遍大唐”呢？

『吃货』喜欢的小吃

藏在街头巷尾的小吃，是一座城市最有特色的真正美味。

长安城的饮食魅力在于它不仅有奢华的大餐，而且还有能够满足老百姓味蕾的精致小吃。

第一类：有名人效应的小吃

长安城张家楼饭店曾推出过一款新品菜肴“汆双脆”。这道菜做法看似简单，把肚子、鸭胗下锅一汆烫即可食用，可背后却有一段故事。

武则天改朝换代时期，重用酷吏周兴、来俊臣刺探朝臣动向，稍有对皇帝不满的人，即刻满门下大狱。掌握生杀大权的周兴、来俊臣嚣张至极，但凡有二人看不上眼的人，都难逃一死。

一天，周兴在城中转悠，来到张家楼饭店准备吃顿便饭，顺便从侧面打听打听现在民间都在议论些什么。可在上菜环节，张家楼的小伙计给周兴上错了菜，周兴当时没说什么，却在事后找了个借口把张家楼饭店的这位小伙计给害死了。

大家虽然愤恨，但又没有办法反抗。饭店的厨师实在咽不下这口气，就开发出这道“汆双脆”，实为“汆双丞”，因为周兴是尚书左丞，来俊臣是御史中丞。

除了这道“汆双脆”，长安城还有一道表达老百姓愤怒的菜，名为“剥豹皮”。

玄宗时期，宰相李林甫深受皇帝器重，朝廷大小事宜皆由他做主。为了消除不利于自己的声音，李林甫重用酷吏贪官王旭、李嵩、李全交三人。此三位大人心狠手辣，被老百姓称为“三豹”。长安城一位厨师以三位大人为“原型”开发了一道“剥豹皮”，将乌鸡皮、海蜇皮、猪皮下锅，做成美味。这道菜一经问世，长安老百姓人人争吃。

真没想到，唐朝开发“爆款”菜品，还有这种路数。

唐代长安城里靠名人效应带动起来的街边小吃首推“葫芦头”。作为地道的特色小吃，葫芦头直到现在依然是西安人的日常吃食。

药王孙思邈*曾居住在长安城光德坊内。因其医德精诚、药到病除，受到人们的敬重。他也常年行走在长安城的各个里坊去给人看病。

一日出诊归来，孙思邈在自己宅院旁找了一家卖“猪杂糕”的小吃店准备填填肚子。所谓“猪杂糕”，其实就是用猪下水做的一碗杂碎汤。

饭端上来，孙思邈还没吃几口，就问店主：“咱们店里的猪杂糕是怎么做的？为何闻起来腥味十足，尝起来油油腻腻？”

店家忙上前解释，孙思邈听后直摇头：“肠肚这些下水虽然有益气的作用，但是只翻洗一遍且不加其他作料必定腥腻。”

“老先生，那您有何妙招？”店主一施礼，问道。

孙思邈从自己随身带的药葫芦中倒出上元桂、花椒等健胃解腥去腻之药物递给店家，让其拿去再做一碗猪杂糕。

新做的猪杂糕端上来时，香气四溢，店家尝了一口，毫无腥腻之感，连连拜谢孙思邈。

孙思邈哈哈大乐，连同装药的葫芦一同送给了店家。为了招揽顾客，店家将孙思邈的药葫芦挂到门前木杆上，并将“猪杂糕”改名为“葫芦头”。你若在唐朝，快去长安光德坊尝尝那时的葫芦头，看看味道跟现在有何区别吧。

*孙思邈（541—682），铜川耀州人。唐代医学家、道士，医术高超，著有《千金要方》和《千金翼方》等，被尊为『药王』。

第二类：有口皆碑的小吃

唐代长安城的饮食界竞争相当激烈。特别是

老百姓的日常小吃，做的店铺多，各个商家之间相互比拼，看看究竟谁能够靠手艺招揽来顾客。

站在长安城最热闹的大唐西市，问问来往的百姓和客商，市场里谁家的粽子最好吃，大家肯定会一致指向“庾家粽子”。

莹白如玉的庾家粽子让元稹都赞不绝口。这家粽子筋软甜凉，咬一口下肚，沁人心脾，简直就是夏日长安最好的解暑神器，吃着粽子逛西市，惬意！

吃了粽子觉得不过瘾，想继续逛吃的话，长安城内还有“馄饨一条街”。靠近皇城的西城颁政坊内，有号称全唐第一的“馄饨曲”，站在馄饨曲放眼望去，满街的馄饨铺子。铺子虽多，食客排队等座的店铺却没几个，但有一家的队却排得奇长——“萧家馄饨”。这家的馄饨汤汁鲜美无比，把上面的油撇去，其清汤可以用来煎茶。一口馄饨一口汤，便可充分体味到长安城的美食韵味。

还有一种独特的美食，在长安城大街上的商铺里是买不到的，就是正宗的糕点，因为当时最著名的糕点出自宣平坊的宣慈寺，“一间寺庙，烧香拜佛是副业，卖糕点才是正经事”。

宣慈寺的软枣糕，入口甜香，令人回味无穷。大书法家柳公权的哥哥柳公绰有一次尝了一口这里的软枣糕，当众脱下衣服，吓得周围群众不知所措，原来柳公绰是要把自己的绯红色官服和鱼袋施舍给寺庙。为了小小软枣糕，当朝大臣竟要把官服送给寺庙，对吃痴迷到这种地步，真是难以想象。

第三类：酒鬼专属小吃

唐朝人喝酒富有传奇色彩，号称“三多”：即酒令多、酒类多、地点多。各个酒坊都有自己占据市场的法宝。

浙江长兴县乌程两家世世代代传下来的酿酒手艺加上水质加持，酿制的“若下酒”入口极柔，稍微一冰镇，一入喉有玉露琼浆之感。

湖南长沙等地出产的“松醪春”靠特殊的香味抓住了唐朝酒友的胃。为了让酒香入喉，酒家在酒里面添加了松膏，据说这种酒是能感动河神的美酒。

“五云浆”深受官员们的喜爱，完全是因为它“出身高贵”。因为它是从宫里传出来的，这款宫廷特供让每位大人都爱不释手。

江南出产的“竹叶酒”，靠颜色吸引消费者。这款酒呈淡绿色，只蘸一滴放在嘴唇上，清新的甜味就会萦绕整个口腔。

文人墨客常饮的酒是“黄醅酒”，这种普通粮食酒因为价格低廉而迅速占领了长安的低端消费市场。

吃馄饨、买糕点、品美酒，各位拿着这份美食美酒说明书，就能吃遍长安！

问刘十九　白居易

绿蚁新醅酒，红泥小火炉。晚来天欲雪，能饮一杯无。

《全唐诗》卷四四〇

种类繁多的面食

人每天都要面对三大难题："早上吃什么？中午吃什么？晚上吃什么？"这来自脾胃深处的拷问，每天都在折磨着有选择困难症的群体。

如果你去问生活在北方的唐人，也许他会告诉你："那就早上吃胡饼，中午吃饆饠，晚上吃蒸饼。"

胡饼之于唐朝人，如同肉夹馍之于陕西人、热干面之于湖北人、豆汁儿之于北京人、煎饼果子之于天津人，是日常生活中绝不可缺的吃食。

从名字来看，就知道胡饼是一种"舶来品"，其制作方法从汉代就传到了中原地区。可直到唐朝，它才成为饮食男女的“爆款食品”。把胡饼拿到手里的时候，各位一定会有一种“原来是你”的感觉，因为胡饼就类似现在新疆人常吃的馕。

当你在长安城的街巷旁买一张胡饼大快朵颐时，可别小看这张普普通通的饼。它身上承载的可是千百年丝绸之路的过往。胡饼的原料除了面粉之外，还有芝麻、糖、鸡蛋等。在汉王朝控制了西域地区以后，芝麻才沿着丝绸之路被引进到中原地区，成为百姓日常食物的作料之一。而为了掌握蔗糖的制作方法，唐太宗、唐高宗两位皇帝先后派人去印度专门学习，这才使中国人学会了白砂糖和红糖的制法。胡饼本身是舶来品，胡饼上的作料也是舶来品，可见悠长的丝绸之路联通的是不同地区老百姓的日常生活。

胡饼的种类颇多，有油胡饼、肉胡饼、胡麻饼等。

“吃货”诗人白居易在四川任职的时候曾经写过一首《寄胡饼与杨万州》给自己的朋友，诗篇读起来俏皮可爱且通俗真实，还把做胡麻饼最佳的“辅兴坊胡麻饼店”写了进去。唐朝的网红小店被“藏”在诗人的大作中，可真是“唐范”十足。

胡麻饼样学京都，面脆油香新出炉。
寄与饥馋杨大使，尝看得似辅兴无。

饆饠是唐朝时才传到中原的食物，刚传入的时候，外来食物的烙印很重，馅中加大蒜，味道很辣。不过唐朝人很快将其改良成“唐版饆饠”。比如在馅中不放大蒜，放的是樱桃。本土的樱桃配上外来的饆饠，味道相当完美。当然了，这种樱桃饆饠比较高级，且受时令限制，一般老百姓只能吃得起羊肝等馅料的饆饠。

制作饆饠不难，关中小麦研磨成的面粉是它的主要原料。和好面后，给里面包上各色新鲜的肉类，放进油锅余炸，直至色泽金黄，外焦里嫩。不大工夫，一道肉馅饆饠就制作完成了。

饆饠相对于胡饼来讲个头较小，一斤多的面粉只能做两张胡饼，但能做八个饆饠。作为老百姓的日常食物，唐朝城市里的里坊有专门卖饆饠的店铺，老百姓、士子等都会去饆饠店里大饱口福。

作为唐朝店铺、酒楼的主打食物，饆饠吸引着很多人的目光，所以也有些人把饆饠称为“楼罗”，后来慢慢成了低阶跟班的代名词——“喽啰”。这个群体可能没想到，自己的名称竟然来源于一种唐朝面食。

唐朝人在做面食、吃面食方面绝对是行家里手。中国古代官场历来呈金字塔结构，越往上跨一步越难。特别是官员从四品官阶升到三品官阶，是一道很难逾越的鸿沟。如果你有三品中书令、侍中、仆射，或某部“尚书”外加“同中书门下三品”“同中书门下平章事”的头衔，那就成了宰相之一，就能进入核心决策层，位极人臣。所以“四进三”这一步，很重要。

在唐朝，三品官乃实际权力最大的官职。正一品官包括太师、太傅、太保与太尉、司空、司徒，从一品则是太子的三师。这些官职都是荣誉性质的，无半分实权，所以一般会把这种虚职追赠给已经过世的重要官员。

唐朝的二品官比较特殊，在武则天当政之前，正二品官职只有尚书令（尚书省的最高长官），偏偏太宗皇帝李世民之前做过这个职位，导致无人敢与太宗皇帝“平起平坐”。而从二品的太子少师、少保等官职是无实权的虚职，因此朝廷也将其划归到追赠序列。所以三品官职权力含金量才是最高的。

武则天当政时期，已经被列为三品官员候选人的四品官张衡上完早朝后回家，恰好看见路边卖蒸饼的摊上端出了新鲜出炉的热乎乎的蒸饼，一下把张大人的馋虫勾了起来，急急忙忙去买蒸饼吃。

赶上张大人走背运，一位下朝的御史官员恰好目睹了“朝臣路边吞蒸饼”这一幕，觉得十分不妥，便立刻给皇帝写了一份报告，说张衡以官员之尊吃了街边食物且吃相不雅，影响了泱泱大唐王朝的形象，请求皇帝严肃处理，维护大唐的形象。

武则天收到报告一看，觉得御史讲得颇有道理，又调查了张衡的背景，发现他是小吏出身，所以大笔一挥，写下“流外出身，不许入三品”的批复，就这样堵死了张大人的晋升道路。[1] 抛开政治因素不谈，单看 “张大人不顾身份在路边摊上吃蒸饼”这一情景，就可以知道唐朝面食的普及以及唐朝人对面食的喜爱程度。

当时面食的做法很多，除了胡饼、饆饠外，唐朝人还喜爱吃汤饼——面条，把面条称为汤饼，足见“饼”字使用的范围之广。如果你在唐朝的饭馆里向老板要一碗面条，老板根本听不懂，因为“面条”这一称呼到了宋代才有。所以“来碗汤饼”才是在唐朝点面条的正确方式。

唐朝面条的做法甚多，可擀、可削、可擦、可压、可搓、可拉……夏天还有凉面，唐人的聪明才智在制作面食方面可谓体现得淋漓尽致。现在的“陕西八大怪”里有一怪是“面条像裤带”。这种“裤带面”在唐朝就已经存在了。如果对面食非常喜

1 〔唐〕张鷟：《朝野佥载》卷四《张衡》，中华书局 1979 年版，第 94 页。

爱的话，那来唐朝长安城可真是来对了！

唐人的食谱里没有米？不，唐朝老百姓的家常主食里有荞麦饭、糯米饭、稻米饭、小米饭等。多加水是粥，少加水就是饭。

在唐代，以米为食材的饭有“青精饭”“团油饭”“王母饭”等。

青精饭是用大米和南烛木的叶汁精心炮制的一种黑色米饭，现在江苏人称之为“乌米饭”，据说有养颜益气的功能。杜甫当年想吃此饭而不得，写下了“岂无青精饭，使我颜色好”的诗句。

团油饭是用煎虾、鱼炙、鸭鹅、猪羊肉、鸡子羹、蒸肠菜、姜桂、盐鼓等合制而成的米饭，工序比较复杂，但营养价值较高。

王母饭是贵族宴席上的主食之一，类似今天的盖浇饭。

雕胡饭也是配有佐料的饭食。

至于以稻米做粥，吃法甚多。杨花粥、防风粥等还具有食疗的功能。

总之，在唐代想吃什么，随便。不过，你可要准备好现金啊。

鲁望以躬掇野蔬兼示雅什用以酬谢 皮日休

紫甲采从泉脉畔，翠牙搜自石根傍。
雕胡饭熟醍餬软，不是高人不合尝。

《全唐诗》卷六一三

游乐消遣

游乐是生活的重要组成部分。一个人要会工作，也要会生活，在工作之余，适当游乐。这种游乐对人的身心健康是有意义的。诸位平时学习工作繁忙，想必在周末或假日会有游乐的经历。古人也是喜欢游乐的。在中国古代社会中，唐朝是以开放、包容、交流、文明而著称的。唐朝人有哪些游乐活动呢？唐代节日很多，除年节之外，还有一些宗教节日。人们不仅在节日远足、踏青，与大自然亲密接触，而且在平日里也会从事各种娱乐活动。要想体验这些游乐项目，还是继续读书，行走大唐吧。

車駕東來值太平
大酺三日洛陽城
小兒一伎竿頭絕
天下傳呼萬歲聲
紫陌酺歸日欲斜
紅塵開路薛王家
雙鬟笑說樓前鼓
兩仗爭輪好落花

右唐張祜大酺樂二首
辛丑孟冬 楊國慶書於長安

旅游请带身份证

大唐王朝非常重视社会治安的维护。为了营造良好的治安环境，一些大城市设置了“固定站岗”和“机动巡逻”安保机制。在里坊制下的长安城，每一条街道旁都设有“治安岗亭”，里面的铺卒负责本坊的治安。到了晚上，他们还会巡夜。

在唐都长安，为了确保万无一失，除安排人“固定站岗”外，还上了一份“机动巡逻”保险，由坊内巡使带着人和武器骑着马在街头巡逻维持治安。

各位在大唐长安城闲逛，一定要注意作息时间。白天的长安城繁华喧嚣，晚上则一片寂静。朝廷规定：“五更三筹，顺天门击鼓，听人行。昼漏尽，顺天门击鼓四百槌，闭门。后更击六百槌，坊门皆闭，禁人行。”晚上鼓声敲响，长安城进入休眠时间，任何人都不准出门。

如果碰见急事要在夜间行走，必须带着公文、文牒等证明身份的物件，不然会有巡逻人员来盘问你“从哪来、到哪去、家里几头牛、屋外几亩地”，出示不了证明身份的物件，怕是要去牢里报到了。

在大唐众多“有效证件”里，除了圣旨，鱼符的使用范围最广。

开门问谁来，无非卿大夫。
不知官高卑，玉带悬金鱼。

韩愈这首《示儿》中，就提到官员以佩戴“金鱼符袋”来凸显身份的尊贵。

鱼符是唐高祖李渊在《衣服令》中规定的大臣们日常可以搭配的挂件。鱼符分为左右两半，左符放在大唐“派出所”——内廷，留为存根；右符由持有人随身携带。鱼符不单单能代表身份，还可以调动军队、任免官员。

在大唐各处行走，仅仅有鱼符等并不能通行无阻。要进到某些要地，还需要其他证件。官员进宫城要办进宫证，普通人外出要办通行证，外国人到中国要办一张“过所证”。

作为整个帝国的权力中枢，宫城出入之处审核极为严苛。进宫城第一步，办证。无论你是身份高贵的宰辅还是卑微低下的宫人，都需要一张“进宫证”。进宫证分为长期和临时两种，长期证三个月换一次，临时证必须带有奏事的文牒方可办理。

不过即使你是熟脸、证件齐全且奉皇帝敕令办事，在晚上进宫时，仍需要由值班工作人员逐级上报皇帝，皇帝说“可”，才能进宫。

想在唐朝来一场说走就走的旅行？不好意思，请先去当地政府办张通行证。大唐可没有“简证便民”“只跑一次”的服务，民众要办一张通行证基本上需要半年的时间，而且办证的门槛较高。

首先本人需要向县级政府提交办证申请；其次还得找一个担保人，担保你能够如期返回，所带的牛马不是偷窃的，所带的奴婢不是拐骗的；然后县级政府才能把你提交的申请报到市级政府进行核查，核查无误后，一式两份加盖公章，将其中一份返给申请人。

当申请人拿到崭新的通行证时，会发现它其实就是一个紧箍，上面清清楚楚地写着谁什么时间因为什么事情到什么地方去，带的牲口随从以及返回时间，每到一处还要到当地相关部门报到签字。可见在唐朝出行确实不易。

抱怨办证手续烦琐的可不止本国人，“老外”在大唐行走前办理“过所证”一样需要层层审批。日本僧人圆仁来中国求法，刚一进登州就被地方官请去了，在写明了时间、地点、事情来龙去脉之后还不能走，要等尚书省审批通过，方可核发证件。

不知道大唐有没有“代理办证”这个灰色又便民的行业，如果没有，各位可以考虑去拓展一下代理办证业务。

选择交通工具

唐代交通比较发达，以首都长安为中心，形成了联通全国的交通网。“东至宋汴，西至岐川，夹路列店肆待客，酒馔丰溢。每店皆有驴赁客乘，倏忽数十里，谓之驿驴。南诸荆襄，北至太原、范阳，西至蜀州、凉府，皆有店肆，以供商旅。”[1]要出门办事或游乐，少不了使用交通工具。大唐的交通工具从大的类别上看，可以分为陆上交通工具和水上交通工具。您是走陆路还是走水路呢？

---

1 〔唐〕杜佑：《通典》卷七《食货七·历代盛衰户口》，中华书局1988年版，第152页。

在唐代，城市马路上有一道亮丽的风景线，一辆辆“进口”或“本土”车辆疾驰而过。有从契丹“进口”的奚车、从突厥“进口”的毡车，还有大唐本土出产的驼车、钿车，等等。

在众多车辆中，牛车是上佳之选。唐人对牛车情有独钟，尤其是上层群体。其实无论是奚车、毡车抑或是钿车，只是造型样式不同、装修豪华程度不同而已，本质上都是牛车。您可别嫌牛车慢。要知道在唐代只有四品以上的朝廷命官和受到朝廷封赏的命妇才有资格坐相应等级的牛车！

有唐一代，尊贵如杨贵妃的姐姐虢国夫人等，出门也是坐牛车。只是她们将牛车装扮得金碧辉煌，在车辆上镶嵌着金翠珠玉等宝物，一辆牛车的改装费用常高达数十万贯。现代社会的改装车爱好者们也喜欢在爱车上加装各式各样的装饰物，并将排气管、悬挂等装置更新换代，让爱车的性能更佳。但是要论改装车的豪华程度，恐怕谁也比不上杨贵妃的姐妹们。

坐本土牛车体验舒适，那“纯进口”的奚车则可以让你体验越野的感觉。与唐朝牛车四四方方的造型不同，奚车前宽后窄，车轴较短，虽然运输不了多少货物，却是越野好手，是山间行走的“最佳车选”。奚车的血统里融入的是游牧民族——奚族的基因，不像其他游牧民族善于骑马打仗，奚族以精湛的手工业技术立足。手巧的奚族人不仅开发出奚车售卖给契丹、大唐，还发明出二胡的鼻祖——奚琴，为我国的音乐事业做出了不小贡献。

如果各位只是短途出行，觉得购置一辆牛车开销过大，先别犯愁，还可以去“租车行”里租一辆“共享牛车”。

“咣！”一声，正在长安街上行走的人们纷纷回头看发生了什么。

“不得了啦！不得了啦！车撞人啦！”顺着喊声看去，一辆牛车停在路旁，车下躺着一个孩童，一动不动，孩童的家人正在哭喊，车夫站在旁边不知所措。

愤怒的孩童家人押着车夫奔向衙门讨要说法。官员想将牛车抵给孩童家人作为赔偿，车夫说道：“这辆牛车是在女道士崔练师处租的，并不是小的所有。”衙役带人押来崔练师，在简短的问话后崔练师答道：“贫道购买此牛车专门用于租赁，以满足日常的生活开销，实在不知道会有今日之事！”但无论她如何辩解，作为车的主人，崔练师还是被收押了。

作为大唐租车行业的从业者，崔练师是“私家共享车租赁者”，专门服务于老百姓。这只是整个租车行业的组成部分之一。

唐宪宗年间，官府为了往河南等地调运粮草，一次性就征调了牛车四千多乘。官府大规模租借车辆，给的报酬相对较高，每天的租赁费用是三尺绢或者一里路三十五文钱。

春晓曲　温庭筠

家临长信往来道，乳燕双双拂烟草。油壁车轻金犊肥，流苏帐晓春鸡早。

笼中娇鸟暖犹睡，帘外落花闲不扫。衰桃一树近前池，似惜红颜镜中老。

《全唐诗》卷五七七

凡行路巷街，贱避贵，少避老，轻避重，去避来。……诸官人在路相遇者，四品已下遇正一品，东宫官四品已下遇三师，诸司郎中遇丞相，皆下马。……凡道士、女道士、僧、尼于道路遇五品已上官者，隐。——《唐令拾遗·仪制令》

在陆上的众多出行工具中，马是普遍且相对高级的一种。杨贵妃的姐妹们为了追求奢华将牛车改造得金碧辉煌，但在一次跟玄宗皇帝去华清宫的途中，因为车辆太重，牛拉不动，尴尬得不知所措。

没办法，玄宗只好下诏让她们骑马出行。这一道诏令一下不打紧，杨氏姐妹不玩改装车了，开始玩起了“改装马”，将黄金翠玉珠宝等装饰物都往马身上堆。

唐代的名马除了众所周知的唐太宗六骏外，还有郭子仪的九花虬等。

那回到唐朝，究竟应该买什么造型的马作为交通工具呢？

连钱马最佳！

所谓“连钱”，是指马的毛发是似连钱纹样的旋花毛，当时青色的连钱马为世人所爱。如果碰见马身颜色和连钱颜色相同的马，你得立刻入手，那可是匹上好的马！“好马配好鞍”，有了名马，如果再给它配上黄金装饰的缰绳和锦绣障泥，便能显得骑马的人更加尊贵。

唐代对马管控严格，皇帝赐给心腹大臣的马一般也就一两匹。毕竟马还是一种作战工具，万一有权臣批量养马，便会成为社会的不稳定因素。

买不起马怎么办？有驴可供选择。

在长安城的超级市场，比如大唐东市，就有专门租驴的地方，且租金便宜，没有起步价，每二十里路五十文，一般老百姓都消费得起。

很多士子在未做官之前囊中羞涩，买不起马匹，只好骑驴出行。唐代“驴友”群体庞大，裴度、李贺、贾岛、杜甫等人都是“驴友”。贾岛骑驴“推敲”的故事家喻户晓，而杜甫作为“资深驴友”骑了三十多年的驴，却鲜为人知。杜甫不是爱驴，而是因为他太穷了。

跟现在马路上跑的车各式各样一样，在长安城里你也可以看见其他交通工具，比如骆驼、骡子、大象等。唐朝大将哥舒翰的白色骆驼日行五百里，速度快，能适应各种路面，堪称“大唐越野车”。

无论是骑马还是坐车，有几条约定俗成的交通规则，请大家记住。进入城门的时候靠左行，出城门的时候要靠右行；如果想体现你和朋友的

忆昔　杜甫

忆昔开元全盛日，小邑犹藏万家室。稻米流脂粟米白，公私仓廪俱丰实。

九州道路无豺虎，远行不劳吉日出。齐纨鲁缟车班班，男耕女桑不相失。

《全唐诗》卷二二〇

关系甚好，可以二人并马骑行；一般在骑马的时候，都会有人牵马，因为城中的街道是不允许“飙马”的。

唐代水路交通发达，造船业兴盛，大小船只均能建造。

当时的人认为：江河湖海不能承载载重过万吨的船只。因此一般的大船最多八九千吨位。德宗时期，有一艘号称“海上大陆”的“俞大娘航船”，船体之大令人叹为观止。船上街道、花圃、菜园等设施一应俱全，可保障上面生活的人无论婚丧嫁娶还是日常生活的一切需求。据说，仅驾驶这艘船的船工就有数百人之多！

为了满足不同方面的需求，唐人还建造了用于运输的米船、粮船、盐船、转运船，用于游玩的龙凤船、采花船、竞赛船，等等。

唐代的船只跟马、驴等交通工具一样，也分为“公家车”和“私家车”。如果碰见征调物资、兵力运输等“不可抗因素”，官府会大量雇用私家船，这时候名义上说会付费用，可商人、船家谁敢问官府要钱？实际上就是一种变相的掠夺。

马也不想骑，船也不想坐，想在大唐体验一下“人上人”的出行感觉，还有人力抬竿为你服务。

阎立本的传世名画《步辇图》清晰地描绘了皇家抬竿——“辇”的样式。辇实际上是一种简易的轿子。宫女们肩上扛着步辇，皇帝端坐在辇上。这种规格的步辇一般只有皇帝、皇后、公主等皇族才能使用。安禄山起兵造反后，也给自己造了一部铁辇作为日常出行的工具。

与老百姓密切相关的人力抬竿类交通工具是“肩舆”。唐朝还没有轿子，肩舆就是轿子的前身。肩舆普及程度高，上至皇帝下至群众，均可以使用。白居易在年迈的时候不喜欢颠簸，对肩舆颇为推崇，在他的诗中提到的舆不下十几种，可见当时“改造版”的舆种类之丰富。

大唐疆域辽阔，国土之上除了草原、平原、河流之外，还有大量山脉。尤其是在云贵等地，山路陡峭，悬崖绝壁，当地人便发明了“背笼”这一工具。背笼的原理类似于现代有些地区的妇女干活时背小孩的筐。唐代的背笼相当于山中的车马，乘坐的人背对着背笼者，无论你是朝廷派遣的官差，还是当地的父母官，要代步进山都得乘坐背笼。

大唐种类繁多的交通工具能让各位不费吹灰之力看尽盛唐风景，你还不来选上一个？

如何避免住『黑店』

有这样一则故事，讲的是隋末唐初时，李生带着自己的美妾张氏从长安出发回山西太原老家，到灵石时天色已晚，就在当地找了一家旅店歇脚。旅店室内设施齐全，显得颇为正规，不仅有梳洗床，还有炉子可以做饭吃。

就在两口子说话做饭的时候进来了一位客人。客人嫌旅店提供的饭菜不好，独自坐在一旁。李生两口子就邀请客人一起来吃，为了招待这位萍水相逢的朋友，李生专门出去买了酒和胡饼，三个人边吃边聊。酒过三巡菜过五味，李生说："我有些下酒物，你愿和我一起吃吗？"客人点头同意。李生打开包裹，取出一个人头和心肝，说："这是负心人的头和心肝。"然后，三个人切了心肝下酒吃。

这个让人毛骨悚然的故事的真假且不追究，小说中出现的古代黑店，总是让身处法治社会的现代人不寒而栗。那么当举目无亲的你来到唐朝，如何避免住黑店"挨宰"呢?

唐代的旅店归地方政府的"民政局"——户曹管理，在甄别一家旅店是否是"黑店"的时候，要看这家店是否获得了官府认定，履行了正规手续。

虽然大部分旅店的老板是民间人士，但是许多地方官府为了广开财路，也暗中经营旅店，并将自己所办旅店的经营权委托给私人代管。

唐代宗年间，韦仙翁作为钦差前往各地为皇帝寻找仙坛的地址，可能是为了保密，也可能是为了更好地吃吃喝喝，他只住各地官府私自开办的旅店。所到之处，均将店中旅客全部轰走。

如果是在朝廷开设的正规驿站或者私人旅馆，韦大人是断不敢将人全部轰走的，因为一旦碰上"刺头"店家或者同僚，自己的履历就要沾上污点了。

"既当守门员，又当球员"，这种做法肯定不妥。为了让官府认认真真为百姓做事，切断各级官府的"偏门"财路，朝廷曾多次下令要求"地方官府不准搞经营"。但直到唐朝灭亡，这条规定还是没有被彻底落实。

进了旅店，如果你喊道："老板！上酒！"可能店里店外的人都会一脸疑惑。因为唐代称呼旅店老板和伙计为"店主、邸主、店娃"，并无"老板"这样的称呼。

唐代旅店可不单单提供吃喝住宿，如果运气好，还能碰见提供温泉洗浴服务的旅店。为了满足旅客的出行需求，部分旅店还租售驴等交通工具，充分让旅客感受到“宾至如归，服务至上”。

在唐代，驿站作为接待各级官员（包括被贬谪的官员）的专门地方宾馆，酒库、茶库、咸菜库等基础设施齐备。

到了驿站，住驿人员要先向驿站管理人员出示住驿凭证。即使身为官差，也要有居住驿站的“许可证”。

唐朝前期，无论是传递诏令的差人还是封疆大吏，居住驿站时都需要提供门下省发的符券，符券上清楚地记录着持券人从哪儿来到哪儿去、需要住哪些驿站、路上要走几天，等等。甚至对每天的赶路里程也做了清楚的规定:陆路骑马行走的一日必须赶七十里路，步行和骑驴的一日必须要赶五十里路，乘坐牛车等车辆的一日必须要赶三十里路；走水路坐船的，空船在河流里一日行四十里，在江河里一日行五十里，在其他水道一日行六十里，负重船在河流里一日行三十里，在江河里一日行四十里，在其他水道一日行四十五里。

除了以上规定，还要求居住驿站的各级官员和使者还不能中途绕道回家探亲访友，不能“公车私用”带过多的行李货物，也不能在同一个驿站停留三天以上，等等。

不过，到了唐代中后期，由于“地方实力派”——藩镇的权力逐渐增大，封疆大吏在自己的“独立王国”里对驿站的使用几乎到了随心所欲的程度。

虽然这些人造不出朝廷正规的符券，但是可以在自己的一亩三分地“批条子”。这种条子不正规但极其管用，因此会被很多人“转借”，甚至拿着它带着全家老小一起住驿站，这极大地增加了驿站的运营成本。

这些条子的效用与朝廷颁发的正规“许可证”一样，有了它，吃喝拉撒睡驿站全管。唐代中后期社会混乱无序，除了吃住以外，许多官员或者使者到了驿站以后还会索要各种“名优土特产”，变着法子“吃拿卡要”。

玄宗朝时曾进行过粗略统计，全国陆驿有一千三百处，水驿有二百六十处，还有零星的水路两栖驿站。因为是官办，在大唐雄厚财力支撑下，各处驿站规模宏大，马厩、驿楼等一应俱全，大如褒城驿等还有舟船、竹林。这些驿站连接着大唐各地的交通要道和往来信息，可惜因社会动荡，在官府豪强的层层盘剥下逐步凋零。

正常情况下，住驿凭证只能证明你有住店的资格，想要住进上房，就得看手中权力够不够大了。

唐宪宗元和四年，监察御史元稹奉召进京，一晚，他留宿在了官家驿站——敷水驿。历朝历代，负责监察百官并有弹劾大权的官员总是令人敬畏。元稹理所当然地住进了驿站中的上房。

这时，驿站外面吵闹声不断，驿官朝外一看，心想：“坏了！”门外的几位更不好惹，宫里来人了。走进驿站的太监刘士元呼喝着让驿官赶紧安排上房。驿官面露难色说道：“上差有所不知，监察御史元大人已经在上厅住下，不如您……”

“那就让他搬出来。”刘士元一脸不屑地说道。

“这恐怕不妥吧！”驿官答道。

刘士元一听此话顿时大怒，立马奔向上房一脚将门踹开。

元稹正准备下床看看外头发生了什么事，连鞋都没穿好，刘士元就冲了进来。元稹毕竟是个文人，正准备理论，刘士元哪管三七二十一，上前就用手里的马鞭朝元稹脸上打去，将元稹从上房撵了出来。元稹脸上、身上都是血印子。可见宦官猖獗到了什么程度。[1]

进京以后元稹上书皇帝说明此事，因牵涉宠信的宦官，宪宗皇帝打算睁一只眼闭一只眼，但同时也为了避免类似情况再出现，就下诏规定：为公平起见，驿站要按先来后到分配房间，谁先到谁就住好房子。

但是在等级社会里，这种规定基本形同虚设。

唐代驿站作为中央与地方之间的重要枢纽，其作用相当于帝国机器里的一颗颗齿轮，看似又小又松散，但是作用颇大，没有它们政令怕是连长安城都出不了。

进入唐都长安城，就不用担心有黑店了，天子脚下大家做生意还是规规矩矩的。况且，长安城等城市里还有租房业务。

一般进京赶考的举人和活动关系的“候补”地方官会在京城租房住。长安城很多坊都有空房用于出租，但主要房源还是集中在空房里和空房坊等地。

在长安城，你可以直接到这些空房集中地租上一间自己心仪的房子，在没有中间商赚差价的年代，可以尽情和房东砍价！

1 〔五代〕刘昫：《旧唐书》卷一六六《元稹传》，中华书局1975年版，第4331页。

出行请用大唐地图

世界上最遥远的距离是什么？

不是珠穆朗玛峰和马里亚纳海沟的落差，而是寻找对方的两人站在一条街道两端却都说不清自己的位置和方向。

现代人迷路可以打开手机地图导航，可在唐朝，得照着地图一点一点去找目的地。唐代的地图是由城市的“点”、道路的“线”和政区的“面”构成的。

据统计，唐朝有大小两千多座城市。这些城市就像串珠一样分布在三百五十多个州、一千一百多个县中。道路是连接城市的“线”，而政区则是由相关州和县构成的“面”。

说到唐代的城市，还得从长安城开始。唐都长安的历史可以追溯到隋代。隋文帝杨坚取代北周建立隋朝后，觉得自汉代起，长安城作为都城已经使用了八百年，设施老旧，环境较差。为了彰显新朝新气象，杨坚任命丞相高颎为总指挥，在汉长安城东南龙首山这一秀丽之地建设“大兴城”。

高颎虽为修建大兴城的总指挥，但日常工作均由“常务副总指挥”宇文恺*负责。宇文恺在设计大兴城的时候不仅因地制宜，利用地形地貌特点建造城市，还融入《周易》九宫八卦的格局，将皇城、宫城、外郭城按照君臣等级顺序划归功能区。再加上刘龙、贺娄子干等“指挥组成员”的共同努力，隋文帝开皇三年三月，隋朝各路人马正式迁入新都。[1]

*宇文恺（555—612），陕西靖边人。杰出的建筑学家，设计建设了隋大兴城和洛阳城。

可惜好景不长，杨氏一朝存续了三十七年就被李唐取代。

唐代长安城与隋代长安城实际上是同一个城市。不过，唐都长安比隋都大兴更加壮丽。这座城市由宫城、皇城和外郭城三部分组成。宫城是皇帝、皇太子和后妃生活的地方。皇城是文武百官处理朝政之地。而外郭城则是文武百官和普通

---

1 〔唐〕魏徵:《隋书》卷一《高祖纪》，中华书局1973年版，第17—19页。

百姓生活的区域。

唐都长安的特色是实行“里坊制度”。简单来说，里坊制度就是将整个城市切割成一个个如同鸽子笼般的小长方块，这些“长方块”称为坊。“里”包含在“坊”内，类似于现在的街道办。坊四周建有围墙，四面设有坊门，百官、百姓都在“长方块”里居住生活，到了特定时间才能出坊到其他坊去走街串巷。

“隔墙如隔山”，即使是紧挨着的两个坊，在围墙的阻挡下，也是你看不见我，我看不见你。每日五更天时分，宫内开始响起报晓的鼓声，各条街道上的鼓也按照从内到外的顺序依次敲响。伴着鼓声，坊门缓缓开启。

不过凡事总有例外。

在大唐重要节日之一的上元节，上至皇帝，下至普通百姓都会纷纷外出，上街庆祝。在上元节前后的三个晚上，各坊夜不闭门，大家可以尽情走街串巷，共享欢愉。

“里坊”的另一个特点是“半扇形环绕”。

整个长安城正北方位的大明宫、兴庆宫、太极宫，这些皇帝居住区“皇城”是城市核心，皇城再往北就出了长安城。皇城旁边是中央机构的办公地点“宫城”，再向外的东、西、南三面是各个阶层的居住区——“外郭城”。

长安城除了中轴对称、布局井然、封闭性强等特征外，其区域功能明晰，什么阶层住在哪个区域，什么人群住在哪个里坊，都要遵守一套严格的“居住法则”。

“哎哟！窦老板，最近生意可好？”

“哈哈！逢此太平盛世，最近又在嘉会坊开了一家食品店！

有空去捧个场！”

这位窦老板是位白手起家的精明商人，涉足木材、服饰等行业，“倒腾”树木、麻鞋。有了殷实家底的窦老板深知“实业兴企”的道理，买地建店，在西市、崇贤坊、延寿坊等坊开了不少铺子，成了远近闻名的大富商。

长安城有个不成文的规矩——“西庶东贵”。从老窦活动的这几个区域能看出，长安城西部地区属于“庶民”区，生活着普通百姓、读书人、商人、家庭手工业者等。所以窦老板售卖的都是平民价格的日常用品。

与之相对应的东边则住着手握大唐王朝次核心权力的官员们。为了“上班方便”，与皇帝“呼吸同一片蓝天下的空气”，大明宫、兴庆宫等宫殿的外围住满了核心圈层的官员。宰相李林甫住在平康坊，宰相杨国忠住在宣阳坊，汾阳王郭子仪住在亲仁坊。

在这里多说一句，郭子仪位于亲

天街　秦韬玉

九衢风景尽争新，独占天门近紫宸。宝马竞随朝暮客，香车争碾古今尘。

烟光正入南山色，气势遥连北阙春。莫见繁华只如此，暗中还换往来人。

《全唐诗》卷六七〇

仁坊的住宅占地面积将近十五万平方米，而现代一座标准足球场的面积大概是七千二百平方米。

为何会形成这样的东西之分？

因为长安城东高西低，有将近三十米的落差，一旦有较大降雨，西边的低洼地很容易遭水灾。

这里所说的东边、西边，是以长安城中轴线——宽一百五十米的朱雀大街为界的。各位对一百五十米没有概念？现代社会的标准高速单车道宽是三点七五米，按此计算，一百五十米意味着朱雀大街是双向四十车道的豪华高速公路。

宽一百五十米的朱雀大街还不是长安城内最宽的街道，中央办公机构“宫城”与皇帝居住地“皇城”之间的大街大约是二百二十米宽，相当于双向五十八车道的高速公路。但出于安保考虑，这条大街几乎没人行走，所以也没有朱雀大街那么热闹。

在长安城也不用怕迷路，无论在哪里，只要问身边的路人“朱雀大街怎么走”，到了宽广的朱雀大街上，你就能按图索骥，找到你想去的地方的出入口。

你要是认为唐代道路上没有水泥沥青就会扬尘满天，那可大错特错了。有诗云：“长安大道沙为堤，早风无尘雨无泥。”长安城内的道路不仅用泥土和沙子混合搅拌铺设再夯实，为了防尘，还铺上了细沙。这样的道路设施平日里使用起来没有任何问题，不过如果碰见极端天气，还是会如同“过沼泽”。这时朝廷会下诏停朝三天，极大地缓解了大小官员走沙泥路的痛苦。

除了“东富西贫”这样的基本地域分布规则外，如果你要在长安城内找某一类人群或办特定的业务，那可得记好笔记，下面的内容都是重点。

作为主管友好接待、宗教工作的部门，鸿胪寺是为数不多的不在宫城的中央机构。它位于朱雀大街的西边，大致在西北角的位置。因为这里是少数民族和外来人口的聚居区。这些地方的坊中建有祆教寺等庙宇，为了便于管理，朝廷将鸿胪寺建在了这里。

如果想购买乐器，学习音律，请到崇仁坊；

如果想参禅悟道、修身养性，跟着士大夫一起奉道，请到亲仁坊；

“白事”一条龙服务机构在丰邑坊；

还有一些你打眼一看就能看出其功能的坊，如:养鸡的鸡坊、僧人居住的僧坊；等等。

三教九流，各行各业，在长安城里都有自己的归属地。

在这座人口超过百万的大城市里，由于生活设施、居住环境等多种因素的影响，大部分人都生活在东、西、北三个区域。

长安城南部，尤其是东南部地区是风景名胜区，被誉为长安第一胜景。慈恩寺、曲江、芙蓉园、杏园等名胜古迹吸引了不少达官显贵，一年四季游人不断，好不热闹。

除了长安，唐代的洛阳、太原、扬州、益州、广州也都是有名的大城市。要去这些名城，则需要了解唐代的全国交通线路。

唐代的道路用八个字来概括就是:四面八方，四通八达。

朝廷开通这些道路的目的主要是为了行军打仗和往来交流。

铺开大唐的交通地图，你会发现，唐代国内的陆路交通非常发达，以长安、洛阳为中心，东部到达山东半岛，西北直通西域，西南可到南诏，东北自太原经幽州可至今东北地区，南边可达广州、桂林。同时，通过贯通南北的大运河及南方的河流湖泊，在国家内部形成一个庞大的水路网络。

除了这些“大动脉”式的道路，“毛细血管”式的州县之间的道路更是多不胜数，将大唐帝国的各个角落连接起来。

唐代州县之间的道路分为官路和私路。私路无须多言，是那种“本没有路，走的人多了也便成了的路”，这种路往往是一些危险但快捷的小路，它相当于我们现在的县道，没有“收费站”，没有驿站，相对崎岖。

设有驿站关卡，宽三十米的官道是官方建造的交通干线，上面会铺设鹅卵石或者石板等来保证道路平坦。代宗时期专门制定了保护官道的律法，严禁百姓在官道两旁耕种以及砍伐树木。

行走在唐代官道上，你会发现一个有趣的现象，唐代道路居然有“里程标”。

为了让行人知道自己走了多少里路，官道每隔五里会设一个上窄下宽

早春呈水部张十八员外其一 韩愈

天街小雨润如酥，草色遥看近却无。
最是一年春好处，绝胜烟柳满皇都。

其二

莫道官忙身老大，即无年少逐春心。
凭君先到江头看，柳色如今深未深。

《全唐诗》卷三四四

的方形土堆，人们根据这些土堆就能推算出自己的行程。

细节决定成败。大唐的强盛正体现在诸多细枝末节，特别是这些“人性化”的措施上。

唐朝往来商旅众多，官道上车水马龙，如果遇上极端恶劣天气，还会“堵车”。有记载称，曾因暴雪，导致长安与洛阳之间的渑池道损坏，数千辆车拥塞不前，场景蔚为壮观。

作为幅员辽阔地貌多样的大帝国，唐代的陆路有一种必不可少的设施，那就是桥梁。这些桥梁不仅是交通设施，有的还是著名的文化地标，比如长安城城东的灞桥和城西的咸阳桥就是送别之地。在这些交通要冲，可以“偶遇”众多唐代的知名人士。

玄宗天宝九载，灞桥畔。

一位年轻书生与三五好友话别，书生叹道：“十年寒窗为的是一举夺得功名，怎奈我张继*稍逊一筹，竟落得无功而返。诸位后会有期，就此别过。”

一位好友安慰道：“兄台切莫悲伤。以你的才华夺得功名是早晚的事儿罢了。”

灞桥旁的柳枝无力地摇摆着，显得无限悲凉。张继一脸沮丧。另一位好友折下一段柳枝挂在张继的包袱上说道：“今日虽别，但来日方

*张继（生卒年不详），字懿孙，湖北襄州（今湖北襄阳）人。唐代诗人。他的诗爽朗激越，不事雕琢，比兴幽深，事理双切，对后世颇有影响。

长，后会有期，张兄珍重。”

众人拱手别过，张继无言，转身向东走去。

这位张继就是著名诗篇《枫桥夜泊》的作者。

灞桥风雪，折柳赠别。一座横卧在灞河上的桥梁，成为伤感离别的见证者，文人墨客的诗词歌赋也为其增添了颇多的文化韵味。

在唐代，有专门负责修建桥梁的机构——工部的水部司，建桥资金主要来自“社会集资”——即桥梁所在地征收的“桥道钱”，还有的由当地富足大户赞助修建。桥梁修建好之后，当地政府要负责定期维护修理。若地方官员失职，对桥不管不顾，则会被朝廷处罚。

与陆路不同，水路主要依靠河流水道运行，因此不存在“私路”一说，全部都是“官路”。

为了让水路交通更为便捷，唐代开凿了众多的人工河流。玄宗朝开凿了长十八里的广济新渠，在陕州开凿了长五里、宽十五米、深九米的天

忆秦娥　李白

箫声咽，秦娥梦断秦楼月。秦楼月，年年柳色，灞桥伤别。

乐游原上清秋节，咸阳古道音尘绝。音尘绝，西风残照，汉家陵阙。

《全唐五代词》卷一

宝河。宪宗朝开凿了长十四里、宽九十米、深五米的新河。可以说，唐朝在交通设施建设上是花费了较大的人力物力财力的。

“其途之所出，四通而八达，游士之所凑也。”在大唐交通地图上，以长安、洛阳两京为核心，道路向帝国的四周辐射，连接起了朝廷中枢与各个州县。

各位到了大唐，对照着这份简易版的交通手册，便可识得路标，认得官道，还能知晓知名诗人的现身地!

长安一日游路线

德宗贞元五年（789），皇帝突然下了一道诏书：

诸位爱卿天天陪在朕的左右，早出晚归，长期处于亚健康状态，精神压力极大。如今百姓安居乐业，朝廷也没有那么多需要处理的事情，朕想了想，以后正月晦日、三月三日、九月九日这三天，为“文武群臣大联欢”的日子，不用上班。朕还考虑到诸位爱卿的实际收入情况，实行带薪休假。宰相和六部长官级别的发过节费五百贯，翰林学士发一百贯，金吾、英武、威远等卫的将军发二百贯，节前五天一次到账。朕可不是突发奇想，是慎重决策，以后这些日子就定为法定节假日了。[1]

在唐朝，看到鼓励大家“带薪休假”的诏书不要急着惊讶，下这样的诏书的，德宗皇帝不是第一人。他的太爷爷——玄宗皇帝就时不时在官员齐休假的时候给大家发点绢或者现金，让朝廷的栋梁们都能高高兴兴休假，再开开心心上班。

只是德宗皇帝这诏书一下，等于是将“带薪休假”制度化了。

有钱有闲，唐朝不少官员开始认真琢磨怎么玩了。

晚唐时的宰相路岩在成都做节度使时，认认真真不做事，踏踏实实去游玩，把差事全都交给底下人去做。“锦城云乐”，无论工作日还是节假日，路节度使都带着会吹拉弹唱的歌妓们在城里赏花或者去蜀江玩水。

路节度使虽然不务正业，但是小伙的样貌用现在的话说那是“帅呆了”。每次他一出游，后面总跟着一大拨女粉丝。为了让粉丝们能在人群中一眼看到自己，他把自己的头巾整理得颇为好看。大家一看，这种头巾造型能吸引女粉丝，便纷纷效仿，就这样，路节度使引领了一波“戴头巾”潮流。

可大家都这么戴怎么能体现自己的独特？于是路岩又想了一个办法，把自己的头巾剪裁掉一角。这一来更不得了，大家又纷纷学他，都把头巾裁掉一个角。

帅哥游山玩水都能玩出时尚，这正是开放、包容的唐代社会的一个缩影吧！

唐都长安城既是全国的政治经济文化中心，也是著名的旅游

---

1 〔五代〕刘昫：《旧唐书》卷一三《德宗本纪》，中华书局1975年版，第367页。

胜地。来到长安，你该选择哪条“一日游线路”呢?

可以先体验一下市内线路“乐游原—慈恩寺—曲江池”。

乐游原是长安城里的制高点，站立其上视野开阔，是“休闲游”的最佳去处。登原远眺，整座都城一览无余。当时能见度高，你可以在乐游原上北望渭河水，南瞰终南山。要说长安城哪里美女云集，莫过于乐游原。每年正月晦日、三月初三、九九重阳，城里的大闺女、小媳妇都会组团来这里赏景嬉戏。

面对如此佳人美景，文人墨客少不了争相留下诗词歌赋。李商隐就是在驱车前往乐游原后，写下“向晚意不适，驱车登古原。夕阳无限好，只是近黄昏”这首名篇的。

登高望远后，可以再去慈恩寺丰富一下精神世界。

寺院在唐朝不单单是烧香礼佛的地方，慈恩寺十几个院落，近两千个房间，里面除了居住高僧大德外，还住了很多读书人、手艺人等各阶层人群。

唐朝时无论寺庙还是道观，作为城市

同水部张员外籍曲江春游寄白二十二舍人　韩愈

漠漠轻阴晚自开，青天白日映楼台。曲江水满花千树，有底忙时不肯来。

《全唐诗》卷三四四

曲江游人歌　佚名

春光且莫去，留与醉人看。

《全唐诗》卷八七四

的文化中心，其功能颇为强大。

想看戏？去寺观。

观壁画？去寺观。

想看灯？去寺观。

想赏花？去寺观。

而作为长安城里最著名的寺庙，慈恩寺里的壁画等景观让它担得起这个“最”字。

寺院墙上有“画圣”吴道子等亲绘的壁画；院内有号称“长安城第一美”的牡丹；有往年新科进士们留下的墨宝；还有许多来自全国各地的曲艺表演，热闹得跟王母娘娘的蟠桃盛会一般，吸引了大量来自海内外的游客。

在唐朝，不用发愁生活枯燥无趣，每一座寺观都能给你带来惊喜。

慈恩寺里的制高点就是玄奘法师译经的地方——大雁塔。不知你想过没有，雁塔雁塔，真的跟大雁有关吗？

据载，佛教的发源地古印度有一个摩揭陀国，这个国家一所寺院内的和尚信奉小乘佛教，吃三净食（即雁、鹿、牛肉）。一天，空中飞来一群大雁，有位和尚见到群雁就随口说道：“大家都没有东西吃了，佛祖应该知道我们肚子已经饿了。”

话音未落，神奇的事情发生了。一只雁掉在这位和尚面前。他赶紧把这件奇事告诉给寺内的僧人们，僧人们都认为这是佛祖在教化他们。于是就在雁落之处，葬雁建塔，并为其取名雁塔。

玄奘法师在印度游学求经的时候，参观了这座雁塔。回国后，玄奘法师为存放从印度带回的经书，就向朝廷申请在慈恩寺西院建造一座仿印度佛塔造型的砖塔，也叫作雁塔。因其位于慈恩寺内也被称为慈恩寺塔。“诗圣”杜甫登塔后，就曾写下一首《同诸公登慈恩寺塔》：

高标跨苍天，烈风无时休。
自非旷士怀，登兹翻百忧。
方知象教力，足可追冥搜。
仰穿龙蛇窟，始出枝撑幽。
七星在北户，河汉声西流。
羲和鞭白日，少昊行清秋。
秦山忽破碎，泾渭不可求。
俯视但一气，焉能辨皇州。
回首叫虞舜，苍梧云正愁。
惜哉瑶池饮，日晏昆仑丘。
黄鹄去不息，哀鸣何所投。
君看随阳雁，各有稻粱谋。

从大雁塔出来，可以直奔长安城东南隅的曲江池和朋友们坐着船唱着歌赏美景。因为这里景色着实怡人，可以在曲江池的两岸观赏鳞次栉比的皇家宫殿。如果碰到大型节假日，还能看到皇帝带着嫔妃们站在宫殿里的高楼——紫云楼上观景。

一边欣赏两岸美景，一边在碧波荡漾的湖面上坐船休憩，享受“唐朝慢生活”的惬意，有时还能碰见不少令人捧腹的恶作剧。

唐僖宗时，有一年放榜时节，天公作美，曲江池岸边挤满了赏景的人。新科进士们正准备登船游湖，没想到在这个时候来了一群长相迷人的少女，簇拥着一顶华丽的轿子往岸边游船走去。

这回头率能不高吗？

新科进士们的目光一下子就被带跑了。

“这可真是大饱眼福了，只是不知道轿子中的那位小姐究竟长什么样子？”一位年少的进士说道。

另一位进士答道：“看她们的穿着打扮再加上样貌，这轿子中坐着的肯定是朝中大员的女儿，说不定还是当今圣上的宝贝公主！”

“哎呀，如果真是一位红粉佳人，那真是人生的一大幸事啊！”一位进士说。

进士们七嘴八舌讨论得开心，引得周围的人也纷纷朝那顶被簇拥着的轿子看去，都想瞧一瞧这到底是哪个府上的千金。

说话间，轿子到了进士们眼前，大家都翘首以盼佳人芳容。

就在这时，一条粗壮的腿从轿子里伸了出来。不光进士们震惊，周围人也都呆住了。

“这是怎么回事？”“谁这么无聊玩这种把戏！”

进士们边说边用手捂着眼睛往游船上跑。

“哈哈哈哈！”轿子里传来男子的声音，旁边看热闹的人见此情景也都笑了起来。

原来这是一位没有中第的士子想捉弄一下新科进士，专门自编自导自演的一出恶作剧。

如果“乐游原—慈恩寺—曲江池”这条城内“一日游”线路玩得不过瘾，那还可以到城外的终南山一览风景。

坐落在长安城南的终南山林木参天，名胜古迹等人文景点也颇多。从周代开始，就有不少的人在终南山修真悟道。相传李唐王室尊崇的祖先——老子，走到终南山楼观台时写下了《道德经》，并将这本书送给了在此修炼的一位道士。此后慕名来终南山求仙问道的人就更多了。

“山不在高，有仙则灵”，终南山上大大小小的道观吸引着长安城里的达官显贵和平民百姓，每天都有不少人到终南山寻访仙踪。

诗人孟郊在四十六岁“高龄”时终于中第。他虽然中第，但仕途不顺，心中烦闷。

“老孟，走，咱们去城外终南山散散心。”一位朋友见孟郊每天愁容满面的，就邀他一起出城进山游玩。

就像是“大风吹翻麦草垛——乱七八糟”，孟郊因为工作的事情，正心乱如麻，跟朋友骑着马有一搭没一搭地聊着，说话间二人走进了山中。

高大雄伟的终南山一下子就把孟郊吸引住了，耳旁山风呼啸，吹动着松柏枝、叶在风中哗哗作响，俗世的烦恼在山中美景的衬托下显得不值一提。

孟郊边走边对朋友说：“你瞧这终南山就默默地矗立在那儿，

不会随着岁月的流逝而改变。在这山中居住的人也和这山一样刚正硬气。即使山路不平，但是他们内心却坦荡，从不会觉得路险。”

“是啊！走进这终南山内，景色不一样，眼界不一样，心境更是不一样。”朋友应和道。

越往里走，终南山深山幽谷的景色越发优美。孟郊感慨道：“今天在终南山见到如此秀美的景色，让我觉得非常后悔，当初为什么让自己过得那么累，去追求那些虚名。”

朋友大笑道：“老孟啊，寄情在这深山老林中，也是一种人生。只是不知道你能不能放下心中的执念啊！”

孟郊回到家中后，挥笔写下一首《游终南山》：

南山塞天地，日月石上生。
高峰夜留景，深谷昼未明。
山中人自正，路险心亦平。
长风驱松柏，声拂万壑清。
到此悔读书，朝朝近浮名。

过香积寺　王维

不知香积寺，数里入云峰。古木无人径，深山何处钟。
泉声咽危石，日色冷青松。薄暮空潭曲，安禅制毒龙。

《全唐诗》卷一二六

各位在唐朝终南山里游览的时候，兴许还能看见王维、韩愈、元稹等人的山中别院。

王维跟孟郊不同，他十九岁就已入朝为官，知名度非常高。达官显贵都想跟他在一起写写诗品品茶，凸显一下自己的文学修养，玄宗皇帝的兄弟们都跟他是好朋友。

可王维却想要参禅悟理，过一种半官半隐的生活，于是他开始在秀丽的终南山里物色住处。后来他在蓝田辋川买了一处别业，这处别业之前的主人是唐朝毁誉参半的诗人宋之问，王维就在宋之问庄园的基础上修建了一片属于自己的小天地。

城内一日游加上城外一日游，各位按照这样的线路可以在最短的时间内看到长安城里最美的风景。

斗鸡神童的精彩表演

公元 725 年冬天某日，有位客官正在长安城东灞桥南边的白鹿原上小憩，看见一支队伍浩浩荡荡向东而去。这是玄宗皇帝李隆基前往泰山封禅的队伍。队伍最前面的马队，以每种颜色一千匹为一个方队向前进，远远望去气势恢宏，尽显大唐国力。

然而，队伍里怎么还有一支运鸡的小队？不要惊讶，“爱玩”的玄宗皇帝专门命十三岁的“斗鸡神童”贾昌带着三百笼斗鸡跟随自己的封禅队伍前往泰山。

“斗鸡”是唐人喜闻乐见的娱乐方式。在唐朝，老百姓对斗鸡的喜爱到了什么程度？据说有的贫困人家实在没钱买鸡养鸡，造出假鸡也要玩。还有不少人专门以斗鸡为职业。

在长安城众多玩斗鸡的人里，属贾昌训练的斗鸡最有看头。

玄宗皇帝在登基之前，就痴迷斗鸡，那个时候他就听过“能懂鸟语”的神童贾昌的名号。等做了皇帝，他便开始系统化、规模化地驯养斗鸡。他在长安城内搜罗了一千只斗鸡，又从自己的卫队中挑选出五百名小壮士专门负责训练它们。可问题是这些小壮士对训练根本不在行，结果不用说——皇帝对成果很不满意。

在这种情况下，皇帝把贾昌召进了宫。玄宗端坐在龙椅上，说道:“贾昌，朕早就听过你的美名。不知道过了这些年，你斗鸡的水平可有长进？”然后命令贾昌在宫殿前表演。贾昌虽然年纪小，但确实是斗鸡的行家里手，他随口指派了两只斗鸡，这两只鸡便像红了眼的赌徒一样厮打起来。

贾昌的宫廷首秀格外成功，玄宗皇帝一高兴，立刻封贾昌为五百训鸡小壮士的长官。“一招鲜吃遍天”，一项看似不怎么光鲜的技艺，被贾昌玩得炉火纯青，能借此进宫面圣不说，小小年纪就得了个官职。

在跟随玄宗皇帝去泰山封禅的时候，贾昌在皇上身边当侍卫的老爹在山东去世。玄宗皇帝马上特批:让贾昌坐着官家的专车，走皇帝专用的大道——洛阳道，将其父的棺木运回陕西安葬，沿线各州县的政府还要准备丧葬用品。

这消息一传出去，立刻就上了“热搜”。民间还流传起一首诗:

生儿不用识文字，斗鸡走马胜读书。
贾家小儿年十三，富贵荣华代不如。
能令金距期胜负，白罗绣衫随软舆。
父死长安千里外，差夫持道挽丧车。[1]

每逢元旦等重大节日，朝廷内外都要举办盛大的庆祝活动，斗鸡是庆祝活动的重头戏之一。

这种时候，贾昌都会头戴雕翠金华冠，身穿华贵的锦绣衣服，手拿大铃和拂尘。这身打扮是这位“大唐头号斗鸡玩家”的专属服饰。

这位斗鸡行当的天才少年指挥有度，让训练有素的斗鸡个个亢奋不已，怒拍翅膀，时不时还磨一磨尖嘴利爪，像准备上场的选手一样。

比赛开始后，贾昌指挥着场上两只斗鸡搏斗，直至分出胜负。胜出的鸡走在前头，得意扬扬，斗败的鸡落在后边，像霜打的茄子。就这样一前一后跟着贾昌回到鸡笼里。

节庆日的活动当然不止斗鸡这一项，但贾昌的表演着实精彩，以至于他演出时其他节目都没人看。

一次，安史之乱的始作俑者安禄山在朝觐玄宗皇帝的时候，跟贾昌在横门外相撞，赶紧拉着贾昌给自己讲斗鸡的门道。安禄山之前看过贾昌的斗鸡表演，早就被这位天才少年的斗鸡术给迷住了。

---

1 〔清〕彭定求：《全唐诗》卷八七八，中华书局 1960 年版，第 9945 页。

后来安禄山起兵反叛，一路从河北杀到洛阳再到长安。到了长安马上命人去找贾昌，要让贾昌也给自己训练斗鸡。可连找数月都不见贾昌踪迹，安禄山还不死心，又在长安、洛阳张贴“寻人悬赏令”，悬赏千金来征求贾昌的下落。

在唐朝，很少有娱乐方式像斗鸡这么刺激。和文人雅士做朋友不一定非得请他们喝茶聊天，一起去斗鸡场看看表演说不定更合他们的胃口。

“孟诗韩笔”一词道出了韩愈和孟郊两人在文学领域的成就。二人在文学上经常彼此切磋讨论，而且还有一个共同的爱好——痴迷斗鸡表演。

“韩大人，斗鸡表演如此精彩，不如我们以此为题，对对诗如何？”孟郊说道。

韩愈哈哈大笑，欣然答应，一边观瞧着斗鸡场上的情景一边吟道：“大鸡昂然来，小鸡竦而待。”

孟郊马上接道：“峥嵘颠盛气，洗刷凝鲜彩。”

“高行若矜豪，侧睨如伺殆。”

斗鸡　杜甫

斗鸡初赐锦，舞马既登床。帘下宫人出，楼前☒柳长。
仙游终一閟，女乐久无香。寂寞骊山道，清秋草木黄。

《全唐诗》卷二三〇

→ 彩绘陶宫装乐伎女俑

↑ 弈棋女子仕女图　唐　佚名

↖ 调琴啜茗图（局部）　唐　周昉（传）

↓ 彩绘陶乐伎女俑

↑ 彩绘陶乐舞俑

← 螺钿紫檀五弦琵琶

← 反弹琵琶 敦煌莫高窟

↙ 琵琶 敦煌莫高窟

↙ 横笛 敦煌莫高窟

← 笙 敦煌莫高窟

↗ 花边阮　敦煌莫高窟

→ 古琴　敦煌莫高窟

↘ 箜篌　敦煌莫高窟

↓ 腰鼓和羯鼓　敦煌莫高窟

↙ 筚篥　敦煌莫高窟

↑打马球图　章怀太子墓

↓神骏图　唐　韩干（传）

韩愈又接道。

“精光目相射，剑戟心独在。”孟郊说。

……

正所谓“艺术来源于生活又高于生活”，二人你来我往“十几个回合”，对斗鸡场上的表演加以修饰润色，读起来竟颇有些生活哲理。唐诗的趣味、艺术魅力由此可见一斑。

看来，唐朝能学习的地方不仅有国子监，也可以是斗鸡场这种市井场所。

如果觉得只看斗鸡不过瘾，想亲自训练几只鸡上场搏斗的话，就得知道这斗鸡的门道。

各位都知道老北京的旗人养鸟的讲究颇多，像什么鸟食罐讲究官窑出品啦，鸟笼子讲究合竹细条啦，等等。在长安城玩斗鸡也得深谙不少规矩。

斗鸡出场的时候得“武装到牙齿”，要有花冠、芥粉、爪子套这基础三件套。花冠是门面，是给鸡冠子上戴的饰物，甭管实力如何，派头不能输。带有特殊味道的芥粉是“大暗器”，涂抹在鸡翅膀上，在场上争斗时，会随着翅膀的挥舞发挥功效，迷住“敌人”的视线。这就好比两个人争斗，其中一个先给对方眼睛里撒一把沙子。但鸡翅膀毕竟没有人手灵活，这芥粉也是“伤敌一千自损八百”，如遇风向不对，反而会把自己的眼睛给迷住。爪子套是必备的 “杀伤性武器”，能不能一招“锁喉”得看这“武器”给不给力。

这样“全副武装”的斗鸡在场上搏斗起来，场面极其刺激。

尽管斗鸡只是一种席卷了各个阶层的娱乐活动，但从唐朝斗鸡之风盛行我们也可以看到盛世背后所隐藏的危机。如果各位来到唐朝，有了“斗鸡走马胜读书”的荒唐想法，那就说明，这样的盛世即将走到尽头……

见识一下唐代的围棋高手

无论什么时代，用“雅俗共赏”来形容一项活动或者某件作品都是一种褒奖。在唐朝，围棋就是这种人人喜爱的活动。

玄宗朝时围棋高手王积薪*钻研围棋数十载，自认“大唐无敌手”。

然而有一次他从成都返回长安的时候，却遭到了无名女性的实力碾压。

成都到长安路途艰难，王积薪这一晚好不容易在一座村庄里找到了一家乡野旅馆，准备好好

*王积薪，唐玄宗当政时期的『棋待诏』，常在宫中陪玄宗下围棋。再根据前人和自己的实践经验，总结出围棋『十诀』。

歇息后再赶路。

王积薪刚洗漱完躺下，就听见隔壁两位妇女在说话。仔细一听，原来是老板娘和儿媳妇。

“儿媳妇啊，今天晚上也没什么事情，咱俩下盘棋打发打发无聊的时间怎么样？”老板娘说。

儿媳妇赶紧边答应着，边把棋盘棋子拿了出来。

王积薪一听，立马来了精神，心说这乡野之中竟有如此有雅兴的人，难得难得。于是暗暗打算转过天教教这娘俩如何下棋。

只听老板娘说：“我在某某某处下一子。”儿媳妇说：“我在某某某处下一子。”两人就这样你一子我一子，边说边下，各下了几十子。老板娘说：“看来是你输了呀！”“还是娘厉害，是我输了。”儿媳妇略带笑意地答道。

墙那边婆媳俩下着棋，墙这边的王积薪在心里就把这棋路记住了，边记边琢磨，感觉跟自己熟悉的棋路都不太一样。

第二天一大早，王积薪拿出棋盘把娘俩的棋路重走了一遍，并连连感慨这棋路

王积薪每出游，必携围棋短具，画纸为局，与棋子并盛竹筒中，系于车辕马鬣间。道上虽遇匹夫，亦与对手。胜则征饼饵牛酒，取饱而去。——《云仙杂记》卷六

绝妙，他自愧不如，真是强中自有强中手，一山还比一山高。从这个故事也可见唐朝人对围棋之喜爱和围棋的普及程度。

下围棋与打马球、斗鸡等活动不同，既不需要高成本，又易于推广，是上手较快的智力活动，所以在寺庙道观、旅馆驿站、竹林窗下抑或皇宫府邸都能瞧见对弈者的身影。在唐朝跟朋友聊起围棋，你会发现这项智力游戏之所以群众基础广泛，是因为它所蕴含的学问颇多，下棋时犹如指挥千军万马厮杀，令人好不痛快。

有一日无事，大才子元稹召集棋友们来家中品诗下棋。

两个人一坐在棋盘两边就好似骑上了战马，非得把对方杀得片甲不留方才罢休。大家琴也不弹了，诗也不品了，画也不做了，不仅棋手聚精会神，观棋的诸位也是眉头紧锁，默默分析着盘中局势。

阵仗一摆开，黑白双方立刻开始你来我往，或以“长蛇阵”将对方团团围住，或以“单枪匹马阵”直逼对方的薄弱环节，或以“天女散花阵”全方位攻击对手。棋局从白天下到了晚上掌灯，双方都不敢冒进也不敢犹豫，在一方小小棋盘上把三十六计用了个遍。

这盘棋下得极为精彩，事后元稹写下《酬段丞与诸棋流会宿弊居见赠二十四韵》，将下棋过程记录了下来。[1]

可凡事只要有好，必会有瘾；凡是有瘾，必会成癖。各位回到唐朝，切莫贪棋哟。

唐宣宗素有“小太宗”之称，从这个“外号”就能知道这位

1 〔清〕彭定求：《全唐诗》卷四〇六，元稹《酬段丞与诸棋流会宿弊居见赠二十四韵》，中华书局 1960 年版，第 4525 页。

皇帝的品性。

“今日上朝与各位爱卿来商量一下高级别官员的任免问题，不知道各位对杭州刺史等职位有没有推荐的人选？”宣宗皇帝问道。

宰相令狐绹见无人应话，上前一步向皇帝说道：“启奏陛下，杭州刺史一职，臣推荐李远。这李远勤学好问，善于写诗，定能胜任。”

宣宗皇帝想了想，心里有点不太高兴。他私下翻阅过李远的简历，这李远做官的名声没有，但是写诗下棋的名气还是有一些，宣宗担心他是个“绣花枕头”中看不中用，便说道：“宰相推荐的这个人朕倒是听说过，不过朕怎么听说他极其痴迷下棋，曾写过‘青山不厌千杯酒，白日惟销一局棋’这样的诗，感觉是个不靠谱的棋疯子。这样的人怎么能当得了杭州城的父母官呢？”[1]

令狐绹答道：“陛下圣明，那只是李远一时高兴写下的诗句，并不代表他把全部的心思都放到了下棋上，而且他虽然官职不大，但是清廉公正，所以臣才想推荐他就任杭州刺史。”

宣宗皇帝见宰相都这样说了，这才摆了摆手，勉强答应了对李远的任用。

李远因为嗜棋，差点把自己的大好前程给耽误了。而太宗时期的大理寺官员张蕴古跟囚犯下了次棋，就把自己的脑袋给搭了进去。

1　〔元〕辛文房：《唐才子传》卷七《李远》，古典文学出版社 1957 年版，第 112—113 页。

观棋　子兰

拂局尽消时，能因长路迟。点头初得计，格手待无疑。

寂默亲遗景，凝神入过思。共藏多少意，不语两相知。

《全唐诗》卷八二四

贞观五年，朝廷任命张蕴古为大理寺丞。张蕴古是太宗皇帝跟前的红人，他撰写的相关书籍颇受太宗的赏识。

这一天大理寺受理了一桩“妖言惑众，妄议朝廷”的案子。“被告”是相州人李好德。

张蕴古对事情的来龙去脉一一做了了解，在审问的时候他发现李好德是个残疾人，平时只是喜欢发发牢骚、跟街坊邻居下下棋什么的，并没有对国家造成什么实质性的伤害。他便如实把事情原委写进奏章，等皇帝批复。

太宗皇帝拿到奏章，自然是相信张蕴古，马上批复同意他的审理意见，走完程序就可以放人了，还可以给点补助金什么的。可这张蕴古非但没按流程办事，还把这个消息偷偷告诉了李好德，告诉就告诉吧，他还跟这李好德切磋开了棋艺。

“天下没有不透风的墙”，御史们很快知道了这个消息，立刻就向太宗皇帝禀告。说一个主管大唐刑事案件审理的官员知法犯法，泄露朝廷机密，还跟被告在监狱中下棋，犯下重罪。就这样，太宗皇帝当即下诏在长安城东市处死张蕴古。[1]

可见围棋这项“雅俗共赏”的活动背后，有着复杂的“人情世故”，搞不好还“暗藏杀机”。

唐朝的围棋热，不仅在国内掀起了经久不衰的浪潮，而且还波及海外。隔海相望的日本等国人民也喜欢上了这项运动。

宣宗朝时，一位日本亲王来到长安城朝觐大唐皇帝。拜见皇帝，少不了要进贡珍奇古玩。这让宣宗皇帝颇为高兴，下令宴请日本亲王，并且命乐坊宫人表演献技。

饭吃到一半，日本亲王启奏宣宗说自己想跟大唐的围棋国手切磋下棋艺。

宣宗皇帝一琢磨，觉得这可不是简单的一局棋，关乎的是大唐的威严。于是吩咐左右找来“围棋第一人”顾师言与日本使者对弈。

正准备摆棋盘，日本亲王高声说道：“且慢，我特意准备了‘楸玉局’棋盘和‘冷暖玉’棋子。”

此话一出，宣宗君臣都愣了一下，这怎么到别人家下棋还自带棋盘棋子？

一位大臣问道：“你这个棋盘棋子有何玄妙？”

日本亲王略带骄傲地说道：“这棋盘和棋子产自我国以东三万里一个名叫‘集真岛’的地方，这座岛上有一座凝霞台，台上有

1 〔北宋〕王溥：《唐会要》卷四〇《君上慎恤》，中华书局2006年版，第839页。

手谈池，池子中自然生成一种采天地之精气、集日月之精华的玉棋子，而且棋子本身已分为黑白两色。这种玉棋子冬暖夏凉，故谓之冷暖玉；不仅如此，用这座岛上产的楸木雕琢成的棋盘，光可鉴人。”

这可是有备而来！原本还本着“友谊第一，比赛第二”心理的顾师言手心也冒出了汗。

二人坐在棋盘两边，凝神定气开始落子。顾师言下得谨慎至极，每落一子思忖半天，两位棋手一路厮杀，未分胜负，直到第三十三手的时候，顾师言瞅准机会，用了一招“镇神头”。这招可是神来之笔，一招致命！日本亲王惊得瞠目结舌，半天不落子。过了半晌，才投子认输，朝堂之上的宣宗君臣也长舒一口气。

日本亲王问道：“敢问阁下在大唐是排名第几的围棋高手？”

顾师言想了想说：“我只排名第三。”

“那我能见见排名第一的高人吗？”

顾师言笑着说：“您打败了我这第三才能见第二，打败了第二才能见第一，使臣您不必着急啊！”

日本亲王叹道：“小国的第一，还不如大唐的第三。”[1]

唐朝“软实力”之强大由此可见一斑。

诸位在唐朝走亲访友，少不了要与他人对弈切磋，看来得找个名师好好学学！终南山道观的道士、长安城寺庙里的高僧中大有围棋高手，各位可以去拜访拜访！

---

1 〔唐〕裴庭裕：《东观奏记》卷下，中华书局 1994 年版，第 194 页。

想参加马球比赛吗

竞技运动的魅力在于其能激发参赛者和观赏者的激情。

一个不看球的人，不会明白罗纳尔多在情人节退役时球迷们为什么哭得稀里哗啦；也不会明白当篮球从球员手中抛出，在空中划出一段优美弧线时全场观众屏住呼吸等待的心情；更不会明白在赛场上奋力拼搏的运动员身上，寄托着人们多少美好的期待。

越是对抗激烈的运动，越能带给人们深刻的感受。这就是竞技运动的魅力。

唐朝人对于竞技运动的喜爱，是用实际行动来表现的。比如打马球。

想在长安城看马球比赛，得去位于东北方向的“月登阁”马球场。一旦开始比赛，激烈的对抗，飞驰的骏马，震天的呼声，保准让你大呼过瘾！

僖宗时期，新科进士们相约一起到月登阁打马球以庆祝及第。谁知碰上一队专业的军将，这些将军想要刹刹新科进士们的威风，便邀进士们跟他们比赛。

文人毕竟长期伏案写作，并不擅长运动。而这些军将都是些准专业球员，每天没别的事时，总是练球、打球。碰到重大节日或者皇帝前来，也能出出风头。

就在进士们面面相觑时，其中一位进士策马上前拱手说道：“在下对打马球还是略懂一二，如果各位放心，就由我代表咱们出面，去挫挫这帮军将的锐气！”

说话的是一个十七岁的少年——刘覃，他父亲曾任户部侍郎、诸道盐铁转运使，这两个职位可都是肥差。打马球本就是一项“耗钱”的运动，光是修建一块正规的场地就要花费巨资，一般人哪能玩得起？刘覃家境殷实，从小就跟着名师学习打马球，球技自然了得。

军将们看见一个少年拎着球杖策马前来，都轻蔑地大笑，想好好戏耍一下这个小进士。

可等一开始抢球，军将们都心说:这小伙子身手怎么如此了得？只见刘覃在飞驰的马上奋力击球，动作既稳准狠，又娴熟优美，球技之高令军将们瞠目。

在争抢中，刘覃虚晃一下，瞅准机会顺势一打，马球立刻腾空向球门飞去。

“好球！”

场下进士们一阵高呼。

球应声入门，军将们都傻了眼。本来想戏耍别人，没想到自己却成了人家的手下败将，大家只好默默地离开了月登阁球场。

刘覃毕竟是正统球路出身，动作标准，球技扎实。可在唐朝有打马球条件的人家是少数，许多爱好打马球的人走的都是“野路子”。

打马球有两大必不可少的装备，球杖和球，至于是不是一定有马就得看个人财力和场地大小了。一般的老百姓去不了球场，只好在城市里的街道上击球玩耍，在这种情况下参赛选手只能步行击球。

马球这项运动所用的“球”跟现代人玩的足球、篮球等球类不同，是以木头为原料制作的，材质轻且坚硬，球面上还绘有彩画或者醒目的红色，看起来像个圆形的骰子。

球杖用木头或者藤条制成，顶部掰成弯月形，看起来与现代的曲棍球球棍相似。

打球作　鱼玄机

坚圆净滑一星流，月杖争敲未拟休。无滞碍时从拨弄，有遮栏处任钩留。

不辞宛转长随手，却恐相将不到头。毕竟入门应始了，愿君争取最前筹。

《全唐诗》卷八〇四

市场需求决定了商品供给，这么好的商业“蓝海”，精明的唐朝人怎么会放过？在长安城里，你可以找苏校书去订制一杆“专属球杆”，他可是制作马球球具的好手。

有了这两件“标配”用具，各位就可以开启“低配”版的马球之旅了。

而“高配”版的马球比赛，除了球具更为奢华，场外还会有龟兹乐助兴。唐朝人在满足人的精神享受方面确实有思路。给激烈的竞技比赛配上铿锵昂扬的打击乐，便使这项运动增添了一分优雅感，让在场观众有观看音乐剧的感受。

论起唐朝的马球“球星”，玄宗、宣宗、僖宗都是第一梯队的。

中宗时期，吐蕃使者带着团队到长安城朝觐中宗皇帝，迎娶金城公主进藏。一通既定的朝觐流程走完以后，吐蕃使者提出，想跟大唐来一场马球友谊赛。

这种既能增进人民了解互信又能显示大唐实力的活动得到了中宗皇帝的批准。可选谁来跟吐蕃国球队比赛，皇帝一时间还拿不定主意。因为这种比赛既不能输，也不能让场下观众觉得大唐欺负人。

临淄王李隆基想了一下，说道：“陛下，臣愿意和嗣虢王李邕、驸马杨慎交、武延秀四人组成一队，与吐蕃的十人马球队比赛一场。”

李隆基此话一出，朝廷上下都议论纷纷，有的说“临淄王球技了得，这样安排妥当”，还有人说“四人对十人，这样是不是太轻敌？”

中宗皇帝心想，这样也好，即使输了也输得不难看，要是赢了，那更显我大唐的盛世威严。于是就准了李隆基的请求。

李隆基选的这三位，高祖李渊的曾孙嗣虢王李邕、中宗长宁公主丈夫杨慎交、中宗安乐公主丈夫武延秀都是自己的“神队友”，几个人没事就组局打球，时不时还与军中好手一起切磋，球技非凡。

比赛一开始，配合默契、战术运用得当的大唐四人球队占了优势。李隆基在球场上一枝独秀，挥动球杖，精准击球，所向披靡。反观吐蕃球队，一看自己处于劣势，球员们立刻慌了神，人数优势成了累赘，原本的水平都没有发挥出来，最终落败。

场下观战的中宗皇帝高兴得赏了四人不少财物。

如果说玄宗皇帝是马球界的“最佳射手”，宣宗皇帝则是“全能球员”。无论球技、球姿，或是玩球的花样，宣宗皇帝都稳居头把交椅。

在唐朝历代帝王中，宣宗皇帝的

观打球有作　杨巨源

亲扫球场如砥平，龙骧骤马晓光晴。入门百拜瞻雄势，动地三军唱好声。
玉勒回时沾赤汗，花鬃分处拂红缨。欲令四海氛烟静，杖底纤尘不敢生。

《全唐诗》卷三三三

人生经历颇为传奇。他年轻时条件较差，没有人看好他的前程。但他最后逆袭成为大唐帝国的最高统治者，选贤举能、勤政爱民，获得了不错的口碑。

宣宗皇帝智商、情商双高，运动细胞还极为丰富。闲暇之余就和宗亲们在十六王宅一起打球。每次轮到宣宗皇帝上场时，场外总会围着一群目瞪口呆的大小宫人。打马球对其他人而言是一项运动，可在宣宗皇帝这儿就变成一种艺术。

球场上，宣宗皇帝气定神闲地拿着球杖，驾驭胯下宝马奔腾跳跃，姿势矫健优美，把这项运动的精髓发挥得淋漓尽致。最令场内外观众叫绝的是他的空中击球术:先把球击打到空中，让球如流星一般飞舞，然后可连续在空中击球数百杖。这项技能就连神策军等部队中的马球老手都自叹不如。

打马球虽然极富乐趣，但是危险系数也高，因此一定要注意安全。唐朝的马球参赛者不戴头盔护具，场上也没有保护措施，一旦出事故，参赛者轻则在脸上留下痕迹，重则拖着残肢回家。

肃宗时期，成德节度使李宝臣之弟李宝正跟魏博节度使田承嗣之子田维打马球，李宝正的马受惊，撞死了田维；宣宗朝时，金吾卫将军打马球时躲闪不慎被打瞎一只眼睛；昭宗朝时，朱温把自己的儿子朱友伦留在宫中观察皇帝的举动，谁承想朱友伦陪着唐昭宗打马球时，不幸摔落在地，当场身亡。

即便如此危险，唐朝人对马球这项运动的喜爱程度丝毫不减，就连宫女们也会组织起来打球取乐。骑马技术高超、勇敢敏捷、跟队友密切配合，能做到上述三点，你一定会成为唐朝马球场上最闪耀的明星。

在唐朝如何『买东西』

“让一让，让一让！”

走进长安城西市的坊门，你一定会被各种吵吵嚷嚷的声音包围。作为长安城内最知名的“外贸商业街”加“国内商品集散地”，西市吸纳了近二百个行业、万家店铺以及千余名相关行业的从业者。

在这里购物不用担心上当受骗，为了管理这座超级卖场，朝廷在西市设立了西市署和平准署。

西市署的职能类似今天的城管局，交易时间、商品质量等都归它管。为了保证买卖双方交易公平，西市署还会定期对每铺商户的度量衡进行校准，杜绝缺斤少两等情况。[1]

平准署则类似现在的物价局和政府采购办，负责采购一些官府所需物品以及平衡市场的价格。

各位“剁手党”，在逛偌大的大唐西市，选购商品时，你会发现“唐朝国货”是市场上的主力军。可是国货这么多，该怎么挑选?

纺织品是西市市场上销量颇佳且能创造大量外汇收入的商品。

“看看这花式，再看看这纹路，多美！”你不要被售货商的营销说辞迷惑，先问问他这些纺织品是哪里生产的。

为了让消费者清晰地了解纺织品材质的优劣，大唐政府将绢布等分为不同等级，并且以产地为其命名。宋、亳二州出产的麻布和宣、润二州出产的火麻布为第一等；郑、汴等地出产的绢和常州出产的白麻布为第二等；滑、卫、贝等州出产的绢和扬州出产的麻布为第三等；齐、许、定等州出产的绢和苏杭出产的麻布被列入第四等。

“一分价钱一分货”，品质不同价位自然也不同。但为了能卖个好价钱，商家拼命用颜色、花式来打动消费者。这些布料的颜色可不止红、绿两种，而是各种颜色一应俱全。红的有银红、水红、猩红、绛红；黄的有菊黄、杏黄、金黄、土黄；青、蓝有天青、翠蓝、宝蓝、赤青、藏青；绿有胡绿、豆绿、叶绿、果绿、墨绿，这么多的颜色再搭配上植物纹饰、动物纹饰、组合纹饰等纹饰，各种“潮流”样式肯定会让你忍不住“剁手”！

1 〔五代〕刘昫：《旧唐书》卷四四《职官志》，中华书局1975年版，第1889页。

顺着西市内的道逛逛走走，卖纸的店铺一定能吸引文艺的你。

大唐的纸张也讲究品牌效应、IP 流量。成都地区出产的麻面纸、金花纸、滑石纸和十色笺，扬州生产的六合笺，蒲州生产的白薄纸和重抄纸等，这些都是市面上知名度较高、口碑较好的纸张。[1]

在这些纸张中，最具有收藏价值的是一款“文创产品”。

这款产品是女诗人薛涛首创的“薛涛同款十色笺”。“有些人明明可以靠颜值吃饭，可偏偏要靠才华。”作为蜀地文艺界知名人士，薛涛在自家宅院赏景、写诗、练字，可她觉得市面上的纸都不符合自己的喜好，所以把造纸工匠请回家，为自己定制了一款美观小巧且有香味的“十色笺”。

买下这款“十色笺”后，再往前逛，会看见不少的陶瓷店铺。唐代时铁铝等金属材质还没有成为日常用具的原材料，因此人们所用的锅碗瓢盆都是陶瓷制品。需求量大，生产能力自然也强。河南、安徽、湖南、四川、广东、浙江、福建等地的陶瓷都汇聚在这里相互比拼。

这么多的瓷器品种，真让人眼花缭乱。要是看见邢州生产的白瓷和越州生产的青瓷赶紧买就对了，品质没得说。当然，想买“秘色瓷”可不行，那是皇家专用的，没人卖，也不能买。

走进店铺，你可以捧着一盏盏光洁莹润的白瓷器具端详。轻抚它，你会发现这小小的瓷器既坚硬又轻薄，既细腻密度又高，把玩它就如同把玩一件玉器。

买上一套白瓷器具，继续往前走。一群唐朝的少女正围着镜

---

1 〔唐〕李肇：《唐国史补》卷下，上海古籍出版社 1979 年版。

子店看来看去。在长安城这种“看颜值”的地方，镜子的销量自然是不愁。

作为唐朝手工业产品的缩影，镜子不仅造型各异，有八棱镜、菱花镜等，而且工艺繁复，如鎏金、鎏银、镶钻等，以满足不同审美需求的消费者。可不要小看这一面面镜子，它们的背面都装饰有传说故事、花鸟鱼虫等文化符号。在唐朝买镜子买的只是一面镜子吗？不，买的是文化。

要论最有文化的镜子，当属扬州所产的“江心镜”。作为唐代最大的镜子生产基地，扬州地界会集了众多制作镜子的匠人。而制作江心镜的第一要义就是要有高品质的原材料和技艺精湛的工匠。顾名思义，江心镜是在扬子江的江心铸造的镜子，只是铸造这种镜子的时间必须是农历五月初五的午时。唐朝人讲究阴阳五行，五月初五的午时是一年当中阳气最盛的时刻，扬子江的江心则是阴气最盛的地方，阴阳平衡，当时的人认为此时所造的镜子是占据天时地利人和的神

杂诗　崔颢

可怜青铜镜，挂在白玉堂。玉堂有美女，娇弄明月光。
罗袖拂金鹊，彩屏点红妆。妆罢含情坐，春风桃李香。

《全唐诗》卷一三〇

器具。

当然，这种造价极其昂贵且具有神秘色彩的镜子自然不会出现在像西市这样的大型市场上，所以还是挑一面居家常用铜镜吧！

从镜子铺出来再往里面望去，肉、炭、大米、油，各种生活必需品应有尽有。

这样一圈逛下来，你的“购物车”基本上已经塞满了，这些实打实的唐朝“国货”只是众多本土商品的一部分，南方各地的茶叶等商品还等着“搜刮”各位的荷包呢！

盛况空前的『曲江宴』

现代社会每年夏天最有趣味的事情，是高考后学生们的狂欢。撕书扔满楼、彻夜去玩乐、组团去旅行，学生们想以各种方式把十几年苦读的压力尽数释放出来。

要说让唐代士子们最兴奋激动的事，莫过于金榜高中后的庆贺活动了。由于庆贺活动不是单纯吃喝，更多时候要吟诗作对、挥毫泼墨，所以极具含金量，渐渐成为唐朝社会的一种风尚。每逢这段时间，全长安城的人都想和士子一道赶一波“时髦”。

不过，庆贺活动是建立在经济基础之上的。作为长安城内的

“高消费群体”，及第士子们在狂欢这件事上从不计较成本。

每年都会举办的庆贺活动——“曲江大会三部曲”，从慈恩寺附近的杏园开始。诸位在唐朝，可以到杏园去看看。长安城里二月开的花唯有杏花，在杏园举办的宴会就叫杏园宴，赏花、饮酒、赋诗则是杏园宴的主题。

在杏园宴上饮酒，必须不醉不归。

僖宗时期，孙偓高中状元，放榜之后，他领着同榜的进士们来到杏园饮酒。大家坐一起干喝有什么意思？孙偓便提议行酒令，并且规定不准代饮。他是状元，大家自然听其号令。

游戏一开始，同榜进士卢嗣业就成了众矢之的，一杯接一杯被人往肚子里灌酒，不一会儿，不胜酒力的卢嗣业就脸红脖子粗，说起话来连舌头都捋不直了：“我实在是喝不动了！”

见此情景，在座的进士们不仅不饶他，还一起起哄让卢嗣业继续喝，“输了就得认罚！喝！”

卢嗣业一脸愁容，连端起酒杯的

及第后宴曲江　刘沧

及第新春选胜游，杏园初宴曲江头。紫毫粉壁题仙籍，柳色箫声拂⊠楼。

霁景露光明远岸，晚空山翠坠芳洲。归时不省花间醉，绮陌香车似水流。

《全唐诗》卷五八六

力气都没有。孙偓见他实在没法再喝，说道："酒可以不喝，但是诗不能不做。如果诗也做不出来，那就得加倍罚酒！"

大家齐声说好。

卢嗣业赋诗那是信手拈来，他略微想了一会儿，吟道：

未识都知面，频输复分钱。
苦心事笔砚，得志助花钿。
徒步求秋赋，持杯给暮饘。
力微多谢病，非不奉同年。

大家纷纷称赞，这酒自然是被免去了。

喝得尽兴，接下来就该一展歌喉了。你吼一曲，我唱一嗓，整个杏园好不热闹。

玄宗时期，有一年放榜之后，及第的进士们在杏园里大排筵宴。要说这个时期音乐圈的"灵魂歌者"，非李八郎——李衮莫属。及第进士中的其中一位跟李歌唱家有点交情，为了给大家一个惊喜，他就让李八郎穿上破旧的衣服，装得一副不知所措的样子一同来参加杏园宴。

有好奇的进士问道："这位兄台是……？"

那位进士赶紧答道："这是我的表弟，想来一睹各位才子的风采，给他在酒席的旮旯拐角处留块地方就行！各位同年多多包涵！"

进士们毫不在意，大家边喝酒边做游戏，兴起时，才子们一个赛一个地飙起了高音。其中，曹元谦、念奴两位才子唱得最好听，嗓音高低起伏，荡气回肠，大家纷纷给二位点赞，拍手叫好。

就在这个时候，那位进士指了指李八郎说道："既然大家这么高兴，那就让我表弟给各位献上一曲！”

话音未落，其他进士连忙摆手大笑，说道：“一个乡下来的孩子，会唱什么歌呢？”更有甚者直指那位进士破坏了宴会的气氛，嚷嚷着要罚酒。

李八郎全然不顾大家的质疑，自顾自唱了起来。声音一出，整个杏园突然安静了下来，大家都注视着眼前这位穿着破旧的年轻人，他那直指人心的声音、娴熟的唱功让人难以置信。

一曲唱罢，在座的不少人掩面而泣。歌声中传递出的面对挫折的执着、对生活的无奈和热爱等充沛的情感，叩中了每个人的心扉。

进士们赶忙起身拜伏在李八郎面前，为自己刚才的态度道歉，说道：“您一定是那位灵魂歌者李八郎！请恕我们眼拙！”

邀请知名歌手为大家助兴，是杏园宴上的保留节目。

杏园宴作为庆贺“三部曲”的前奏，氛围轻松愉悦，形式更是丰富多彩。其中，探花是整个杏园宴最有看点的节目。

曲江宴日呈诸同年　徐夤

鵷鹓惊与凤凰同，忽向中兴遇至公。金榜连名升碧落，紫花封敕出琼宫。天知惜日迟迟暮，春为催花旋旋红。好是慈恩题了望，白云飞尽塔连空。

《全唐诗》卷七〇九

探花，“探早开之花”。同榜进士中年龄最小的为探花使者，到长安城的大街小巷中去寻找牡丹等早开的花束。除了探花使者，其他进士也会组团去寻找早开的花束，如果探花使者先找到则其他进士饮酒，反之则探花使者饮酒。

这项活动一开始，长安城的各个里坊可就热闹起来了，大姑娘小媳妇都探头向街上瞧去，希望能目睹新科进士们的风采。不少凑热闹的百姓还会跟在进士们的马后面，结伴观光。

德宗时期，《游子吟》的作者孟郊为了自己的前途，一面讨生活，一面备考，希望通过科举来改变命运。

可惜命运却跟他开了好几次玩笑，直到四十六岁的时候他才高中进士。在杏园宴的探花节目上，孟郊虽然当不成探花使者，但是按捺不住内心的激动，也跟着进士们一日游遍长安，一扫昔日苦读不中的不快，还即兴赋诗一首：

昔日龌龊不足夸，今朝放荡思无涯。
春风得意马蹄疾，一日看尽长安花。

孟郊高兴的心情真是溢于言表，这种成功的欢愉让孟郊的心理年龄小了二十岁。

如果说探花是杏园宴最有看点的节目，那最为奢华的节目就属樱桃宴了。不是只有现代社会的年轻人追求“车厘子自由”，唐朝进士们也追求“樱桃自由”。

僖宗时期，淮南节度使刘邺十六岁的小儿子刘覃高中进士，当爹的自然是喜出望外。为了让儿子在庆贺活动中不丢面子，刘邺命人从淮南一车一车地往长安拉银子供儿子开销。

刘覃小伙子的日常“任务”就是花钱。为了在同榜进士中出风头，他放话说：“今年的樱桃宴由我一人来包办。”

樱桃宴这种顶级的水果宴会一般是由同榜进士们凑钱举办的，而且历年宴会规模不大，因为樱桃价格甚高。

刘覃要单独举办樱桃宴的消息立刻传到了长安城士子们的耳朵里，对于这种惊天创举，大家议论纷纷。有说刘覃不知天高地厚的，有说乐见其成的，还有说估计就是用几颗小樱桃装装门面的。总之说什么的都有。

虽议论，但是到了举办樱桃宴的日子，同榜进士们全都按时赴宴。

等大家坐好以后，刘覃命人端上樱桃。这樱桃一端上来，人人都满脸惊异，因为面前的樱桃不仅颗颗饱满剔透，且堆积如山。一下子就实现了“樱桃自由”的各位士子还有点不适应，愣了半晌都没人说话。

刘覃说道：“请各位一起品尝新鲜的樱桃。”大家这才拿起面前的樱桃吃了起来。

“为了让今年的樱桃宴与往年不同，我还特地准备了奶酪，每张几案上都有，请大家用樱桃蘸着奶酪吃。”刘覃指了指桌子上盛奶酪的器皿。

虽然奶酪不像樱桃那样稀有，但是价格也很昂贵。请这么多人同食樱桃蘸奶酪，这家底得厚到什么程度啊！

“曲江大会三部曲”中，游览曲江池是一段极富趣味的小插曲。碧波荡漾、风景优美的曲江池两岸，有皇室、贵族以及中央各主要部门修建的宫苑。当及第士子们泛舟湖上饮酒赏景时，皇上也会带着妃嫔们在曲江池边的紫云楼上观看。达官显贵们则趁着这种“优势资源”集中的时候，给自己待嫁的女儿择婿。

在及第士子们乘坐的画舫周围，密密麻麻地围着豪华小船，大家闺秀们打扮得如花似玉，坐在小船上。官老爷官太太也顾不上自己的身份地位，亲自当起了媒婆，希望为自家挑选一位优秀的女婿。此时的曲江池就如同一个“大型相亲现场”。

有头脑的商贩们自然不会错失如此丰厚的“商业福利”，他们在曲江池周围摆满了临时摊点，杂耍卖艺、说学逗唱，火热程度好似庙会。

“雁塔题名”是“曲江大会三部曲”中的进行曲。与杏园宴这种吃喝、高唱活动不同，雁塔题名活动给进士们提供了一个扬名后世的展示平台。趁着酒兴，及第士子们来到慈恩寺内的大雁塔，在墙上挥毫，留下自己的墨宝。如果谁将来入阁拜相，庙里的和尚则会用朱砂把他的名字描一遍，以此来显示这位士子的社会地位。

德宗时期，有一年放榜，进士科一

哭孟寂　张籍

曲江院里题名处，十九人中最少年。
今日春光君不见，杏花零落寺门前。

《全唐诗》卷三八六

共录取了十七名考生，二十七岁的白居易凭借实力成为十七分之一。跟同榜进士们参加完杏园宴后，一行人来到了大雁塔。大家纷纷提笔在墙上写下自己的姓名、籍贯等信息并欣然题诗。

白居易心里着实高兴，作为同榜最年轻的进士，刚才杏园宴上的探花节目让他出尽了风头。此时正在兴头上的他不假思索地在墙上写下“慈恩塔下题名处，十七人中最少年”，喜悦之情跃然墙上，周围人看后都哈哈大笑。

吃吃喝喝、玩玩乐乐、写写画画，时间不会永远停在白天。到了晚上，“曲江大会三部曲”会奏响浪漫进行曲。

正所谓“人生三大幸事，他乡遇故知、金榜题名时、洞房花烛夜”，金榜题名后怎能少得了与佳人共度良宵？

在唐朝宿妓并不是一件丢人的事情，相反，朝廷对进士们的这种行为甚至持鼓励态度，并且在放榜后几晚，禁止不相干的人去和进士们抢红颜。

都说北京城的八大胡同是花街柳巷的代名词，而长安城内的最佳风月场则是平康坊。

“才子佳人”向来都是“热搜”话题。及第士子们能言善辩、学富五车，与才貌兼备的平康坊红颜们在一起，总是能擦出不一样的火花，浪漫的事情时有发生。

僖宗时期，士子郑合一鸣惊人，夺得状元。及第士子们白天一通喧闹，晚上照例来到平康坊。

一进平康坊大门，进士们纷纷手拿红纸名帖去寻找自己心仪的姑娘。郑合是状元，自然要独占花魁——楚闰。

一夜情意绵绵自不必说，第二天早上郑大才子即兴写下：

春来无处不闲行，楚润相看别有情。

好是五更残酒醒，时时闻唤状头声。

不过，意外才是人生的常态，不是每一位及第士子都能够如愿享受这良辰美景的，比如独办樱桃宴的刘覃。

平康坊里的佳人也分三六九等，南巷和中巷的佳人颜值高、身段好、能歌善舞，北巷的佳人，稍逊一筹。

刘覃高中金榜后，晚上跟其他进士们来到平康坊。可因为他初来乍到，不谙门径，之前只听过一位住在南巷的佳人“天水仙哥”的名头。

刘覃觉得光从名字上看，这位天水仙哥应该是平康坊最有姿色的佳人，那就去找她吧！

实际上，这位天水仙哥虽然住在平康坊南巷，但姿色平平，也并不擅长歌舞诗词，而是一位熟习酒令的酒场老手。她能说会道，很会在酒桌上哄客人们开心，因此身价不低。

机灵的天水仙哥一听有位实力雄厚的进士专门来找自己，就想趁机捞上一笔，于是略施小计——刘覃一登门，她便推脱不见。

这下可把小伙子的倔脾气逗上来了，你越是不见我，我越是要见你，出的价码一次比一次高，即使这样，这位天水仙哥还是不肯见面。

刘覃心里一琢磨，觉得这样下去不是个办法，得问问熟悉门道的人，打听一下到底是怎么回事。

很快，他就找到了一位住在平康坊里的户部官员李全，因为住得时间久，加上在中央部门任职，李全成了平康坊的“地头蛇”，大大小小的佳人都得买他的面子。

刘覃一见李全，立刻展开了“金钱攻势”，在吃饭聊天时不经意间把早已准备好的金银器皿赠送给李全，李全大喜过望，跟刘覃在酒桌上称兄道弟。

见时机成熟，刘覃说道：“有一桩小事想请哥哥帮忙。”

李全忙说：“贤弟所为何事？”

“平康坊有位佳人，人送美称天水仙哥，小弟仰慕她已久，但至今未见芳容。”刘覃说。

“这有何难办？真是小事！贤弟稍坐，我去去就来。”说完话，李全起身往天水仙哥的住处走去。

不一会儿，李全便领着天水仙哥回来了，还没进屋，李全就嚷嚷道：“贤弟啊，快看是谁来了！”

正在屋中苦等的刘覃听闻此话马上出门迎接，可一出门，他就愣住了，心说，这位蓬头垢面的女人难道是天水仙哥？

“这位是？”刘覃问道。

“贤弟还问？这就是你朝思暮想的天水仙哥啊！”李全说。

一看到自己朝思暮想、花重金求见的姑娘竟然如此模样，刘覃大失所望，找了个借口急急忙忙跑出了平康坊大门。

浪漫进行曲奏到尾声，及第士子们的“曲江大会三部曲”算是正式落幕了。只是进士及第并不意味着前程似锦，也可能一辈子都不为朝廷所用，要想正式成为唐朝体制内的一员，还要通过吏部的选拔考试，再一步一步地朝上奋斗，可见在唐朝想走仕途着实艰难啊！

不期而遇的凡人善举

衡量一个社会是否进步，不能只看它经济实力是否强大、物质生活水平高不高，更要看民众素质和对弱者的包容程度。社会终究是由人组成的，正所谓“国无德不兴，人无德不立”，个人的德行可以直接反映出社会的文明程度。

在唐朝，你走过了千山万水，不仅会对长安城内摩肩接踵的外国人和外国商品印象深刻，也会被那些凡人善举所感动。正是这些细枝末节，最能体现唐朝社会的发达程度。

高祖当政时期，刚刚建立的李唐王朝沿用了前朝的科考制度来为新朝选拔人才。听闻朝廷举办科举考试的消息，住在郕城的李义琛、李义琰、李上德三位堂兄弟一起前去应考。谁知道三兄弟个个给力，竟一榜同中进士。顾不上庆贺，三兄弟就急急忙忙往家赶。

李义琛的父亲去世得早，他就跟义琰、上德一起住在姑姑家。生逢乱世的普通家庭供养三个士子读书又送他们去京城应考，生活因此而变得颇为窘困，手头拮据的三位进士只能轮流骑着一头驴子回家。

走到潼关时，天降大雨，将三位进士困在了客栈。三兄弟顿时犯了愁："这离家还远，被困在这里，耽误一天就要多花一天的住宿钱！这可如何是好？"

店老板是位精明的生意人，见这三位小伙子挤在一间小屋子里，消费力不行还拉低了店面的档次，就有心想赶他们走，找了几回茬。最终三兄弟被撵出旅店，外头下着大雨，走也走不了，他们只好在屋檐下面站着，面面相觑。

同店居住的还有一位咸阳客商，看到他们的境况，就把三兄弟请到自己的屋中，好吃好喝相待，"雪中送炭"的行为令三兄弟极为感动。

客商说道："三位这是到什么地方去？可是遇到了什么困难？"

李义琛就把事情的经过告诉了客商。

客商笑着说："原来是盘缠的事情，你们不用发愁，这几天你们住店的费用和回家的盘缠我都包了。"

三兄弟哪里肯要，忙摆手推辞。客商说："大家出门在外，彼此照应是应该的，三位就不要推辞了！"走投无路的三兄弟只好应允了下来，答应日后定当奉还。

没几日，天空放晴，三兄弟打算继续赶路。"我们这几日实在是太麻烦那位大哥，咱们还有一头驴，不如把它卖掉，请大哥吃顿饭，再问问他的详细住址，日后也好归还银两。”李义琛说道。其他两位兄弟连连赞同他的说法。

可谁知转过天三兄弟去拜见客商时，老板出来了，说：“帮助你们的客商昨天连夜就走了，还给你们留下了一袋子钱。”

没等老板把钱交到他们手上，三兄弟赶忙问道：“那位大哥没有留下什么话吗？”

老板摇了摇头，转身走了。

三兄弟泪流满面，手里捧着钱感慨不已。[1]

德宗时期，士子熊执易准备赴长安城参加科考。由于家里条件贫困，他在路上不敢有半点耽搁，希望能早早到京城找一家便宜的旅店备考。

谁知老天不作美，当熊执易走到潼关时，由于连日暴雨导致道路不通，他只好找一间小旅店住下等待。

等把包袱等物件都归置好，熊执易坐在床边望着窗外的绵绵阴雨，心里一个劲地祈祷路早点修通。就在这时，他听到隔壁传来几声无奈的叹息声。

颇为好奇的熊执易打开自己的房门探出脑袋向隔壁望去，只见隔壁的房门虚掩着，他走上前去轻叩几下房门便推门进去了。一个年轻人正满脸愁容地坐在床上，见到熊执易进来忙迎上前来。

二人一聊，熊执易得知这个叫樊泽的年轻人是进京参加考试

---

1 〔唐〕王定保：《唐摭言》卷七《起自寒苦》，上海古籍出版社 1978 年版，第 73 页。

的，走到这里正碰上连日暴雨，马死了，钱也花光了，被困在此处进退两难。

“一分钱难倒英雄汉。”熊执易见此情景，说道：“我这里还有一些多余的盘缠，你尽管拿去用，我应考的科目时间还早，你就先骑我的马进京吧！”

樊泽一听这话震惊不已，说道：“这怎么行？你我素未谋面，怎敢受您如此大恩？”

熊执易笑着说：“谁说素未谋面？我们现在不就认识了吗？你我同为士子，等到了长安城，你再还我便是！”

樊泽再三拜谢，几天后道路修通，他就骑着熊执易的马赶赴长安城，结果一举中第。他哪里知道熊执易把全部的盘缠和马匹都给了他，导致自己身无分文，只得弃考，打道回府了。

作为大唐默默无闻的一分子，这些凡人的善举总让人感到一阵温暖。这种温暖的力量并不少见，而是流淌在大街小巷里的每一个角落。

顺宗时期，崔枢又一次科考失败，落寞的他一个人从长安出发，准备回乡继续苦读。

走到汴州城时，崔枢内心实在苦闷，决定在这里小住几月再做打算。

在唐朝做生意的海外客商颇多，跟崔枢同住在一家旅店的就有一位，一来二去，两人成了知己，经常在一起喝酒赋诗，高谈阔论，日子过得好不快活。

天有不测风云，客商不知何故患上了顽疾，自知时日无多的他在病榻前拉着崔枢的手说道：“你我他乡遇知己，你不嫌弃我外邦人的身份如此敬重我，我很感激！只是老天留给我的时间不多了，我的家乡讲究土葬，恳求你在我走后，能按照我家乡的习俗将我安葬，我便死而无憾。”

客商边说边流泪，听闻此话，崔枢也忍不住哭了出来，忙点头答应。客商指了指桌子上的盒子，说道：“那是一颗价值连城的珍珠，你把它拿去，千万不要推辞！”

没多久，客商就去世了。

崔枢痛心不已，按照客商的吩咐，土葬了他的遗体并且修建了墓碑。就在客商的棺椁入土时，崔枢将那颗珍珠从怀里掏了出来，心想我们乃以心换心的挚友，怎么能拿朋友这么昂贵的东西？于是顺手把珍珠连同棺椁一同埋在了土里。

失去了一位挚友，崔枢不愿一个人待在伤心地，离开汴州，打道回府去了。转过年，崔枢去亳州游学，正当他在大街上闲逛时，看见城门底下张贴了一张告示，上前一看，崔枢吓坏了，怎么自己的大名赫然在上？

再一打听，原来是那位客商的夫人从外邦赶来寻夫，到汴州之后，却只看见了一座冰凉的坟墓，就向汴州城里的人打听到底是怎么回事，然后得知是崔枢将自己的夫君埋葬的。

客商夫人觉得自己的丈夫死得不明不白，而且丈夫随身带着的那颗大珍珠也没了下落，心想一定是那位姓崔的图财害命！她立马报了官，请官府为自己做主。

官府对案件颇为重视，马上派人去缉拿崔枢，在亳州把正主抓了回来。

等到了衙门，崔枢连连喊冤，说自己跟客商是知己好友，那颗珍珠已经跟棺椁一同埋在坟中了。

官老爷立刻吩咐几位差役把客商的坟墓挖开查看，果然发现了那颗珍珠。客商夫人见状顿时泪流满面，拿出大把的钱财要送给崔枢，崔枢摆了摆手谢过她的好意，转身离开了。

镇守汴州城的主帅王彦谟听闻此事后大为惊异，十分敬佩崔枢的为人，就派人去找寻崔枢，想请他来府上做自己的幕僚，但崔枢婉言谢绝了。

唐朝之所以如此熠熠生辉，正是因为有这一盏盏的明灯。在唐朝，“暖新闻”其实就在各位的身边。

逛逛唐朝的『解忧杂货铺』

与唐朝比起来，现代人的生活水平要高得多。但似乎人们的烦恼并没有随着生活水平的提高而减少，小的时候烦恼爸妈为什么不给自己买玩具，上学了以后烦恼学习成绩怎么提高，工作了以后烦恼买车买房的压力怎么这么大。

这些烦恼无时无刻不在考验着人们的精神承受能力。

唐朝人当然也有烦恼，与现代人找朋友倾诉、找心理辅导师咨询不同，唐朝人通过“精神盛会”来排解忧愁。

要说唐朝人的精神盛会，首推“迎请佛骨舍利”。

懿宗朝，伴随着一阵佛乐，大队人马护送的佛骨舍利到达长安城。城内道路两侧跪满了善男信女，大家拖家带口带着准备好的供奉财物，就是想目睹佛骨真身。

就在载有佛骨舍利的宝车向前移动时，只见旁边站立的一位军士右手举起大刀朝自己的左臂砍去，一刀下去鲜血顿时迸溅出来。这位军士扔下刀拿起自己的左臂，朝宝车走去，每走一步都行跪拜大礼，鲜血顺着跪拜的路线淌了一地。

再看人群中其他信众，有的人用胳膊肘和膝盖来行走以示虔诚，还有不少人砍断自己的手指、撕扯自己的头发，要把自己的一切都献给佛祖。

你先不要惊讶于这些信众的行为，在他们的认知里只有这样做才能完成自我救赎，排忧解难，死后前往极乐世界。

从唐文宗到唐懿宗的四十多年间，为了迎请佛骨舍利，长安城的老百姓们自发组成民间小团体，不分长幼为迎请布施捐钱。

世界上总有一些东西在变，比如人类对未知领域的探索；也有一些东西永远不变，比如人们对美好幸福生活的追求。

不过，每个人对幸福生活的理解不一样，但无外乎获得物质和精神的双重满足。唐代人在名利场里追求物质享受，而在大大小小的佛教寺庙里去满足精神需要。

在长安，你会看见慈恩寺、菩提寺、千福寺、荐福寺、大兴善寺等众多寺庙，去寺庙里听听高僧大德讲析佛法，排解俗世间的烦恼对唐朝人而言是一件极为重要的事情。

宣宗时期，大儒杨茂孝研读起了佛经《涅槃经》。这位正统儒家出身的鸿儒看了佛法不说，还想效仿魏晋时期的谢灵运，给《涅槃经》做注释。

可杨茂孝毕竟不是专业出身，他在研读佛法的过程中碰见了不少问题，没办法，他只好捧着经书找高僧知玄为自己答疑解难。知玄法师把高深的佛经讲得很通俗，他引经据典，为杨大才子解答了不少的问题。

正所谓“闻僧说真理，烦恼自然轻”。

德宗朝，四门博士欧阳詹*登门拜访智达上人，这位欧阳先生职位不高但是名气很大，是福建地区的第一位进士，才名传遍全国。

就是这样一位饱读圣贤书的人，对佛法教义也是颇为推崇，认为佛法能洗涤自己的内心。

在拜访过程中，欧阳詹向智达上人请教佛法修行的问题，二人交流谈话间，欧阳詹被上人手中的念珠吸引。这串念珠与众不同，晶莹剔透，里面的红丝绦都能看得一清二楚。欧阳詹说话时一直盯着念珠，上人看出端倪，顺手就把念珠递给了欧阳詹。

欧阳詹拿着念珠端详了起来，赞不绝口，说道：“上人，恐怕明亮的星光、月光都比不上这串念珠澄净，再精美的奇珍异宝在它面前都得失色啊！”

上人微笑着说道：“其实佛法修行也是如此，人的内心当如水一般，心无一物，心静如水，便通达了佛理。”

*欧阳詹（755—800），泉州晋江人，文学家。全力参与古文运动，官至四门博士。

欧阳詹恍然大悟，说道："原来去掉杂念，就能成佛啊！"

智达上人这位唐朝"心理辅导师"在不经意间点拨了欧阳大才子，让他去寻找内心的宁静。

为了排解忧愁烦恼，不少人除了求助高僧，自己也研修佛经。

德宗时期，二十二岁便进士及第的大诗人刘禹锡在短短的几年间就被提拔为监察御史，迎来了人生的高光时刻。

谁知好景不长，随着改革的失败，刘禹锡开启了他的被贬生涯。长期的苦闷压抑让刘禹锡渴望找到一个宣泄的突破口，于是他开始读起了佛经，希望能在佛法中寻求解决人生苦闷的办法。

从此，刘禹锡就掉进了佛法的海洋，对佛经中的道理赞叹有加，床边案头摆放着佛经，日常交往拜访的都是高僧，觉得自己一辈子追求的功名利禄在佛法面前都显得微不足道，只有佛法才能开悟人的内心。

僧人元晟在佛法上对刘禹锡影响很大，不仅如此，刘禹锡还把元晟推荐给自己的朋友柳宗元，让柳宗元也跟着元晟学习佛法。有一次，在送元晟出游时，刘禹锡感叹道："在人生最宝贵的二十年里，我绞尽脑汁地去思考如何实现政治理想，结果一无所获。可我学习了佛法以后才觉得只有佛法能拯救社会、拯救人们的思想啊！"

在佛法中寻找人生真谛，似乎是唐朝文人排忧的通用方法。

为了钻研佛经里的至理名言，不少唐朝人选择在家修行。凡被人称为"×× 居士"或自称"居士"的，比如王维别称"摩诘居士"、白居易别称"香山居士"，不用说，肯定是一位佛教修行者。

在众多诗人中，谁学佛法的劲头都比不上白居易。在担任杭州刺史的时候，他发动元稹等九位刺史，一起为杭州永福寺集资建造佛像；安史之乱以后，有一座寺庙的银质佛像少了一只耳朵，白居易布施了银子去修补；这还不算，白居易还组织了“菩提香火社”，规劝了近两百个人入社修行佛法。

可见超凡脱俗的佛教天地，为不少人解决了人生的困苦烦恼。

乐游原上的青龙寺、钟声远扬的慈恩寺、香火不断的兴善寺，这些寺庙就像是唐朝社会的“解忧杂货铺”，为世俗中人撑起了一片风和日丽的天地。

见识一下道教的『法力』

与佛教追求精神上的开解不同，唐代时道教解决的都是“实际”问题，比如:长生不老。

如果在唐朝开设一期“如何炼制延年丹药”的培训班，那一定能吸引李白这样的名人到场。

作为唐朝修仙问道的“典型人物”，李白不单自己求长生，还发动全家老少一起炼丹，更常常鼓励亲朋也加入修道的行列。

为了得到道士的秘方，不愿向权贵低头折腰的李白甘愿为仙人去扫院子里的落花。

要说怎么样才能“长生不老”？唐朝有些人显得比较“粗

暴”——直接吃真金白银。

玄宗时期，做过李林甫“秘书”的苑咸因通晓梵文、梵乐而颇受玄宗皇帝的赏识。

“爱卿跟随朕多年，兢兢业业，朕也没什么好赏赐的，就把能长生不老的药金赐给你吧！”玄宗说道。

药金是炼金时炼制出来的，在炼制黄金时如果能炼出“五色气”，那就说明药金炼制成功，可以服用了。

听到皇帝这话，苑咸感动坏了，心说这长生不老的药金只有皇帝才能享受，没想到陛下赐给了我，真是皇恩浩荡!

他马上给玄宗上书，表达了一下即将“再生”的喜悦之情。

光吃金银还不够，唐朝的显贵们还把自己的房子捐出来做道观，希望为自己增添些寿数。

代宗时期，在安史之乱中率精兵抗敌并与吐蕃周旋多年的大将马璘*似乎快走到生命的尽头了。

连年在外征战，马璘早已疲惫，为了让自己在长安城中生活得舒心些，他曾重金聘请能工巧匠来建造自己的府宅。可谁知还没来得及好好享受，却要死在这前线阵地，马璘心中着实有些不甘。

*马璘（721—777），陕西扶风人，中唐名将。屡立奇功，官至金吾卫将军同正，封扶风郡王。

眼下能保住性命是头等大事，于是马璘吩咐人起草奏折，写道：臣想把京中的府宅献给陛下，将其改为道观来给苍生祈福。

虔诚的马璘到底还是没有感动上天，在军中撒手人寰了。代宗皇帝准了马璘的奏折，把他的府宅改为“乾元观”。

除了长生不老，道教还抓住了人们希望“一夜暴富”的心理，以“采天地之灵气、集日月之精华”的噱头号召人们加入“铁变金”“铜变银”的行动中。

你别以为这只是小把戏而已，没人会信。其实，这种行动召集的信徒往往还是位高权重、饱读圣贤书的官员。

玄宗时期，尚书郎唐若山做过不少重要城市的长官，为官清廉，体察民情，老百姓对他颇为爱戴。

唐若山与其他同僚不同，不爱金银、不喜豪宅，更不结党营私，他只有一个爱好——寻仙问道。如果只是把寻仙当成爱好那还没问题，可要是对此事如痴如醉那就是件麻烦事。他每到一个地方，别的不干，就是去找道士聊天打探升仙的方法。为了表达虔诚之心，唐若山把自己的俸禄都给了道士，而且每年在炼丹上砸的钱财更是不计其数。

唐若山不贪财，兜里本来就不宽裕，再加上这么一折腾，自然是入不敷出。在这种状况下，他就动了花公款的心思。天下没有不透风的墙，他的亲朋好友都劝他赶紧收手，可唐若山依然不为所动。

就在他继续奔跑在挪用公款炼丹的路上时，有一位瘦骨嶙峋的老头登门拜访，一进门就对唐若山说自己会长生不老之术。唐若山马上把老头奉为座上宾，每天好吃好喝地供着，可老头每天只是吃喝，不谈其他。

唐若山有一次忍不住问道："仙翁，您当真会炼制长生不老丹药？"

老头头也不抬地说道："这种雕虫小技是入不了我的眼的！"

唐若山哪里还敢再问，只得每天恭恭敬敬继续伺候着老头。

一日晚上二人闲聊，老头突然发问道："我看你家里老老小小这么多人，就凭你这点俸禄怕是只能维持基本的温饱吧？况且你挪用了这么多的公款，一旦上面怪罪下来，你又如何交代呢？"

唐若山心里一惊，心说这老头怎么知道得如此清楚，忙说："仙翁所言极是，我即将离任，离任之前必然是要把完整清楚的账目交给继任者，原本我已打算自己受罚，可我那妻儿老小该如何生活？"

老头微笑着说道："不用担心，让我来为你解决吧！"然后就让唐若山吩咐家里的仆人把铁锅、铁斧等铁器运到炼丹的丹房。

等一切安排妥当，老头说道："把烧得通红的木炭放到铁器下面，要把这些铁器烧得如同砖窑一样火热，让人不敢看它。"

仆人们赶紧添柴加火，老头一看火候差不多了，便从腰间的小葫芦里取出两粒

七言　吕岩

金丹一粒定长生，须得真铅炼甲庚。火取南方赤凤髓，水求北海黑龟精。

鼎追四季中央合，药遣三元八卦行。斋戒兴功成九转，定应入口鬼神惊。

《全唐诗》卷八五七

丹药投到了铁器里，然后让唐若山等人离开丹房。

等到凌晨，唐若山回到丹房想看看丹药到底炼制得如何时，只见整个丹房光彩照人，哪里还找得见铁的影子？明晃晃金灿灿的真金白银摆放在刚才炼制铁器的地方。

唐若山顾不上去捡黄金白银，赶紧去拜见老头。老头微笑着说道：“你有仙骨，我特来度你，用那些真金白银赶快去把公款的亏空补上，剩下的足够让你的家人过上安稳的生活了。”

唐若山连连点头称是，等一切安排妥当，唐若山就跟着老头离家修行去了。

在唐朝，这种“一夜暴富”的传说着实不少。

唐朝炼金银的方法通常就是把铁、铅、水银等物体混合在一起作为原料，再加上神秘的“丹药”进行烧制的。

唐朝道教尽干“实在事”，虽然实际上并不能使人们暴富、长生，但却在无意间推动了科技进步。正所谓“有心栽花花不开，无心插柳柳成荫”，丹药没炼出来，道士们倒是发现了火药的炼制方法。道士们发现，将硫黄、硝石、雄黄等丹药原料放在一起炼制，时不时会发生爆炸，丹药没炼出来，还把炼丹炉给炸坏了。在一起交流心得体会时道士们把这种现象详细地记录在了笔记上，这便是“黑火药”的来历。

当然，在唐朝有钱人才能吃得起丹药，一般老百姓只好吃吃茯苓之类的“保健品”来“养生”。当时，也有各种“养生专家”，比如广州某女教大家如何科学食用云母粉，南充某女教邻居养生术，还有人带着母亲妻子去山中修炼，引得方圆几里的百姓上山朝拜……

参考书目

白居易著，朱金城笺校：《白居易集笺校》，上海：上海古籍出版社，1988 年。

陈子昂：《陈子昂集》，北京：中华书局，1960 年。

崔令钦撰，吴企明点校：《教坊记》，北京：中华书局，2012 年。

董诰等：《全唐文》，北京：中华书局，1983 年。

杜甫撰，萧涤非主编：《杜甫全集校注》，北京：人民文学出版社，2014 年。

杜佑：《通典》，北京：中华书局点校本，1988 年。

段安节撰，吴企明点校：《乐府杂录》，北京：中华书局，2016 年。

段成式撰，方南生点校：《酉阳杂俎》，北京：中华书局，1981 年。

封演撰，赵贞信校注：《封氏闻见记校注》，北京：中华书局，2005 年。

韩愈撰，马其昶校注：《韩昌黎文集校注》，上海：上海古籍出版社，1986 年。

洪迈：《容斋随笔》，上海：上海古籍出版社，1978 年。

李白撰，瞿蜕园等校注：《李白集校注》，上海：上海古籍出版社，1980 年。

李昉等：《文苑英华》，北京：中华书局，1966 年。

李昉等：《太平广记》，北京：中华书局，1961 年。

李昉等：《太平御览》，北京：中华书局，1960 年。

李复言编，程毅中点校：《续玄怪录》，北京：中华书局，1982 年。

李好文撰，辛德勇、郎洁点校：《长安志图》，西安：三秦出版社，2013 年。

李吉甫撰，贺次君点校：《元和郡县图志》，北京：中华书局，1983 年。

李林甫等撰，陈仲夫注解：《唐六典》，北京：中华书局，2014 年。

李肇：《唐国史补》，上海：上海古籍出版社，1979 年。

林宝撰，岑钟勉校记：《元和姓纂（附四校记）》，北京：中华书局，1994 年。

刘餗撰，赵守俨点校：《隋唐嘉话》，北京：中华书局，1979 年。

刘肃撰，许德楠、李鼎霞点校：《大唐新语》，北京：中华书局，1984 年。

刘学锴、余恕诚：《李商隐文编年校注》，北京：中华书局，2002 年。

刘昫：《旧唐书》，北京：中华书局点校本，1975 年。

刘禹锡撰，卞孝萱校订：《刘禹锡集》，北京：中华书局，1990 年。

柳宗元：《柳河东集》，上海：上海人民出版社，1974 年。

陆心源：《唐文拾遗》，光绪十四年陆心源刻潜园总集本影印本。

陆游撰，李剑雄、刘德权点校：《老学庵笔记》，北京：中华书局，1979 年。

骆天骧撰，黄永年点校：《类编长安志》，西安：三秦出版社，2006 年。

马缟撰，吴企明点校：《中华古今注》，北京：中华书局，2012 年。

孟郊撰，韩泉欣校注：《孟郊集校注》，杭州：浙江古籍出版社，1995 年。

南卓：《羯鼓录》，上海：古典文学出版社，1957 年。

牛僧孺撰，程毅中点校：《玄怪录》，北京：中华书局，1982 年。

欧阳修、宋祁：《新唐书》，北京：中华书局点校本，1975 年。

裴庭裕撰，田廷柱点校：《东观奏记》，北京：中华书局，1994 年。

彭定求：《全唐诗》，北京：中华书局，1960 年。

钱易撰，黄寿成点校：《南部新书》，北京：中华书局，2002 年。

仁井田陞著，栗劲等译：《唐令拾遗》，长春：长春出版社，1989 年。

上海古籍出版社：《唐五代笔记小说大观》，上海：上海古籍出版社，2000 年。

司马光：《资治通鉴》，北京：中华书局，1956 年。

释道世撰，周叔迦、苏晋仁校注：《法苑珠林校注》，北京：中华书局，2003 年。

宋敏求撰，辛德勇、郎洁点校：《长安志》，西安：三秦出版社，2013 年。

宋敏求：《唐大诏令集》，北京：中华书局，2008 年。

苏鹗：《杜阳杂编》，扬州：江苏广陵古籍刻印出版社，1983 年。

王谠撰，周勋初校证：《唐语林校证》，北京：中华书局，1987 年。

王定保撰，姜汉椿校注：《唐摭言校注》，上海：上海社会科学院出版社，2003 年。

王溥：《唐会要》，上海：上海古籍出版社，2006 年。

王钦若等：《册府元龟》，北京：中华书局，1960 年。

王仁裕撰，曾贻芬点校：《开元天宝遗事》，北京：中华书局，2006 年。

王维撰，陈铁民校注：《王维集校注》，北京：中华书局，1997 年。

王仲镛：《唐诗纪事校笺》，成都：巴蜀书社，1989 年。

韦述撰，辛德勇辑校：《两京新记辑校》，西安：三秦出版社，2006年。
吴兢撰，谢保成集校：《贞观政要集校》，北京：中华书局，2003年。
王仁波等：《隋唐五代墓志汇编：陕西卷》，天津：天津古籍出版社，1991年。
徐松撰，张穆校补，方严点校：《唐两京城坊考》，北京：中华书局，1985年。
赵璘：《因话录》，上海：上海古籍出版社，1979年。
赵翼著，王树民校证：《廿二史劄记校证》，北京：中华书局，1984年。
赵彦卫撰，傅根清点校：《云麓漫钞》，北京：中华书局，1996年。
张聪贤修，董曾臣等纂：《长安县志》，台北：成文出版有限公司，1969年。
张读：《宣室志》，北京：中华书局，1983年。
张九龄撰，熊飞校注：《张九龄集校注》，北京：中华书局，2008年。
张礼撰，史念海、曹尔琴校注：《游城南记校注》，西安：三秦出版社，2003年。
张鷟撰，赵守俨点校：《朝野佥载》，北京：中华书局，1979年。
张彦远撰，俞剑华注释：《历代名画记》，上海：上海人民美术出版社，1964年。
郑处诲撰，田廷柱点校：《明皇杂录》，北京：中华书局，1994年。
郑樵：《通志》，北京：中华书局，1987年。
王仁裕撰，丁如明辑校：《开元天宝遗事十种》，上海：上海古籍出版社，1985年。
姚汝能撰，曾贻芬点校：《安禄山事迹》，北京：中华书局，2006年。
叶梦得撰，侯忠义点校：《石林燕语》，北京：中华书局，1984年。
圆仁撰，顾承甫等点校：《入唐求法巡礼行记》，上海：上海古籍出版社，1986年。
元稹撰，冀勤点校：《元稹集》，北京：中华书局，1982年。
乐史撰，王文楚等点校：《太平寰宇记》，北京：中华书局，2007年。
岑仲勉：《隋唐史》，北京：中华书局，1982年。
陈寅恪：《隋唐制度渊源略论稿·唐代政治史述论稿》，北京：商务印书馆，2011年。
程喜霖：《唐代过所研究》，北京：中华书局，2000年。
冻国栋：《中国人口史·隋唐五代时期卷》，上海：复旦大学出版社，2002年。
杜文玉：《大明宫研究》，北京：中国社会科学出版社，2015年。
樊英峰，王双怀：《线条艺术的遗产：唐乾陵陪葬墓石椁线刻画》，北京：文物出版社，2013年。

费省：《唐代人口地理》，西安：西北大学出版社，1996年。

韩香：《隋唐长安与中亚文明》，北京：中国社会科学出版社，2006年。

黄正建：《唐代衣食住行研究》，北京：首都师范大学出版社，1998年。

李浩：《唐代园林别业考论》（修订版），西安：西北大学出版社，1996年。

李健超增订：《唐两京城坊考增订》（修订版），西安：三秦出版社，2006年。

秦浩：《隋唐考古》，南京：南京大学出版社，1992年。

荣新江：《中古中国与外来文明》，北京：生活·读书·新知三联书店，2001年。

陕西历史博物馆等：《唐李贤墓壁画》，北京：文物出版社，1974年。

陕西历史博物馆等：《唐李重润墓壁画》，北京：文物出版社，1974年。

陕西历史博物馆：《唐墓壁画集锦》，西安：陕西人民美术出版社，1991年。

史念海：《唐代历史地理研究》，北京：中国社会科学出版社，1998年。

陶敏：《全唐诗人名汇考》，沈阳：辽海出版社，2006年。

王双怀：《古史新探》，西安：陕西人民出版社，2013年。

向达：《唐代长安与西域文明》，北京：商务印书馆，2015年。

辛德勇：《隋唐两京丛考》，西安：三秦出版社，1991年。

赵文润：《隋唐文化史》，西安：陕西师范大学出版社，1992年。

张弓：《唐朝仓廪制度初探》，北京：中华书局，1986年。

张宏梅：《唐代的节日与风俗》，太原：山西人民出版社，2010年。

张鸿修：《中国唐墓壁画集》，广州：岭南美术出版社，1995年。

张荣芳：《唐代京兆尹研究》，台北：台湾学生书局，1987年。

张永禄：《唐都长安》，西安：西北大学出版社，1987年。

杨鸿年：《隋唐两京坊里谱》，上海：上海古籍出版社，1999年。

杨宽：《中国古代都城制度史研究》，上海：上海古籍出版社，1993年。